Tributação das criptomoedas

a influência do direito monetário para uma tributação além do Imposto de Renda por ganho de capital

Renan do Nascimento Couto

ORGANIZAÇÃO
MARCUS LIVIO GOMES
SERGIO ANDRÉ ROCHA

FINANÇAS PÚBLICAS,
TRIBUTAÇÃO E
DESENVOLVIMENTO

Copyright © 2023 by Editora Letramento
Copyright © 2023 by Renan do Nascimento Couto

Diretor Editorial Gustavo Abreu
Diretor Administrativo Júnior Gaudereto
Diretor Financeiro Cláudio Macedo
Logística Daniel Abreu e Vinícius Santiago
Comunicação e Marketing Carol Pires
Assistente Editorial Matteos Moreno e Maria Eduarda Paixão
Designer Editorial Gustavo Zeferino e Luís Otávio Ferreira

Conselho Editorial Jurídico

Alessandra Mara de Freitas Silva	Edson Nakata Jr	Luiz F. do Vale de Almeida Guilherme
Alexandre Morais da Rosa	Georges Abboud	Marcelo Hugo da Rocha
Bruno Miragem	Henderson Fürst	Nuno Miguel B. de Sá Viana Rebelo
Carlos María Cárcova	Henrique Garbellini Carnio	Onofre Alves Batista Júnior
Cássio Augusto de Barros Brant	Henrique Júdice Magalhães	Renata de Lima Rodrigues
Cristian Kiefer da Silva	Leonardo Isaac Yarochewsky	Salah H. Khaled Jr
Cristiane Dupret	Lucas Moraes Martins	Willis Santiago Guerra Filho

Todos os direitos reservados. Não é permitida a reprodução desta obra sem aprovação do Grupo Editorial Letramento.

Dados Internacionais de Catalogação na Publicação (CIP)
Bibliotecária Juliana da Silva Mauro – CRB6/3684

C871t   Couto, Renan do Nascimento
           Tributação das criptomoedas : a influência do direito monetário para
           uma tributação além do Imposto de Renda por ganho de capital /
           Renan do Nascimento Couto ; organizado por Marcus Livio Gomes e
           Sergio André Rocha. - Belo Horizonte : Casa do Direito, 2023.
           206 p. ; 15,5cm x 22,5 cm. - (Coleção Finanças Públicas, Tributação e Desenvolvimento)

           Inclui Bibliografia.
           ISBN 978-65-5932-366-1

           1. Criptomoedas. 2. Exchange. 3. Meios de pagamento. 4. Tributação. I.
           Gomes, Marcus Livio. II. Rocha, Sergio André. III. Título. IV. Série.

           CDU: 336.21
           CDD: 336.2

Índices para catálogo sistemático:
1. Economia - Tributação 336.21
2. Finanças - Impostos 336.2

GRUPO ED. LETRAMENTO

LETRAMENTO EDITORA E LIVRARIA
Caixa Postal 3242 — CEP 30.130-972
r. José Maria Rosemburg, n. 75, b. Ouro Preto
CEP 31.340-080 — Belo Horizonte / MG
Telefone 31 3327-5771

É O SELO JURÍDICO DO
GRUPO EDITORIAL LETRAMENTO

APRESENTAÇÃO DA COLEÇÃO TRIBUTAÇÃO, FINANÇAS PÚBLICAS E DESENVOLVIMENTO

Esta coleção nasceu do nosso interesse de congregar e levar aos leitores e leitoras trabalhos acadêmicos sobre temas de Direito Tributário e Financeiro que tratem de questões atuais e relevantes para o desenvolvimento de tributação e finanças públicas democráticas e transformadoras da sociedade.

O Direito Tributário e o Direito Financeiro encontram-se no centro dos principais temas que desafiam os gestores públicos e os atores privados. Da proteção do meio-ambiente à superação de todas as formas de desigualdade, de questões domésticas à equidade na relação entre países soberanos, a tributação e as finanças públicas são parte essencial da solução de qualquer dos problemas que afligem muitas das sociedades contemporâneas.

Neste contexto, o Programa de Pós-Graduação em Direito da Universidade do Estado do Rio de Janeiro vem cumprindo um papel essencial de recuperar o caráter humanista do Direito Tributário e do Direito Financeiro, após décadas de prevalência teórica de teorias formalistas que pretenderam, inclusive, separar os dois campos de estudo.

Além de publicar trabalhos desenvolvidos no Programa de Pós-Graduação em Direito da Universidade do Estado do Rio de Janeiro, esta coleção está aberta a pesquisas produzidas em outras instituições, desde que alinhadas à linha editorial proposta.

Agradecemos à Editora Casa do Direito pela parceria neste projeto, bem como aos autoras e autores que confiaram em nós para a publicação de suas pesquisas.

SERGIO ANDRÉ ROCHA
MARCUS LÍVIO GOMES
Professores de Direito Financeiro e Tributário da Universidade do Estado do Rio de Janeiro - UERJ

AGRADECIMENTOS

Inicialmente, agradeço a Jesus Cristo por ter me dado a oportunidade de conhecê-lo e por me capacitar diariamente. Desse modo, bendito seja o dia 07.02.2010.

Agradeço também ao meu orientador, Professor Doutor Marcus Livio Gomes, que nessa jornada sempre me incentivou e direcionou, permitindo, assim, que eu conseguisse desenvolver esse tema tão novo e fascinante. Desde antes de começar as aulas do mestrado, estivemos em contato, e ele sempre me indicou o caminho a seguir de forma pormenorizada. Nessa jornada, as correções de rotas foram essenciais para a finalização deste trabalho.

Além disso, agradeço ao Doutor Tiago Machado Cortez, que, desde o nosso primeiro contato, foi extremamente solícito. De forma breve, faço questão de mencionar que, ao ler a referência de sua doutrina em outros trabalhos, procurei em várias bibliotecas sua tese de doutorado. Após inúmeras tentativas infrutíferas, entrei em contato com o Tiago, que, imediatamente, encaminhou-me seu trabalho. Em seguida, após a minha qualificação, conversamos por dias para ajustar algumas definições teóricas. Tais conversas foram essenciais e, graças a elas, consegui avançar para as partes subsequentes desta dissertação.

Gostaria de agradecer ainda a meus pais (Custódio e Fátima) e à minha irmã (Roana), que moldaram o meu caráter e são suporte em minha vida. Também não posso deixar de agradecer à Fernanda, minha eterna namorada, companheira para a vida toda e que compartilha a loucura de ter três filhos caninos comigo (Junior, Raiko e Charlie – todos resgatados de rua).

Agradeço também ao tio Nelson, que sempre me ajudou na tomada de decisões sensíveis da minha vida, como, por exemplo, a escolha por realizar concurso público.

Ademais, para evitar injustiças por ausência de citação, agradeço a todos que, de algum modo, auxiliaram-me e incentivaram nessa jornada.

Por último, meu agradecimento especial é a todos aqueles que optaram por ler esta dissertação de mestrado. Sempre que um autor se dispõe a escrever algo, espera que alguém tenha paciência de ler. E, portanto, meu agradecimento especial é a ti, leitor.

Saliento, por fim, que os erros no trabalho são de minha inteira responsabilidade.

— Estás louco, meu filho! Meter-se com aquela gente; são todos uma corja de bandidos e trapaceiros, um Falconeri deve estar conosco, do lado do rei.

Os olhos voltaram a sorrir.

— Do lado do rei, com certeza, mas de que rei?

O rapaz teve um daqueles seus acessos de serenidade que o tornavam impenetrável e querido.

— *Se nós não estivermos lá, eles fazem uma república. Se queremos que tudo fique como está, é preciso que tudo mude. Expliquei-me bem?*

— *Até à vista, até breve. Voltarei com a bandeira tricolor.*

GIUSEPPE TOMASI DI LAMPEDUSA

11		**INTRODUÇÃO**
11		RELATO HISTÓRICO DO SURGIMENTO DOS CRIPTOATIVOS
13		DELIMITANDO O ESPECTRO DESTE TRABALHO
16		ESTRUTURA DESTE TRABALHO
17	**1.**	**A INFLUÊNCIA DO DIREITO NA ECONOMIA: UMA BREVE ANÁLISE DA APTIDÃO DO DIREITO TRIBUTÁRIO NA INDUÇÃO DE CONDUTAS**
17	1.1.	ANÁLISE ECONÔMICA DO DIREITO
25	1.2.	A EXTRAFISCALIDADE COMO MÉTODO REGULATÓRIO: GASTOS DO ESTADO PARA INDUZIR CONDUTAS
35	1.3.	DILEMA DA REGULAÇÃO DE TECNOLOGIAS DISRUPTIVAS E A AUTORREGULAÇÃO
41	1.4.	REGULAÇÃO DIRETA E A LEGITIMAÇÃO DA DECISÃO PELA TEORIA DO DISCURSO
49	1.5.	CONCLUSÃO PARCIAL
52	**2.**	**CRIPTOMOEDAS COMO MEIOS DE PAGAMENTOS**
52	2.1.	QUALIFICAÇÃO DAS CRIPTOMOEDAS NO ORDENAMENTO JURÍDICO BRASILEIRO E MANIFESTAÇÃO DE ALGUNS ÓRGÃOS REGULATÓRIOS
61	2.2.	"SENTIDO" DA EXPRESSÃO MOEDA
61	2.2.1.	MOEDA COMO INSTITUIÇÃO SOCIAL E SEU FLUXO DENTRO DO MERCADO
64	2.2.2.	MOEDA COMO INSTRUMENTO QUE VIABILIZA AS RELAÇÕES DE TROCA
64	2.2.2.1.	ANÁLISE HISTÓRICA DA MOEDA
66	2.2.2.2.	ELEMENTOS DA MOEDA E SUA CORRELAÇÃO NA ECONOMIA DE MERCADO
71	2.2.3.	TEORIAS DO SURGIMENTO DO DINHEIRO
71	2.2.3.3.	TEORIA DECORRENTE DA ESCOLA AUSTRÍACA
73	2.2.3.4.	TEORIA ESTADISTA
78	2.2.3.5.	TEORIA INSTITUCIONAL
80	2.3.	CONFIANÇA
83	2.4.	SISTEMA MONETÁRIO E OS INSTRUMENTOS DE PAGAMENTO
88	2.5.	EXPRESSÃO DOS SIGNOS E SEUS GRAUS DE INDETERMINAÇÃO. CLASSIFICAÇÃO DAS CRIPTOMOEDAS COMO MEIO DE PAGAMENTO
100	2.6.	CONCLUSÃO PARCIAL
102	**3.**	**TRIBUTANDO O GANHO E A CIRCULAÇÃO DE CRIPTOMOEDAS**
102	3.1.	RELAÇÕES COMERCIAIS À LUZ DE ASPECTOS JURÍDICOS: UMA ANÁLISE DA *BLOCKCHAIN*

106	3.2.	**TRIBUTAÇÃO EM RAZÃO DO IMPOSTO DE RENDA**
106	3.2.4.	ASPECTOS GERAIS DO IMPOSTO DE RENDA
120	3.2.5.	TRIBUTAÇÃO DO IR À LUZ DAS CRIPTOMOEDAS
133	3.3.	**TRIBUTAÇÃO EM RAZÃO DA DOAÇÃO (ITCMD)**
134	3.4.	**INCIDÊNCIA DE CONTRIBUIÇÕES DECORRENTES DE GANHOS POR OPERAÇÕES COM CRIPTOMOEDAS: PIS/PASEP, COFINS E CSLL**
148	3.5.	**INCIDÊNCIA DE ISS E PIS/PASEP E COFINS NA CONFIRMAÇÃO DE OPERAÇÕES**
148	3.5.6.	ASPECTOS GERAIS DOS TRIBUTOS NA PRESTAÇÃO DE SERVIÇO
153	3.5.7.	VIABILIDADE DE INCIDÊNCIA DOS TRIBUTOS
156	3.6.	**INCIDÊNCIA DE CIDE-ROYALTIES NAS OPERAÇÕES DE CONFIRMAÇÃO DAS TRANSAÇÕES COM CRIPTOMOEDAS: GANHO DE RENDA POR MINERADORES RESIDENTES FORA DO BRASIL**
165	3.7.	**INCIDÊNCIA DO IOF – CÂMBIO**
165	3.7.8.	ASPECTOS GERAIS DO TRIBUTO
171	3.7.9.	VIABILIDADE DE INCIDÊNCIA DO TRIBUTO: ANÁLISE DO ASPECTO MATERIAL
176	3.8.	**INCIDÊNCIA DO IOF – VALORES MOBILIÁRIOS**
176	3.8.10.	ASPECTOS GERAIS DO TRIBUTO
177	3.8.11.	VIABILIDADE DE INCIDÊNCIA DO TRIBUTO: ANÁLISE DO ASPECTO MATERIAL E A CRIAÇÃO DE ATIVOS EM OFERTAS PÚBLICAS
192	**4.**	**CONSIDERAÇÕES FINAIS**
199		**REFERÊNCIAS**
199		**LEGISLAÇÃO E DECISÕES JUDICIAIS E ADMINISTRATIVAS**
203		**DOUTRINA**

INTRODUÇÃO

RELATO HISTÓRICO DO SURGIMENTO DOS CRIPTOATIVOS

No ano de 1992, três recém aposentados[1] convidaram amigos próximos para um encontro informal, com o intuito de discutir as mais complexas questões da criptografia. O grupo, intitulado *cypherpunks*, cresceu rapidamente, sendo que o centro do debate era a privacidade e a liberdade, conforme foi descrito por Eric Hughes em 1993:

> Privacidade é necessária para uma sociedade aberta na era eletrônica. Privacidade não é sigilo. Um assunto privado é algo que desejamos que nem todos saibam, mas um assunto secreto é um tema que desejamos que ninguém saiba. Privacidade é o poder de se revelar seletivamente ao mundo. [...]
> Quando compro uma revista em uma loja e entrego dinheiro ao balconista, não há necessidade de saber que sou eu. Quando peço ao meu provedor de correio eletrônico para enviar e receber mensagens, meu provedor não precisa saber com quem estou conversando ou o que estou dizendo, ou o que os outros estão me dizendo; meu provedor só precisa saber como enviar a mensagem e quanto devo a eles em taxas... Portanto, a privacidade em uma sociedade aberta requer sistemas de transações anônimas. Até agora, o dinheiro em espécie tem sido o principal sistema desse tipo. Um sistema de transações anônimas não é um sistema de transações secretas. Um sistema anônimo capacita os indivíduos a revelarem sua identidade quan-

---

[1] Eric Hughes (matemático da Universidade da Califórnia), Tim May (homem de negócio que atuou na Intel) e John Gilmore (cientista da computação).

do desejado e somente quando desejado; esta é a essência da privacidade (HUGHES, 1993, s/p, tradução nossa)[2].

Baseado em tais princípios, iniciou-se o desenvolvimento de uma moeda digital, cujo primeiro registro de tentativa de transação anônima ocorreu em 1997 e foi feita por Adam Back, através do *hashcash*. Em sua essência, tratava-se de mecanismo no qual se adicionava um custo de tempo e capacidade computacional ao envio de e-mail para evitar *spam*.

Em 1998, Wei Dai publicou a proposta do B-Money, que incluía dois métodos para proteger os dados da transação. No primeiro deles, cada participante mantém um banco de dados separado de quanto dinheiro cada usuário possui (forma descentralizada). No segundo, todos os registros ficam com um grupo específico de usuários (forma centralizada). Para promover a confiança nesse último caso, as pessoas responsáveis por manipular o sistema precisavam fazer um prévio depósito de quantia elevada que seria atingida em caso de fraudes.

Nos anos seguintes, várias pessoas empregaram métodos para viabilizar a privacidade e a segurança das relações. Dentre eles, em 31 de outubro de 2008, Satoshi Nakamoto encaminhou aos *cypherpunks* um documento de nove páginas que viabilizaria ambos os postulados acima, e que direcionaria a sociedade para um mundo no qual as instituições financeiras não precisariam confirmar cada negócio jurídico celebrado entre as partes.

A estratégia para propiciar o dispêndio financeiro sem a existência de intermediário é a criação de uma rede integrada de pessoas, na qual as transações processadas são armazenadas em ordem cronológica e de modo sequenciado, assegurando a formação de blocos "invioláveis"[3]. Tais

---

[2] *Privacy is necessary for an open Society in electronic age. Privacy is not secrecy. A private matter is something one doesn't want the whole world to know, but a secret matter is something one doesn't want anybody to know. Privacy is the power to selectively reveal oneself to the world.*
[...]
When I purchase a magazine at a store and hand cash to the clerk, there is no need to know who I am. When I ask my electronic mail provider to send and receive messages, my provider need not know to whom I am speaking or what I am saying or what others are saying to me; my provider only need know how to get the message there and how much I owe them in fees... Therefore, privacy in an open society requires anonymous transaction systems. Until now, cash has been the primary such system. An anonymous transaction system is not a secret transaction system. An anonymous system empowers individuals to reveal their identity when desired and only when desired; this is the essence of privacy.

[3] Essa irreversibilidade se daria em razão do esforço necessário para reverter uma operação que já foi sequenciada por outras operações. Em resumo, a cada nova transação haveria um acúmulo de informações que, para serem desfeitas, exigiria um esforço enorme.

blocos servem como um registro histórico da circulação da moeda, sendo possível proteger as relações comerciais das fraudes — evitando o gasto de uma mesma moeda mais do que uma vez — e respaldando a exclusão de intermediários — agente fiduciário que atesta a existência de fundos.

A segurança do sistema decorre da simplificação de uma fórmula matemática que registra uma operação através da combinação de várias informações, que, para o presente trabalho, não há necessidade de detalhar. De igual modo, a higidez do sistema transcorre do fato de que a relação custo/benefício indica que a remuneração pela colaboração — através da criação de novas moedas e a confirmação das transações ocorridas — exige um menor dispêndio de tempo e força do que eventuais tentativas de invadir o sistema para roubar moedas.

Por último, o documento encaminhado por Satoshi Nakamoto prevê que a forma de proteger a privacidade das partes envolvidas decorre do anonimato da chave pública — similar ao sistema das transações na Bolsa de Valores[4]. Ademais, a cada transação, o usuário da chave pública necessita confirmar a relação pela chave privada. Entre o marco inicial das criptografias e o surgimento do principal ativo atual que utiliza essa tecnologia, foram 16 anos.

Analisando a história da criação desse ativo financeiro, não há como dissociá-lo da escola austríaca da economia, conforme será explorado nos próximos capítulos.

Neste capítulo introdutório, além de se promover uma delimitação do trabalho por meio da identificação dos tipos de criptoativos, será feito um breve resumo acerca do que cada capítulo subsequente versará.

DELIMITANDO O ESPECTRO DESTE TRABALHO

O conhecimento impulsiona o surgimento de revoluções sociais que acarretam a necessidade de acomodação entre o novo — que promove a ruptura com o sistema antigo e propõe um arcabouço total ou parcialmente inédito — e as posições consolidadas na comunidade, que, em regra, observam com desconfiança a evolução. Nessa perspectiva, afirma-se que o mundo está vivendo uma revolução econômica, na qual os bens estão se tornando imateriais. Acompanha essa transformação social o surgimento de ativos que não eram conhecidos, como, por exemplo, as criptomoedas.

---

[4] Chave pública é formada por uma série extremamente longa de números, que, ao ser comprimida, gera o endereço público.

Acerca desses ativos, afirma-se que existe uma tensão regulatória sobre eles, uma vez que é necessário acomodar as pressões pelo uso dessa tecnologia com o ordenamento jurídico, já construído, sem a presença de tal inovação. Nesse diapasão, aduz-se que o objeto desta pesquisa é a forma de tributar as criptomoedas, sendo que a hipótese que será defendida ao longo deste trabalho é de que as criptomoedas se tratam, primordialmente, de um meio de pagamento.

Desse modo, inicialmente, a pesquisa em tela possui como elemento norteador a análise da criptografia — tentativa de esconder uma informação — em moedas virtuais, e a circulação de tais riquezas. Explica-se: as criptomoedas são um ativo no qual a chave pública, embora seja facilmente visualizada, não identifica a pessoa no mundo que é sua titular.

Em outras palavras, embora o nome de quem realiza a transação seja público, esse dado não permite identificar a pessoa natural ou jurídica que está operando tal "conta". Ou seja, falta uma transparência que permita identificar/correlacionar o real proprietário do bem — nome ou CPF/CNPJ — e a chave pública. A falta de reconhecimento entre a pessoa física e o algoritmo que compõe a chave pública permite a circulação de riqueza sem a respectiva tributação. Portanto, resume-se a questão da pesquisa à seguinte indagação: como lidar com a circulação de riquezas, e, por conseguinte, a tributação dos ganhos financeiros dos operadores de criptomoedas, quando o ativo transferível, por chave pública, não propicia a identificação do registro da pessoa?

Antes de tentar responder ao questionamento acima, aduz-se que nem todos os criptoativos são *tokens* de pagamento. Assim, a primeira premissa a ser fixada é no sentido de que não é qualquer criptoativo que será estudado, mas sim, apenas, os *payments tokens*. Desse modo, afirma-se que este trabalho não possui a pretensão de analisar outros criptoativos, tais como *utility tokens*[5]; *security tokens*[6] e *tokens* não fungíveis[7].

---

5 *Tokens* de utilidade, em formato digital, que viabilizam o acesso a bens e serviços específicos, como, por exemplo, um *fan token* que concede acesso a jogos do seu clube de coração por um período.

6 Ativos utilizados para fins de investimentos, tais como contratos coletivos de captação de dinheiro, em que o adquirente do *token* tem algum direito correlato, como, por exemplo, participação na sociedade.

7 Trata-se dos NFTs, em que um arquivo criptografado possui autenticidade digital única, sendo, geralmente, relacionado a um processo de propriedade intelectual na criação digital de imagens.

Após restringir parcialmente o objeto da pesquisa, afirma-se que existe certa controvérsia quanto à natureza jurídica desses *tokens* de pagamento. Conforme será visto no corpo do trabalho, parcela da doutrina advoga se tratar apenas de um ativo intangível, cuja finalidade é servir de permuta. Tal posicionamento, embora correto, precisa ser refinado. Qualquer ativo, em que as partes transacionáveis possuem interesse, pode ser alvo de permuta. No entanto, para além de uma simples troca, o Estado pode resguardar o referido ato, apontando se tratar de um meio de pagamento.

Admitindo se tratar de um meio de pagamento, é imprescindível questionar o valor de uso, sendo que a resposta para tal indagação é se tratar, primordialmente, de valor de troca. Portanto, o Estado, ao reconhecer o ativo como instrumento de pagamento, robustece a qualidade da troca.

Nessa perspectiva, e, adiantando um tópico que será visto no capítulo 2, afirma-se que o Brasil adotou seis classes de agregados monetários, classificados de acordo com a sua liquidez. O primeiro deles, M0, é a base monetária restrita, equivalente ao dinheiro criado pelo Banco Central do Brasil (BACEN) e às reservas bancárias, que decorrem do dinheiro depositado no Sistema de Transferência de Recursos (STR) e do dinheiro contido na própria instituição financeira. Destaca-se que é a partir deste valor que se observa o multiplicador monetário, sendo este correspondente ao aumento da oferta da moeda em razão do índice da razão fracionária.

O M1 seria o próprio pagamento, ocorrendo através da circulação do papel moeda ou o depósito à vista no sistema bancário. Neste caso, a instituição financeira, ao reconhecer o pagamento, sinaliza a escrituração do crédito em favor do beneficiário. O M2, além das previsões contidas no M1, engloba também o Depósito Especial Remunerado, os depósitos de poupança, e os títulos emitidos por instituições depositárias. O M3 corresponde ao M2 acrescido das quotas de fundos de renda fixa e títulos compromissados do governo em poder público, e não considera aqueles que estão em poder de bancos e fundos de investimento[8].

Além dos meios de pagamentos restritos (M1) e ampliados (M2 e M3), existem ainda o M4, que corresponde ao M3 acrescido dos títulos públicos de alta liquidez em poder de bancos e fundos de investimentos; e o M5, que é o M4 somado à capacidade aquisitiva dos cartões de crédito.

---

8 Por exemplo, letras hipotecárias, letras de câmbio e títulos públicos federais em poder de bancos e fundos de investimento.

ESTRUTURA DESTE TRABALHO

A pesquisa em comento, além da introdução e da conclusão, é dividida em três capítulos interligados entre si por algumas estruturas. No capítulo 1, discute-se a intervenção do Estado na economia, focando na extrafiscalidade do tributo como instrumento regulatório da atividade do particular. Dentro desse contexto, analisa-se o papel da regulação sobre as novas tecnologias e a possibilidade de extinção de tais avanços por uma atuação estatal incorreta.

O capítulo 2 é subdividido em três partes, quais sejam: (i) a qualificação das criptomoedas no ordenamento jurídico e a regulação por órgãos estatais; (ii) a análise das teorias sociais que fundamentam a moeda, e as características necessárias para que determinado objeto seja assim qualificado; (iii) os instrumentos de pagamentos determinados pelo Estado e a possibilidade de as criptomoedas serem definidas como meios de pagamento.

Após qualificar as criptomoedas como meios de pagamento, adentra-se no capítulo subsequente do trabalho, que versa sobre a tributação decorrente das operações com criptomoedas. Nessa parte da dissertação será estudada a incidência do Imposto de Renda no auferimento de receitas e transferências patrimoniais de criptomoedas. Em seguida, será abordada a incidência do imposto sobre a prestação de serviços nas operações de confirmação da relação jurídica e, de forma pontual, algumas contribuições especiais que podem incidir nos negócios jurídicos envolvendo criptomoedas. Por último, será analisada a possibilidade de incidência do IOF-câmbio e do IOF-valores mobiliários.

Demonstrado o roteiro desta dissertação, encerram-se as considerações iniciais, e adentra-se nos capítulos de desenvolvimento.

1. A INFLUÊNCIA DO DIREITO NA ECONOMIA: UMA BREVE ANÁLISE DA APTIDÃO DO DIREITO TRIBUTÁRIO NA INDUÇÃO DE CONDUTAS

1.1. ANÁLISE ECONÔMICA DO DIREITO

Inicialmente, destaca-se que o Direito Tributário, por decorrer do Direito Financeiro e, em segunda escala, do Direito Administrativo, é um importante meio de direcionar a conduta do particular, através de incentivos (redução de tributo) e desincentivos (aumento da tributação).[9]

Antes de adentrar nas modalidades de intervenção do Estado mediante a regulação, é imprescindível recordar que a eficiência de mercado é calculada através da diferença entre o valor de venda e os custos do produto, ocorrendo a potencialização de ganhos quando o limite tolerável do comprador e do vendedor se "equilibram", ensejando um número maior de operações. Havendo um incremento de custos do produto atra-

---

[9] Sempre que se ambiciona entender um sistema jurídico, uma das primeiras análises consiste em determinar se a fonte do estudo reside preponderantemente no Direito Público ou no Direito Privado. Malgrado essa divisão seja criticável, uma vez que a estrutura do Direito é única, opta-se por seguir uma classificação tradicional. Nesse diapasão, salienta-se que o Direito Financeiro, oriundo do Direito Administrativo, gestou o Direito Tributário. Explica-se: Toda atividade estatal é pautada na criação de atos cuja produção tem o escopo de promover direitos constitucionalmente relevantes. Nesta senda, o Direito Financeiro foi destacado para discorrer sobre os gastos públicos e as receitas obtidas. Dentro desse último grupo, quando a receita for classificada como derivada decorrente de tributos, está-se diante do Direito tributário.

vés de tributos ou imposições administrativas, seu preço será majorado, suportando esse acréscimo àquele que tem menor elasticidade[10].

Sob a égide da intervenção do Estado na propriedade, aumento de custos operacionais e consequências econômicas, inicia-se o estudo integrado entre o Direito e a Economia, observando, para tanto, a Escola de Chicago, que foi propulsora da Análise Econômica do Direito (AED). Conforme será demonstrado abaixo, seguindo a linha da referida escola, o Estado deve ter um papel restrito na atuação, pois a autocontenção reduz a interferência no mercado e, por conseguinte, promove a eficiência. O consectário desta postura é a redução da importância do direito frente à economia, uma vez que, segundo seu corpo docente, o direito seria um instrumento de distorção que restringiria a microeconomia e prejudicaria os resultados do mercado.

Para entender o que foi dito acima, afirma-se que a Escola de Chicago pode ser analisada sobre duas vertentes separadas por um marco temporal bem definido, qual seja, a Segunda Guerra Mundial. A perspectiva pretérita à guerra, cujo principal defensor era Frank Knight, embora admitisse um liberalismo econômico, condicionava-o à aplicação da democracia liberal e suas respectivas decorrências (liberalismo)[11]. Por sua vez, ao término da guerra, observou-se o surgimento

---

10 Elasticidade é a capacidade de a variação no preço alterar a demanda e/ou a oferta do produto. Em síntese, classifica-se um produto como elástico quando o percentual de aumento/diminuição da demanda/oferta é superior ao percentual de majoração/redução do valor do produto. E, classifica-se o produto como inelástico quando aumento/diminuição na quantidade de demanda/oferta varia menos que o preço. Repercutindo os conceitos acima (elasticidade da demanda/oferta), observa-se que quem suporta o ônus é aquele que não possui disposição para sair do mercado caso as condições se tornem desfavoráveis.

11 Sobre o tema, vale recordar que o liberalismo clássico surgiu na Inglaterra através de Adam Smith, e era visto como uma forma de se livrar das amarras do Estado. Em uma explicação cristalina sobre o tema, observa-se Murray N. Rothbard, que resume que o liberalismo econômico se opunha ao Estado, e que os liberais democráticos usurparam o nome de liberais. Nesse sentido, citam-se dois trechos:
"Uma das maneiras com que os novos intelectuais estatistas fizeram seu trabalho foi alterar o significado de antigos rótulos, e, desta maneira, manipularam nas mentes do público as conotações emocionais associadas a estes rótulos. Por exemplo, os libertários *laissez-faire* haviam sido por muito tempo conhecidos como 'liberais', e os mais puros e militantes deles como 'radicais'; também eram conhecidos como 'progressistas' porque estavam em sintonia com o progresso industrial, a difusão da liberdade, e o aumento nos padrões de vida dos consumidores. A nova geração de intelectuais e acadêmicos estatistas se apropriou das palavras 'liberais' e 'progressistas' para definir a si mesmos, e

de um novo grupo, que pautava sua ideologia pelas ideias clássicas de Adam Smith, ou seja, um Estado menos intervencionista, menos retributivo, cujo fundamento jurídico era a doutrina do bem-estar (utilitarismo) (MERCURO; MEDEMA, 2006).

Em apertada síntese, o utilitarismo pressupõe que qualquer acréscimo à condição da vida de uma pessoa da sociedade deve ser legitimado pelo Estado, desde que não cause prejuízo ao coletivo. Ou seja, se em uma sociedade com 10 pessoas, cada uma delas possui uma cota de talentos de 10, o total é de 100 talentos. Todavia, se ao invés de cada pessoa ter 10 talentos, uma tiver 50 e todas as outras possuírem 6 talentos, ao final, a sociedade possuirá, conjuntamente, 104 talentos. Portanto, esse acréscimo de 4 talentos, por gerar um incremento na sociedade, deve ser preservado.

A visão acima relatada, cujos percussores foram Jeremy Bentham e John Stuart Mill, contrapunha-se à visão do liberalismo americano, que previa a necessidade de uma "igualdade" para que os direitos individuais de liberdade e propriedade fossem efetivados. Assim, afirma-se que o embate político-jurídico era entre os liberais — que aceitavam

---

conseguiu, com sucesso, colocar a pecha de 'antiquados', 'neandertais' e 'reacionários' aos seus oponentes do *laissez-faire*. Até mesmo o termo 'conservador' foi aplicado aos liberais clássicos. E, como vimos, os novos estatistas conseguiram até mesmo se apropriar do conceito de 'razão'. Se os liberais do *laissez-faire* estavam confusos com este novo recrudescimento do estatismo e do mercantilismo como um estatismo corporativo 'progressivo', outro motivo para a decadência do liberalismo clássico no final do século XIX foi o crescimento de um movimento novo e peculiar: o socialismo.

[...] No entanto, a pior coisa a respeito da ascensão do movimento socialista foi ele ter sido capaz de tomar o lugar dos liberais clássicos 'na esquerda': isto é, como o partido da esperança, do radicalismo, da revolução no mundo ocidental. Pois, assim como os defensores do *ancien régime* sentavam-se à direita na assembleia durante a Revolução Francesa, os liberais e os radicais o faziam à esquerda; desde então, até a ascensão do socialismo, os liberais clássicos libertários eram 'a esquerda', e até mesmo a 'extrema esquerda', no espectro ideológico. Ainda em 1848, liberais franceses militantes do *laissez-faire*, como Frédéric Bastiat se sentavam à esquerda na assembleia nacional. Os liberais clássicos tinham começado como o partido radical, revolucionário do ocidente, como o partido da esperança e da mudança, em nome da liberdade, paz e progresso. Terem permitido que os socialistas tomassem o seu lugar e passassem a posar como o 'partido da esquerda' foi um grave erro estratégico, que permitiu que os liberais passassem a ser erroneamente classificados numa posição intermediária entre o socialismo e o conservadorismo em polos opostos. Uma vez que o libertarianismo nada mais é que um partido da mudança e do progresso rumo à liberdade, abandonar este papel significou o abandono de boa parte de seu motivo de existir — seja na realidade ou nas mentes das pessoas." (ROTHBARD, 2013, p. 26).

uma intervenção estatal para efetivação de direitos da liberdade e da propriedade — e os bem-estaristas — cuja visão aproximava-se dos liberais clássicos, hoje, denominados de libertarianos.

Ainda nesta toada histórica, direcionando, todavia, o debate para uma análise econômica, e seguindo os princípios de Adam Smith, o bem-estar social seria o conjunto de resultados propiciados por homens racionais, individuais e egoístas, que, ao buscarem a efetivação de seus interesses, alcançariam a evolução da eficiência da sociedade através do mercado (mão invisível). Por sua vez, no outro espectro estariam os liberais, que, malgrado acreditassem em uma doutrina do livre mercado, também defendiam a intervenção do Estado para efetivar a equidade no que tange à implementação dos direitos inatos (frise-se: apenas a propriedade e as liberdades individuais).

Outro consectário da segregação acima exposta pode ser observado ao analisar as figuras da "escolha" e do "consentimento". Para os defensores do utilitarismo, o consentimento é inerente à escolha, ou seja, se existirem opções de escolha, inclusive o de rejeitar a oferta disponível, automaticamente o consentimento foi efetivado. Portanto, qualquer intervenção do Estado na relação entre as partes deveria ser restrita e específica para as hipóteses de não haver consentimento, uma vez que o bem-estar seria alcançado com o direito de escolha. De forma diversa, para a doutrina liberal, se não existisse um espectro mínimo de escolhas, não existiria o consentimento na escolha feita, e, nesse caso, o Estado poderia intervir para catalisar o bem-estar.

Como decorrência dessa última diferença, ressalta-se que para os utilitaristas a eficiência do mercado decorreria de uma não intervenção do Estado nas relações privadas, em que os direitos somente poderiam ser efetivados por meio de tributos. Isso porque o consentimento autorizaria todas as relações entre as partes, competindo ao economista criar um modelo de ideias, a ser aprovado pelo gestor público, o qual equilibraria os benefícios na redistribuição de direitos com os custos por tal política — inclusive, eventual desincentivo ao trabalho[12]. Por outro lado, para os liberais, além da redução das desigualdades por

---

[12] Sobre o tema, vale a leitura de Dani Rodrick (2015), que comenta que a visão do economista, na maior parte das vezes, encontra-se incorreta. Em síntese, o autor defende que a criação de modelos econômicos depende de uma série de fatores que, muitas vezes, não foram observados pelo propositor de políticas. Nesse caso, acreditar que a figura do economista é primordial numa análise econômica, nem sempre reflete a realidade.

intermédio de tributos — o que já seria um marco inicial da doutrina do bem-estar —, o Estado poderia intervir no mercado para aumentar o leque de opções e efetivação de direitos.

De modo resumido, afirma-se que para a Escola de Chicago, a AED é um método de interpretar as normas vigentes, atentando-se para uma hermenêutica que efetive a eficiência do mercado, uma vez que a equidade deve ser alcançada apenas por tributos. Ou seja, a lei elaborada pelo gestor público com a ajuda do economista deve ser interpretada de forma a efetivar a eficiência do mercado, servindo somente para corrigir suas assimetrias. Quem, todavia, discorda dessa doutrina, afirma peremptoriamente que, muito além do tributo, o Estado pode intervir no mercado, regulamentando a relação entre as partes para efetivar os direitos morais[13].

Contradizendo a doutrina pós 2ª Guerra Mundial da Escola de Chicago, que reflete a interpretação de Richard Posner (1973) sobre os ensinamentos de Ronald Coase, cita-se Guido Calabresi (2016) e Albert Calsamiglia (1987).

O primeiro deles, Guido Calabresi, professor da Universidade de Yale, tentou se afastar da AED através de um giro linguístico, "separando", através de imputações de significados diversos, a "Análise Econômica do Direito" e o "Direito e Economia". Segundo o autor, a "Análise Econômica do Direito" refletiria a doutrina de Jeremy Bentham, na qual, se o resultado econômico não fosse o que ele esperava, este seria irracional e desconsiderado — a efetivação de direito seria irrelevante. Por sua vez, "Direito e Economia" refletiria a evolução proposta por John Mill, que responderia à ausência de resultados esperados com duas soluções: (i) descrevi corretamente a realidade?; (ii) a resposta econômica esperada pode sofrer influência externa?

Segundo Calabresi (2016), os questionamentos acima permitiriam que o direito influenciasse a economia através de uma análise comportamental esperada em razão de uma influência do Estado no mercado. Assim, segundo o referido autor, uma norma, para ser construída, passaria por um juízo *ex-ante* de um economista e de um jurista. O primeiro proporia uma política econômica conforme suas expectativas,

---

[13] A diferença entre essas duas doutrinas reflete a utilidade marginal decrescente do dinheiro, cujo valor decorre da ideia de que a partir de determinado montante que a pessoa possui, todos os anseios já serão satisfeitos. Para a Escola de Chicago a utilidade marginal decrescente do dinheiro só poderia ser alvo de políticas tributárias. Por sua vez, para a Escola de Yale, o Estado poderia intervir de outras formas na relação entre as partes para efetivar direitos.

e o segundo redigiria tal política em normas jurídicas. Nesse sentido, cita-se trecho de Alain Marciano e Giovanni Ramello, que explicam a doutrina de Guido Calabresi:

> Mais especificamente, sob a abordagem de Calabresi, o direito e a economia se complementam da seguinte forma: A economia se preocupa com a escolha sob certas condições dadas que, como observamos, podem não ser satisfatórias. O que a economia fornece é apenas uma estrutura, que precisa ser normativamente qualificada pelos juízes e pelo sistema jurídico. Portanto, se, como Laura Kalman enfatiza em seu artigo nesta edição de *Law and Contemporary Problems* — "[p]or Guido, o direito e a economia provam ser o empreendimento mais desafiador e valioso" do que a análise econômica do direito, e isso ocorre porque ele encara o direito e a economia como um diálogo de vaivém entre as duas disciplinas". Esta igualdade entre o direito e a economia é o que a análise econômica do direito tende a impedir, porque essencialmente rebaixa a economia a um mero problema Para ter certeza, Calabresi vê a economia como o fornecimento de sinais de trânsito — "sinais de trânsito que não são muito enganosos para valer a pena gastar tempo" — que juízes e legisladores podem usar para servir a um bem maior do que simplesmente promover a eficiência (MARCIANO; RAMELLO, 2014, p. 101, tradução nossa).[14]

Diante da possibilidade de uma proposta de política econômica/jurídica intervir nas relações privadas através da análise comportamental, Calabresi adere à ideia de que o Estado pode atuar para efetivar os direitos de liberdades individuais e de propriedade, aumentando o espectro de escolhas dentro do mercado.

Em sentido similar, Albert Calsamiglia defende que o parâmetro da equidade é a eficiência. Assim, para alcançar valores morais, que é o norte de um ordenamento jurídico — uma vez que, segundo o autor, uma norma não ontológica não é norma —, a norma não poderia ser apenas eficiente, mas também ontológica. Desse modo, o campo da eficiência fica relegado a uma análise da efetivação de direitos. Para

---

[14] *More specifically, under Calabresi's approach, law and economics complement each other as follows: Economics is concerned with choice under certain given conditions that, as we have noted, may not be satisfactory. What economics provides is only a framework, which needs to be normatively qualified by judges and the legal system. Therefore, if — as Laura Kalman stresses in her article in this issue of Law and Contemporary Problems — "[f]or Guido, law and economics proves the more challenging and worthwhile endeavor" than the economic analysis of law, it is because he envisages law and economics as a back-and-forth dialogue between the two disciplines. "This equal footing of law and economics is what the economic analysis of law tends to preclude, because it essentially downgrades economics to a mere problem solving technology. To be sure, Calabresi sees economics as providing road signs-"road signs that are not too misleading to be worth spending time on" -that judges and lawmakers can then use to serve a higher good than simply fostering efficiency.*

chegar a tal conclusão, o jurista cita Kelsen, afirmando que, segundo a Teoria Pura do Direito, uma norma para ser válida precisa respeitar o ordenamento jurídico e ser eficiente (CASALMIGLIA, 1987).

Parecendo ter compreendido as críticas ao longo dos anos da doutrina firmada pela Escola de Chicago, Eric Posner (2021), comentando a doutrina de seu pai Richard Posner, promove as seguintes ponderações:

> i. A AED não representa uma doutrina utilitarista, uma vez que um dos dogmas do utilitarismo é a possibilidade de uso do teste de Pareto[15], que, dentre outros parâmetros, aduz que uma política somente é considerada melhor do que outra se representar ganhos coletivos. Nesse caso, além de ser aceita a concentração de ganhos em uma pessoa apenas, não seria cabível a transferência de recursos de uma pessoa para outra, pois, coletivamente, não teriam ocorrido ganhos. Ademais, outro teste que nem sempre seria eficaz, e, que teria aptidão para ser utilizado pela doutrina utilitarista, Kaldor-Hicks[16], não aprovaria medidas redistributivas, uma vez que os vencedores — mais pobres — não conseguiriam, de forma fática, compensar os perdedores — mais ricos — pelas políticas públicas;
> ii. Muito do ceticismo sobre a AED decorre de premissas comportamentais esperadas que, na prática, não ocorrem. Assim, a eficiência planejada pode não ocorrer em virtude de erros de premissas comportamentais;
> iii. A AED não é inútil, pois, além de servir para excluir políticas públicas que, ao certo, seriam fracassadas, também permite a redistribuição de danos entre vencedores e perdedores, segundo o método de Kaldor-Hicks, sendo mais utilizadas quando os princípios morais a serem violados sejam mais fracos;
> iv. As agências reguladoras não devem seguir políticas de equidade, sob pena de tornar a eficiência prejudicada. Isso, todavia, não permite que elas deixem de considerar direitos inatos, uma vez que tais violações podem afrontar, inclusive, decisões políticas do Parlamento, do Executivo e da Constituição (POSNER, 2021, p. 659-660, tradução nossa).[17]

---

[15] Segundo Pareto, para a política pública ser legítima, é necessário que, ao menos uma pessoa fique em situação superior à anterior.

[16] Kaldor-Hicks mitiga a teoria de Pareto, pois permite que o resultado seja equivalente a zero, desde que os beneficiários de políticas públicas compensem os prejudicados. No caso de redistribuição de renda, seria impossível, pois quem usufrui do benefício já é pessoa mais pobre.

[17] *NLE is generally thought to assume welfarism, the view that the well-being of individuals is morally important. This assumption might seem harmless but in fact could have strangled NLE in its crib. The reason is that NLE, like much of normative economics, uses the Kaldor-Hicks efficiency criterion or the Pareto criterion. Most welfarists believe in the diminishing marginal utility of money, which implies that in any society with wealth disparities, the government should redistribute wealth from rich to poor. But both the Pareto criterion and the Kaldor-Hicks criterion block redistributions of wealth. Any transfer makes a party worse off (in violation of the Pareto criterion) or produces a winner who*

Expostas algumas considerações sobre a temática histórica da regulação através da análise econômica do direito, há de se aduzir que um grande debate sobre Economia Comportamental é a possibilidade de o Estado induzir o particular com escolhas de comportamento que julga melhores — (*nudge*) — sem, contudo, impedir que o particular opte por outra conduta[18]. Sobre o tema, vale salientar que Eric Posner (2015) sustenta que tal formulação de política comportamental viola as liberdades individuais e, por isso, deve ser utilizada apenas quando as pessoas forem informadas e consentirem com tal manipulação. Em sentido oposto, Cass Sunstein (2015) advoga que informar a população sobre eventual comportamento indutivo torna a política pública pouco útil, porque afastaria o caráter indutivo.

Por derradeiro, diferentemente do debate nos EUA sobre regulação, cuja origem é a ideia de o Estado passar a intervir na economia, no Brasil, a regulação foi um método para reduzir o tamanho do Estado, chegando, todavia, a resultado similar, qual seja, o estímulo pelo Estado à prática de conduta pelo particular. É justamente sob a perspectiva de o Estado poder intervir para estimular condutas que se passa para o próximo tópico, qual seja, a extrafiscalidade do tributo. Sobre o tema, como forma de já preparar o leitor, cita-se trecho da doutrina de Luís Eduardo Schoueri, no sentido de que o mercado pressupõe a indução e essa interferência não contraria o capitalismo:

---

cannot overcompensate the loser from her winnings (in violation of the Kaldor-Hicks criterion). As I will discuss in Part I.B., the problem was not solved but avoided through a division of labor policy strategy. NLE would be permitted to make efficiency arguments because distributional issues would be addressed by the tax-and-transfer arm of the government. But this still left the question of what exactly we mean by welfare, and whether the efficiency criteria maximize it. That question I will address first. Among philosophers, there are three major positions about the meaning of welfare. First, well-being can be understood as a mental state characterized by pleasure or the absence of pain. Bentham understood utility in this way. While this view fell out of favor for many decades, in recent years it has been resurrected by economists who use surveys to measure what they call subjective utility, and has influenced legal scholars and policymakers as well.

[18] Acerca do tema, vale a leitura do texto "Libertarian Paternalism is not an oxymoron", em que Cass Sunstein observa que o paternalismo libertário se trata de um tipo relativamente fraco de paternalismo, uma vez que as escolhas não são impedidas ou vedadas pelo Estado. A premissa que está por trás dessa doutrina decorre do fato de que, em um universo com diversas opções, apenas as pessoas com um nível de conhecimento superior sobre o tema promoverão escolhas sábias. Nesse caso, o planejador constrói uma regra padrão e qualquer um que deseja sua exclusão deve se manifestar ativamente (*opt-out*).

Ponto relevante da intervenção por indução é que ela, longe de afastar o mercado, o pressupõe, já que se vale de meios de convencimento cujo efeito apenas se dá num cenário em que o destinatário da norma pode decidir pela conveniência, ou não, do ato visado. Assim, quando se cogita, por exemplo, do instrumento tributário como meio de internalizar as chamadas "externalidades", o que se faz é transferir ao mercado, por meio do mecanismo de preço, aqueles custos, cabendo aos produtores e consumidores decidir, em última instância, sobre o sucesso ou fracasso de um produto. Do mesmo modo, o incremento da tributação de um produto poderá implicar seu menor consumo, conforme esteja ou não o mercado disposto a assumir tais custos. No sentido inverso, isenções pontuais podem induzir os consumidores em direção a determinados produtos. Em todos os casos, de qualquer modo, no lugar da decisão política, privilegia-se o mercado como centro decisório, para determinar quem vai produzir (ou consumir) e quanto será produzido (ou consumido) (SCHOUERI, 2005, p. 44).
[...]
A lição acima reproduzida mostra que o modelo de Estado intervencionista, antes de ser uma rejeição da concepção liberal, revela-se como evolução deste, já que um e outro adotam a mesma crença no mecanismo de mercado. Assim, o Estado intervencionista atua, num primeiro momento, no sentido de corrigir as falhas naquele mecanismo, buscando, de toda forma, sua manutenção. É neste sentido que se deve concordar com a assertiva de Grau, de que 'a ordem econômica (mundo do dever ser) capitalista, ainda que se qualifique como *intervencionista*, está comprometida com a finalidade de preservação do capitalismo' (SCHOUERI, 2005, p. 73).

1.2. A EXTRAFISCALIDADE COMO MÉTODO REGULATÓRIO: GASTOS DO ESTADO PARA INDUZIR CONDUTAS

Antes de compreender a extrafiscalidade como indutora de comportamento humano, recorda-se que o Estado é uma pessoa jurídica que obtém receitas de forma original e derivada, sendo essas utilizadas para financiar os gastos públicos provenientes da prestação de serviço público, despesas com pessoal, encargos da dívida e tantos outros vetores de despesa.

O custeio do Estado pressupõe a igualdade material, ou seja, cada pessoa deve contribuir nos limites de seus ganhos. O corolário da igualdade se desdobra, na parte referente à ordem econômica, no princípio da capacidade contributiva, cuja previsão, na Constituição pátria, encontra-se no §1º, do art.145[19].

---

[19] "§1º Sempre que possível, os impostos terão caráter pessoal e serão graduados segundo a capacidade econômica do contribuinte, facultado à administração tributária, especialmente para conferir efetividade a esses objetivos, identificar, res-

Diante desta primeira etapa, observa-se, claramente, que a finalidade dos tributos é custear as atividades do Estado. Todavia, para além do fim arrecadatório, é possível que a tributação promova um efeito econômico secundário. Neste diapasão, convém recordar noções de Economia acerca da oferta/demanda de produtos, e a modificação do *status quo* com a inserção de uma carga tributária, ocasionando o fenômeno do "peso morto do tributo"[20].

O reflexo do peso morto do tributo, além de ser a exclusão de parcela da sociedade do consumo de determinado bem/serviço, é a substituição do consumo de alguns produtos por outros. Essa alteração no padrão de consumo pode acarretar o consumo de outro gênero que complemente o produto substituído. Nesse caso, a atuação fiscal do Estado propicia efeitos sensíveis na economia, sendo isso denominado de efeitos extrafiscais do tributo.

Além do efeito extrafiscal do tributo, discute-se também a possibilidade de um tributo ter um fim extrafiscal e um efeito fiscal secundário (tributos ordenadores ou orientadores). Nesse cenário, o fim do tributo é extrafiscal, ou seja, a sua pretensão é regular uma conduta humana, porém, de forma reflexa, ainda assim, há uma arrecadação para custear o Estado (finalidade fiscal).

A diretriz exposta acima permite ao direito objetivar a concretização de valores presentes no ordenamento como instrumento que regulem condutas, visando a plena materialização de finalidades constitucionais. Nesse caso, os tributos cuja característica preponderante é o caráter extrafiscal não almejam a obtenção de receitas para o erário, mas sim a regulação de condutas. Entretanto, independentemente de ser alcançado o fim almejado, os tributos propiciam, como efeito secundário, a arrecadação.

Em síntese, a extrafiscalidade possui um elevado caráter regulatório, estimulando os comportamentos desejados e onerando os comportamentos indesejados através de uma atuação tributária. Nessas hipóteses, o efeito jurídico do imposto confere efeitos econômicos (extrafiscalidade), podendo inferir um caráter regulatório de condutas subjetivas, com vistas a realizar fim diverso do comum. Neste sentido, vale citar José Casalta Nabais:

---

peitados os direitos individuais e nos termos da lei, o patrimônio, os rendimentos e as atividades econômicas do contribuinte." (BRASIL, 1988, s/p).

20 Trata-se da majoração do custo do produto e, por conseguinte, a exclusão de parcela da população que não aceita realizar o negócio com os valores após a tributação.

A extrafiscalidade traduz-se no conjunto de normas que, embora formalmente integrem o direito fiscal, tem por finalidade principal ou dominante a consecução de determinados resultados econômicos ou sociais através da utilização do instrumento fiscal e não a obtenção de receitas para fazer face às despesas públicas. Trata-se assim de normas (fiscais) que, ao preverem uma tributação, isto é, uma ablação ou amputação menos à requerida pelo critério da capacidade contributiva, isto é, uma renúncia total ou parcial a essa ablação ou amputação (benefícios fiscais) estão dominadas pelo intuito de actuar diretamente sobre os comportamentos econômicos e sociais dos seus destinatários, desincentivando-os, neutralizando-os nos seus efeitos econômicos e sociais, ou fomentando-os, ou seja, de normas que contêm medidas de política econômica e social (NABAIS, 2004, p. 629).

A forma apresentada nas linhas acima parece conferir amplos poderes de atuação para além da fiscalidade, todavia, não se pode esquecer que os tributos devem servir para dividir as despesas estatais, e que atenuar os gastos de alguém em prol de uma conduta visada possui como resposta o aumento dos custos dos demais particulares. É nessa perspectiva que a extrafiscalidade deve ser atentamente observada, sendo o seu parâmetro a existência de vetor constitucional a ser alcançado e a inexistência de um meio menos gravoso para induzir uma conduta.

Antes de adentrar em uma análise fática da concessão de benefícios fiscais (tal análise ocorrerá ao final deste tópico), aduz-se que a extrafiscalidade, por desoneração, equivale a despesas fiscais, uma vez que o Estado renuncia a uma receita em prol de uma atuação instrumental do particular.

Nessa esfera, ressalta-se a existência de dois tipos de benefícios fiscais. No primeiro deles, a correlação com as políticas públicas é secundária, uma vez que o ganho a ser auferido é a efetivação de valores sociais[21]. Por sua vez, no segundo tipo de benefício fiscal, há o intuito de obtenção de receita, como, por exemplo, a instalação de uma indústria na região que gere empregos e o desenvolvimento econômico.

Exposta estas vertentes, menciona-se quatro núcleos problemáticos da concessão de tais benefícios: (i) admissibilidade/legitimidade; (ii) caráter derrogatório/excepcional; (iii) pertencimento de tais normas no direito fiscal e similitude dos benefícios fiscais com as subvenções; (iv) distinção entre tais benefícios e os estímulos fiscais.

---

[21] A título de exemplo, cita-se as imunidades recíproca, religiosa, cultural e a isenção para a compra de automóveis por pessoas com deficiências.

No que tange à admissibilidade de tais normas, conforme visto acima, um possível entrave seria a ofensa à capacidade contributiva[22], sendo que o contraponto, a ser apurado de forma casuística, é a (i) existência de previsão normativa que autorize a concessão do benefício fiscal; (ii) demonstração de vantagens na concessão dos benefícios fiscais[23].

Acerca do caráter derrogatório/excepcional das normas que instituem os benefícios fiscais, por serem normas especiais que mitigam a regra geral, qual seja, a capacidade contributiva, a interpretação deve ser estrita. Ademais, é imprescindível recordar que, por ser uma medida intervencionista que pode ensejar artificialidades, o Estado precisa agir de forma moderada[24]. De forma diversa, Norberto Bobbio susten-

---

[22] "Quanto ao primeiro problema, é de assinalar que a generalidade da doutrina se pronuncia hoje claramente a favor da admissibilidade dos benefícios fiscais, muito embora alguns autores continuem a insistir na 'sua ilegitimidade', por via de princípio, como o faz, por exemplo, L. RASTELLO, que justamente trata do problema sob o título 'da ilegitimidade constitucional' em geral das normas que preveem isenções e reduções (de impostos), concluindo que estas, pela sua própria natureza, violam o princípio da igualdade fiscal nos seus vectores da generalidade e da igualdade segundo a capacidade contributiva" (NABAIS, 2004, p. 638).

[23] "Uma disposição a que, a nosso ver, não é alheio o facto de a Constituição em referência consagrar, pela primeira vez entre nós, um estado social, em que a intervenção econômica e social através da via fiscal, por certo, esteve presente e em relação à qual se pretendeu afirmar o princípio da legalidade que, no silêncio do legislador constituinte, podia ser esquecido, tanto mais que, na tradição do entendimento do estado liberal, um tal princípio se dirigia exclusivamente à administração agressiva ou interventora, que estava longe de caracterizar as prestações concretizadas através dos benefícios fiscais. Daí que o actual problema constitucional dos benefícios fiscais se não localize na sua admissibilidade ou não, mas antes nos limites dentro dos quais podem ser admitidos, trate-se de limites formais ou de limites materiais ou substanciais." (NABAIS, 2004, p. 640).

[24] "Outra questão respeitante aos benefícios fiscais é a que se prende com o carácter excepcional ou não das suas normas, decorrente da sua natureza derrogatória. Pois bem, a doutrina tradicional, que continua a ser sufragada por autores como SAINZ DE BUJANDA, K. TIPKE, J. LANG, N. SÁ GOMES, etc., partilha do ponto de vista de que as normas, que instituem benefícios fiscais, constituem normas excepcionais face às normas (gerais) da correspondente tributação. Entendimento esse que tem como consequência as normas relativas aos benefícios fiscais não poderem ser objeto de integração analógica naqueles sistemas jurídicos que conhecem a exclusão da analogia relativamente às normas excepcionais [...] Isto para além de que, em nossa opinião, do carácter excepcional das medidas, em que se concretizam os benefícios fiscais, não ter de se concluir pela natureza excepcional das correspondentes normas, já que a excepcionalidade daquelas, que se revela num duplo plano — enquanto integram

tava que, na hipótese de a lei promover direitos, os benefícios fiscais não necessitariam ser vistos como normas excepcionais e, portanto, seria facultada a utilização dos recursos da analogia e da interpretação extensiva[25]. Em nosso ordenamento jurídico, isso não deve ser aplicado, haja vista a expressa previsão em sentido diverso[26].

A respeito da natureza jurídica das normas que dispõe sobre os benefícios fiscais (normas indutivas e de orientação) integrarem o direito fiscal (direito arrecadatório/tributário), José Casalta Nabais relata a existência de quatro formas de interpretá-las. A primeira delas é compreender que as normas de orientação fazem parte do direito tributário e, portanto, sempre são instrumentos legítimos de política econômica e social, não sendo possível analisar o mérito da norma[27]. Em seguida,

---

medidas intervencionistas num estado fiscal (em que, pela sua própria natureza, a intervenção econômica e social do estado constitui sempre exceção face ao âmbito da não intervenção ou à autonomia econômica e social dos indivíduos e da sociedade), e enquanto medidas que até por força da expressa disposição da nossa Constituição, que assinala ao sistema fiscal a finalidade principal de satisfação das necessidades financeiras, não pode deixar de se configurar como exceção face à (regra da) tributação – não torna os benefícios fiscais em privilégios, nem, mais amplamente, a utilização extrafiscal dos impostos num fenômeno anômalo ou anormal, como aconteceu durante o tempo em que vigorou o Estado liberal e o correspondente entendimento neutral das finanças públicas." (NABAIS, 2004, p. 641-642).

[25] Vendo na fenomenologia dos benefícios fiscais uma das mais significativas expressões da função promocional do direito — que N. BOBBIO teorizou para explicar o direito do estado social (em contraposição ao direito do estado liberal dominado pela função sancionatória negativa) —, aquele autor recusa qualquer qualificação dos benefícios fiscais como normas excepcionais, seja por referência aos princípios gerais do ordenamento fiscal ou aos princípios gerais do ordenamento, seja por referência à disciplina normal de cada imposto. Em consequência, rejeita a exclusão da analogia, considerando que essas normas fiscais beneficiadoras mais não são do que a expressão de específicas tarefas constitucionais e, bem assim, do exercício *normal* do poder legislativo, no domínio do Direito Fiscal, pelo que, embora se apresentem como normas derrogatórias da hipótese fiscal regra, isto é, da hipótese de tributação, não são de entender como preceitos excepcionais, mas antes como normas especiais que, contendo uma disciplina diversa das normas de tributação, são expressão de princípios ou de regimes, susceptíveis assim do reconhecimento da *eadem ratio*, em que assenta a integração analógica.

[26] Sobre o tema, o art.111, do CTN, dispõe que a isenção deve ser interpretada de forma estrita, muito embora o STF, na ADO nº 30, tenha estendido a isenção de IPI, na compra de carros, para os surdos.

[27] "A primeira orientação, seguida pelo BVerfG alemão, não separa as normas de direção ou de orientação (em que se incluem as relativas aos benefícios fiscais) das

o segundo entendimento é no sentido de que as normas de benefícios fiscais são subvenções e, portanto, possuem uma ligação externa com as normas fiscais. Desse modo, para tais normas serem válidas, elas devem ser proporcionais, uma vez que a concessão de benefício fiscal terá o condão de aumentar a carga tributária dos demais membros da sociedade[28]. A terceira vertente aprofunda a teoria anterior, dispondo que uma norma que concede benefício fiscal só pode ser válida se houver algum ditame constitucional que justifique a política. Em outras palavras, deve-se observar (i) tanto os efeitos oneradores da norma fiscal (não deve violar a capacidade contributiva); (ii) quanto os efeitos conformadores (proteção a valores previstos na Constituição). Caso os efeitos oneradores afrontem a capacidade contributiva, mas haja a efetivação de uma política pública, deve haver uma ponderação[29].

---

normas com objectivo fiscal. Todavia, não desterrando aquelas do direito fiscal, admite que este constitua um instrumento legítimo de direcção da política econômica e social e aceita que a (eventual) violação do princípio da igualdade fiscal, que assim seja provocada, se apresenta justificada sempre que essa violação sirva um específico objetivo econômico ou social. Em contrapartida, recusa-se a examinar se a prossecução deste objetivo se justifica (isto é, se é necessária, adequada e proporcional *strictu sensu*)" (NABAIS, 2004, p. 645).

[28] "Pois que, através dum benefício ou duma subvenção fiscal, é gasto algo como numa subvenção dirccta, embora tecnicamente não através duma transferência mas através duma compensação com o imposta. Materialmente os benefícios fiscais constituem subvenções, prêmios ou prestações sociais. Daí que o princípio da igualdade fiscal, aferido pela capacidade contributiva, esteja à partida arredado do teste constitucional dos benefícios fiscais, que hão de ser testados, como o são as subvenções directas, com base nos três conhecidos testes em que se desdobra o princípio da proibição do excesso ou da proporcionalidade *lato sensu*" (NABAIS, 2004, p . 646).

[29] "Por isso, o exame constitucional das normas de direito fiscal deve, em princípio, ser realizado através duma 'dupla via': os efeitos oneradores serão examinados com base no princípio da capacidade contributiva, e os efeitos conformadores com base nos direitos fundamentais de liberdade. Por conseguinte uma norma fiscal será constitucional quando, tanto os efeitos oneradores (ou de repartição) como os efeitos conformadores (ou de direcção), correspondam ao respectivo critério, e será inconstitucional quando uns ou outros violem as correspondentes normas constitucionais. Problemático é o caso da norma cujo efeitos oneradores violam o critério da igual tributação segundo a capacidade contributiva, mas cujos efeitos conformadores estão cobertos ou são até exigidos pela constituição, caso em que o objectivo da norma é convocado para justificar a violação dos princípios da igualdade, mas não para afastar o critério dos efeitos oneradores. Nestes termos, ao objectivo ou finalidade extrafiscal das normas de direito fiscal fica reservado o papel de elemento de pon-

Devido à escassez de parâmetros para análise da proporcionalidade, Casalta Nabais procura trazer contornos para esse juízo de sopesamento. Nesse espectro, o autor separa as normas fiscais, que versam sobre o direito tributário, das normas extrafiscais, que dispõe sobre o direito econômico. Assim, as normas que concedem benefício fiscal são válidas quando se verifica: (i) a legalidade da norma e o princípio da igualdade, no que tange às normas fiscais; (ii) a legalidade da norma econômica e a proporcionalidade na intervenção. Somente harmonizando as exigências dessas duas vertentes é que se pode admitir a validade da norma que concede benefício fiscal. Nesse sentido:

> [...] somos de opinião que há que separar dicotomicamente as normas fiscais das normas extrafiscais, ordenando aquelas, como direito fiscal (clássico) que são, aos princípios jurídico-constitucionais da "constituição fiscal", e estas, como direito econômico (fiscal) que são, aos princípios jurídico-constitucionais da "constituição econômica". Daí que aquelas hão-de obedecer primordialmente aos princípios da legalidade e da igualdade fiscais, e estas aos princípios da legalidade econômica e da igualdade e da proporcionalidade *lato sensu* na intervenção econômica-social. Todavia, dado o instrumento utilizado nesta intervenção ser o instrumento fiscal, há que articular ou harmonizar as exigências constitucionais, válidas para este instrumento, com as válidas para aquela intervenção, não podendo, por conseguinte, relativamente às normas extrafiscais, e designadamente às disciplinadoras dos benefícios fiscais, valer exclusivamente e estritamente a mencionada constituição econômica. Nomeadamente, o princípio da legalidade a observar neste domínio não se contentará totalmente com as fracas exigências deste princípio no domínio do direito econômico, enquanto a ideia de capacidade contributiva não pode deixar de estar presente nas medidas extrafiscais como seu pressuposto. Por isso os benefícios fiscais não gozam duma inteira similitude jurídico constitucional com as subvenções (directas) (NABAIS, 2004, p. 648).

Em relação à distinção entre tais benefícios e os estímulos fiscais, salienta-se que as normas tributárias indutoras apenas se caracterizam como verdadeiras quando possuem concessões de benefícios fiscais dinâmicos ou isenções extrafiscais que acarretem verdadeiras normas passíveis de promover o desenvolvimento econômico do país, que é o cerne deste trabalho. Por sua vez, os meros benefícios estáticos ou isenções fiscais que observam somente os aspectos pessoais não cor-

---

deração entre o interesse público na realização das medidas de direção econômica ou social e a quebra do princípio da igualdade fiscal que tais medidas acarretam, confrontando-se assim os efeitos produzidos pelas mesmas e a intensidade da violação do princípio da capacidade contributiva." (NABAIS, 2004, p. 647).

respondem a estímulos fiscais, sendo meramente opções políticas do legislador que resultam em erosão da base fiscal[30].

Desta feita, tem-se que a relevância do fim extrafiscal do tributo sempre foi compreendida no ordenamento jurídico brasileiro. A título de exemplo, vale recordar que, durante o governo de Getúlio Vargas, cuja marca era o autoritarismo, tributava-se de forma mais elevada a importação de insumos para a confecção de jornais de críticos políticos do governo. Tal estratégia, revelada por Sampaio Mitke, ex-chefe do Serviço de Controle do Departamento de Imprensa e Propaganda (DIP), era mais eficaz que as ameaças da polícia. Nesse sentido, colaciona-se trecho de julgado do STF sobre o tema:

> O trabalho era limpo e eficiente. As sanções que aplicávamos eram muito mais eficazes do que as ameaças da polícia, porque eram de natureza econômica. Os jornais dependiam do governo para a importação do papel linha d'água. As taxas aduaneiras eram elevadas e deveriam ser pagas em 24 horas. E o DIP só isentava de pagamento os jornais que colaboravam com o governo. Eu ou o Lourival é que ligávamos para a Alfândega autorizando a retirada do papel (ABI apud GALVÃO, 1975, p. 4)[31].

Em virtude de todo o exposto, conclui-se que o fim/efeito extrafiscal do tributo é um método bastante frutífero para a elaboração de políti-

---

[30] "Finalmente, um outro núcleo problemático relativo aos benefícios fiscais que referenciamos, prende-se com a distinção entre benefícios fiscais estáticos ou benefícios fiscais *stricu sensu* e os benefícios fiscais dinâmicos ou incentivos ou estímulos fiscais, uma distinção frequente na doutrina e com implicações em sede do seu regime jurídico-constitucional. Os primeiros dirigem-se, em termos estáticos, a situações que, ou porque já se verificaram (já estão consumadas), ou porque ainda que se não tenham verificado ou na parte em que se não tenham verificado, não visam, ao menos directamente, fomentar ou incentivar, mas tão-só beneficiar por superiores razões de política geral de defesa, externa, econômica, social, cultural, religiosa, etc. Por seu turno, os segundos visam estimular ou incentivar determinadas atividades, estabelecendo, para o efeito, uma relação entre as vantagens atribuídas e as atividades estimuladas em termos de causa → feito. Enquanto naqueles a causa do benefício é a situação ou activdade em si mesma, nestes a causa é a adopção (futura) do comportamento beneficiado ou o exercício (futuro) da actividade fomentada. Com base no que vimos de dizer compreende-se, por exemplo, que, relativamente aos incentivos fiscais que não raro têm carácter selectivo, a liberdade do legislador, mormente para conceder uma margem de livre decisão à administração, tenha necessariamente de ser maior do que aquela de que desfruta em sede dos benefícios fiscais estáticos." (NABAIS, 2004, p. 648-649).

[31] STF – RE: 330817 RJ – RIO DE JANEIRO, Relator: Min. DIAS TOFFOLI, Data de Julgamento: 08/03/2017, Tribunal Pleno.

cas públicas estatais, uma vez que os reflexos econômicos incentivam/desestimulam o particular. Todavia, é imprescindível ter cautela para evitar a transmudação da função arrecadatória em uma função indutora de condutas por tributos. Neste diapasão, o critério utilizado para aferir a legitimidade no que tange à renúncia de receitas é o cotejo entre a política pública (norma econômica) e a renúncia de parcela do tributo (norma fiscal) com a promoção da igualdade (capacidade contributiva) e da liberdade.

Ademais, conforme leciona Schoueri, outro ponto a se ponderar na concessão de estímulos fiscais é a possibilidade do efeito regressivo. Explica-se: as normas indutoras, para serem cumpridas, exigem um investimento econômico por parte do contribuinte, sendo que não são todos os particulares que possuem capacidade financeira para se adequarem a tais normas. Nesse caso, a tendência é que os contribuintes com maior capacidade econômica se tornem ainda mais fortes com o tempo. Sobre o tema, destacam-se duas passagens do autor:

> A tal paradoxo também se referiu Bŏckli, que vê nas normas tributárias indutoras um efeito regressivo, já que acabam implicando um prêmio para os contribuintes que têm maior capacidade econômica, de modo que após alguns anos, estes contribuintes acabam ficando mais fortes. Nesse sentido, o autor alerta para o efeito concorrencial das normas tributárias indutoras, já que os mais fortes podem fazer investimentos para racionalizar sua produção, enquanto os menos favorecidos não suportam o aumento de custos do tributo, sendo obrigados a abandonar os investimentos já efetuados (SCHOUERI, 2005, p. 53).

> O emprego de normas tributárias gravosas encontra seu limite jurídico quando se constata a ocorrência do paradoxo a que se refere Bŏckli, que mostra que podem elas produzir um efeito regressivo, implicando um prêmio para os contribuintes que têm maior capacidade econômica, de modo que, após alguns anos, este contribuinte acaba ficando ainda mais forte. No raciocínio do autor, a norma tributária indutora poderá, em tal caso, contrariar o princípio da liberdade de concorrência, já que os concorrentes mais fracos não suportarão a carga tributária adicional, sucumbindo, o que permitirá aos mais fortes abocanhar fatia ainda maior do mercado (SCHOUERI, 2005, p. 206).

Dentro desse cenário, o presente trabalho se debruça sobre duas questões. A primeira delas, que será vista ao longo dos próximos capítulos, é o efeito da qualificação de alguns criptoativos como meios de pagamento e os reflexos gerados para fins de incidência tributária. Já o segundo questionamento é a possibilidade de o Estado conceder benefícios fiscais para particulares que vierem a atuar como *Exchange* de criptoativos, relatando todas as operações ocorridas e retendo imediatamente o tributo em favor do Fisco. O objetivo nesse tratamento é estimular o surgimento do intermediário, uma vez que a concentração das informações na fonte torna mais simples a observância da circulação das criptomoedas e a apuração de fatos geradores pela Receita Federal.

Nessa perspectiva, admite-se a possibilidade de gastos tributários como forma de estímulo à diminuição de tarifas praticadas no mercado, propiciando um incentivo ao usuário para que esse opere as atividades de armazenamento de criptoativos dentro de uma corretora, o que ocasionará maior rastreabilidade da circulação desses ativos. Isso porque as criptomoedas são um ativo no qual a chave pública, embora seja facilmente visualizada, não identifica a pessoa no mundo que é sua titular. Em outras palavras, embora o nome de quem opera a transação seja público, esse dado não permite identificar a pessoa natural ou jurídica que está operando tal "conta". Ou seja, falta uma transparência que permita identificar/correlacionar o real proprietário do bem (nome ou CPF/CNPJ) e a chave pública[32].

Neste ponto, conforme já explicado, malgrado a gênese das criptomoedas seja o anonimato, a expansão dessa tecnologia acarretou uma desvinculação à origem filosófica. Dessa forma, o usuário, hoje, não se importa tão somente em permanecer oculto, mas também com a rentabilidade/aceitabilidade desse ativo. Sob essa perspectiva, parece relevante estimular as operações por *Exchange*, uma vez que elas terão o papel de informar o governo sobre a circulação do ativo, evitando, inclusive, a lavagem de dinheiro e a promoção da retenção de tributos, ao invés de deixar o indivíduo operar anonimamente no mercado. Salienta-se que a Organização para a Cooperação e Desenvolvimento Econômico (OCDE), através do *Crypto-Asset Reporting Framework* (*CARF*)[33], possui a proposta de integrar o reporte de informações entre as *Exchanges*, padronizando-os, para ter um maior controle sobre a transferência desse tipo de ativos. Assim, inicialmente, as *Exchanges* coletam as informações, repassam às autoridades fiscais locais e essas compartilham com outras autoridades fiscais dos locais em que o usuário for residente.

---

[32] Em contraposição à fórmula de circulação de ativos dentro das *Exchanges*, há a transferência direta, na qual as partes convencionam a circulação das criptomoedas e dependem de um minerador para ratificar a operação.

[33] https://www.oecd.org/tax/exchange-of-tax-information/crypto-asset-reporting-framework-and-amendments-to-the-common-reporting-standard.htm

Conclui-se, desse modo, que o benefício fiscal terá o condão de estimular futuras receitas e evitar a erosão da base tributária, sendo, portanto, legítima a concessão de tais estímulos fiscais. No entanto, por se tratar de nova tecnologia, qualquer análise regulatória extrafiscal deve ser analisada à luz dos impactos regulatórios, conforme se analisará no tópico abaixo.

1.3. DILEMA DA REGULAÇÃO DE TECNOLOGIAS DISRUPTIVAS E A AUTORREGULAÇÃO

Um dos problemas da regulação de novas tecnologias é o justo limite temporal para intervenção do Estado na atividade do particular, uma vez que a regulação prematura interrompe o avanço da inovação e a regulação tardia se torna ineficaz. A dificuldade relatada é denominada de Dilema de Collingridge, e decorre de estudos sociológicos da tecnologia que sugerem que, nos estágios iniciais a flexibilidade da inovação é alta, todavia, ao final, quando ela se estabiliza, torna-se difícil a modificação.

Em outras palavras, a forma de compreender a regulação da inovação tecnológica é atentando-se para o fato de que as inovações evoluem à medida que se tornam maiores e mais complexas, o que dificulta, em seguida, o estímulo regulatório. Desse modo, caso haja interesse em "direcionar" uma tecnologia, isso deve ocorrer desde o início, quando a situação é mais maleável, sendo certo, todavia, que neste momento as incertezas sobre a evolução são maiores e que as normas excessivas podem bloquear a evolução da tecnologia[34].

---

[34] Explicando o que foi dito acima, cita-se trecho do texto de Lyria Bennett Moses: *"One aspect of newness that is important from a regulatory perspective is the so-called Collingridge dilemma. Collingridge was concerned that regulators responding to a new technology faced twin hurdles. At an early stage in a technology's development, regulation was problematic due to the lack of information about the technology's likely impact. At a later stage, regulation was problematic as the technology would become more entrenched, making any changes demanded by regulators expensive to implement. The dilemma follows from sociological studies of technology that suggest that 'interpretive flexibility' is high in the early stages of a technology's development, but ultimately stabilises in a (more or less) final form ('closure') following stabilisation. Another way of understanding the same phenomenon is to recognise that technological systems acquire 'momentum' as they grow larger and more complex, making them more resistant to regulatory prodding. This suggests that regulators wishing to influence technological design (to avoid or minimise risks of health, environmental and social harm, for instance) need to act at an early stage when the situation is more malleable. At an early stage, however, little is known about the prospects for the new technology, the harms it might cause or the forms it might take. Thus regulators face an 'uncertainty paradox', where they are forced to make decisions in the*

Diante dessa premissa, adentra-se na análise de como o Estado regula a atividade do mercado, sendo que, para entender o tema, é imprescindível recordar o que foi dito no início deste capítulo: as Escolas Austríaca e de Chicago entendem que os seres humanos tendem a alcançar o bem-estar quando estão livres para fazer suas escolhas sem que haja intervenção de outrem, enquanto as Escolas de Yale e Harvard, onde o liberalismo social se desenvolveu, admitem certos direcionamentos, por entender que as pessoas não são totalmente livres.

Revisitada essa dicotomia, que pode ser resumida em inviabilidade de regulação estatal (libertários) e regulação por comando e controle (liberais sociais), afastando-se dos extremos, adentra-se na análise da "regulação descentralizada", cujo pressuposto é a compreensão de que os Estados não possuem mais o monopólio da regulação, uma vez que não subsiste a separação cristalina "público/privado", na qual o agente estatal possui a solução para os problemas dos particulares.

Ainda antes de avançar para a regulação descentralizada, alerta-se para um problema que será trabalhado no próximo capítulo, qual seja, os graus de indeterminação das palavras e a polissemia de alguns termos. Essa pequena ressalva é necessária, porque a expressão "autorregulação" pode ser compreendida tanto como ausência de regulação, cujas falhas ensejam a regulação tradicional (comando e controle), como a descentralização regulamentar[35].

---

absence of reliable risk information or foreknowledge of technological developments. The extent to which these twin obstacles prove to be a dilemma depends on the rapidity and unpredictability of technological change, as well as the diffusion pattern associated with the technology in question. There may be partial solutions to this problem, such as involving experts, improving understandings of how regulators can manage different types of uncertainty, expressing obligations in broad terms or adopting a particular approach (such as the precautionary principle). Evaluating such solutions, alone or in combination, is important as it could guide government decision-making processes in new technological contexts.

Of course, not every new technology results in a Collingridge dilemma or a challenge of regulatory connection. New technologies are governed at the outset by general (or more general) regulatory regimes. The electric can opener, for instance, was governed at the outset by ordinary principles of patent law, property law, contract law and product liability. Only where there are regulatory gaps, associated with potential new harms or risks, does the Collingridge dilemma explain the difficulties of regulatory timing" (MOSES, 2014, p. 7-8).

[35] Sobre o tema, vale aduzir que Eva Micheler e Anna Whaley denominam a descentralização regulamentar como meta-regulamentação, apontando como benefícios os baixos custos estatais de regulamentação (MICHELER; WHALEY, 2020).

Avançando para o cerne da questão, qual seja, a necessidade de descentralizar a regulação, afirma-se que ela surge por uma série de fatores. O primeiro deles decorre das novas tecnologias que, em razão de sua contemporaneidade, ainda não tiveram todos os seus desdobramentos desenvolvidos. Desse modo, nenhum ator que participe do mercado conhece integralmente os consectários da tecnologia, havendo, portanto, uma assimetria de informações, ou seja, cada setor tem uma parcela de conhecimento. Observa-se também que cada integrante do mercado possui uma visão superficial e envesada da inovação, o que dificulta a precisão na regulação.

Outro fator que incentiva a descentralização provém da autonomia dos atores sociais quando inexiste informação sobre a tecnologia. Ou seja, conforme o conhecimento evolui, cada *player* do mercado desenvolve seu produto segundo suas prognoses. Assim, nenhum ator isolado consegue dominar o processo regulatório unilateralmente, pois, além das limitações de conhecimento, o sistema tecnológico é aberto cognitivamente, o que permite ajustes na construção por parte dos atores. Nesse caso, ou haverá uma indiferença à regulação, ou a destruição da tecnologia, ou, até mesmo, o aniquilamento de quem intervém (trilema de Teubner)[36].

---

36 Sobre o tema, cita-se trecho de artigo publicado por Julia Black: *"Autonomy is not used in the sense of freedom from interference by government, but in the sense that actors will continue to develop or act in their own way in the absence of intervention. Regulation therefore cannot take the behaviour of those being regulated as a constant. Regulation is, as Foucault said of governance, the 'conduct of conduct', or as rephrased by Rose, 'to act upon action'. This has several implications, most obviously that regulation will produce changes in behaviour and outcomes that are unintended (though not necessarily adverse), and that its form may have to vary depending on the attitude of the regulatee towards compliance, an attitude which it can itself affect, and that the autonomy of the actor will to an extent render it insusceptible to external regulation.*

Further, no single actor can hope to dominate the regulatory process unilaterally as all actors can be severely restricted in reaching their own objectives, not just by limitations in their own knowledge, but also by the autonomy of others. Whether that is because of the actors' capacity to employ power and resources for action, or because of the inherent characteristics of the system, or for some other reason, is a moot point. Again, autopoiesis has the more radical analysis of autonomy. Autopoeticists diverge on the meaning of autonomy, but broadly it refers to the self-regulation, self-production, and self-organization of systems which are normatively closed but cognitively open. The consequence: no system can act directly upon another, and attempts to do so will result in Teubner's regulatory trilemma: the indifference of the 'target' system to the intervention, the destruction of the 'target' system itself, or the destruction of the intervening system." (BLACK, 2001, p. 108-109).

O último aspecto a ser citado é a ausência de sanção legal em caso de descumprimento de obrigações regulatórias, posto que, conforme dito anteriormente, a relação entre público e privado já não é mais dual.

Diante do que foi apresentado, Julia Black (2001) aduz que a regulação deve ocorrer de forma híbrida (combina atores governamentais e não governamentais), multifacetada (várias estratégias simultâneas) e indireta (cria mecanismos de estímulo ao cumprimento das normas, como forma de evitar a entropia do sistema).

Segundo a autora, há situações nas quais os países permitem a ausência de regulação do governo por entender que a tecnologia ainda não tem potencial para gerar consequências à sociedade (BLACK, 2001). Nesse caso, o governo permite que a ordenação do sistema seja integralmente fora do Estado, inclusive, por uma empresa privada[37]. Essa ausência de regulação estatal, todavia, por vezes, não corrige as falhas, tendo em vista que se trata de um mercado composto por empresas do setor cuja visão, de forma global, é idêntica e distorcida.

Assim, a forma de corrigir tais falhas do mercado seria através de uma regulação da autorregulação, denominada descentralização no artigo "*Decentring regulation: understanding the role of regulation and self-regulation in a 'post-regulatory world*" (BLACK, 2001). Para assumir essa modalidade de padronização do sistema é importante estabelecer a participação de particulares com o escopo de, conjuntamente, construírem um marco regulatório gradual, no qual os agentes privados aceitem correções — caso contrário, haverá inefetividade da norma ou a destruição da tecnologia — e proponham a evolução das normas. Por sua vez, os agentes públicos atuam para excluir anormalidades extremas, usando, para tanto, de negociações e permissões, evitando imposições de controle e comando. Nesse sentido, Julia Black afirma que:

> O aspecto normativo da nova compreensão da regulação é que a intervenção na autorregulação dos atores sociais (nem todas as análises levam a teoria dos sistemas tão a sério a ponto de substituir os atores pelas comunicações) deve ser indireta. Há que se aproveitar essa capacidade autorreguladora, mas garantir que ela seja usada para fins de política pública, ajustando, equilibrando, estruturando, facilitando, capacitando, negociando, mas nunca dizendo diretamente e nunca tentando controlar diretamente. As formas com que essas capacidades de autorregulação são de fato aproveitadas é agora o tópico atual do debate. Os instrumentos de que os governos dispõem permanecem os mesmos: financeiros, jurídicos e informativos

---

[37] Por exemplo, selos de qualidade.

(a cenoura, a vara e o sermão). É a maneira como eles são usados que é significativa. Assim, as ferramentas do formulador de políticas incluem as ferramentas financeiras usuais de subsídios, empréstimos, doações, incentivos, políticas de compras públicas; o aspecto 'novo' (e pode-se debater até que ponto é empiricamente 'novo') é o reconhecimento explícito desses dispositivos, não como dispositivos orçamentários, mas como dispositivos regulatórios. Da mesma forma com a informação: as estratégias regulatórias 'descentralizadas' enfatizam um papel maior e mais estratégico para a informação e seu reconhecimento explícito como ferramenta regulatória (BLACK, 2001, p. 126, tradução nossa).[38]

Conforme se observa da leitura acima, é possível constatar que até mesmo os benefícios fiscais podem ser utilizados como instrumentos de indução de condutas, o que se coaduna com o intuito deste trabalho, uma vez que a grande preocupação sobre o uso de criptoativos é a sua falta de transparência. Almejando uma regulação pautada na colaboração, para fins de obter as informações provenientes das transações com criptoativos, defende-se uma atuação do Estado de forma a recompensar o particular que transmite dados de transações para o setor público.

Sob o prisma da comunhão de esforços, a autora sustenta uma igualdade entre o particular e o agente estatal, sugerindo, inclusive, com base na Teoria da Calibragem de Dunsire[39], que uma norma regulatória estatal tente manter o sistema tensionado através de forças múltiplas (BLACK, 2001). Explica-se: o Estado deve observar quais são as forças antagônicas e atuar na parte mais fraca, através de incentivos e negociações, para construção do que se pretende, sem, contudo, intervir de forma incisiva.

---

[38] *The normative aspect of the new understanding of regulation is that intervention in the self-regulation of social actors (not all analyses take systems theory so seriously as to replace actors with communications) has to be indirect. It has to harness that self-regulatory capacity but ensure that it is used for public policy ends, by adjusting, balancing, structuring, facilitating, enabling, negotiating, but never directly telling and never directly trying to control.*

How these self-regulating capacities are in fact harnessed is now the current topic of debate. The instruments that governments have at their disposal remain the same: financial, legal, and informational (the carrot, the stick, and the sermon). It is the way that they are used that is significant. So the tools of the policy-maker include the usual financial ones of subsidies, loans, grants, incentives, public procurement policies; the 'new' aspect (and one could debate the extent to which it is empirically 'new') is the explicit recognition of these devices, not as budgetary devices but as regulatory ones. Similarly with information: the 'decentred' regulatory strategies emphasize a larger and more strategic role for information and its explicit recognition as a regulatory tool.

[39] Um exemplo de calibragem seria o sistema de freios e contrapesos.

Nessa perspectiva, a regulação seria muito mais do que a intervenção direta através de comando e controle, englobando, também, qualquer atividade realizada através de indução de comportamento. Para que não pairem dúvidas sobre a possibilidade de essa atividade ser considerada regulatória, novamente, cita-se trecho da autora:

> [...] Quando a 'regulação' era algo associado simplesmente aos governos e a seus administradores, e quando a 'autorregulação' podia definir-se simplesmente em oposição à regulação 'normal' do governo, as coisas se confundiam no nível terminológico, certamente, mas conceitualmente poderíamos passar por cima do que era a 'regulação' que estava sendo feita e focar apenas na forma institucional. Mas uma das consequências de aceitar a "descentralização" do Estado na função de regular é obviamente que a "regulação" é dissociada das atividades do governo. Uma vez que a regulamentação é vista como algo que pode ser feito sem governo, surge a questão de saber o que ela é. A resposta não é nada clara.
> A reação da maioria dos reguladores neste ponto provavelmente será: 'ah, não, isso de novo não'. Mas isso não é porque todos dariam a mesma resposta — longe disso. De fato, o caos de definição é quase visto como um risco ocupacional por aqueles que escrevem sobre regulamentação. Em vez disso, os reguladores provavelmente retirariam os três tipos amplos de definições que foram identificados em alguns dos principais 'livros didáticos' sobre regulamentação. Na primeira, a regulamentação é a promulgação de regras acompanhadas de mecanismos de monitoramento e fiscalização. A suposição usual é que o governo é o legislador, o monitor e o executor, geralmente operando por meio de uma agência pública. A segunda definição mantém o governo como o 'regulador', mas amplia as técnicas que podem ser descritas como 'regulação' para incluir qualquer forma de intervenção estatal direta na economia, seja qual for a forma que essa intervenção possa assumir. Na terceira definição, a regulação inclui todos os mecanismos de controle social ou influência que afetam o comportamento de qualquer fonte, seja intencional ou não.
> [...] A regulação é o meio pelo qual o Estado 'procura encorajar ou direcionar o comportamento que se supõe que não ocorreria sem tal intervenção' e, como tal, deve ser visto como distinto da operação dos mercados, mesmo que estes últimos sejam regidos por regras legais. Baldwin e Cave veem 'regulação' inclusive como o uso de qualquer ferramenta pelo governo para intervir na economia, incluindo, também, o uso de regras por atores não governamentais para influenciar o comportamento das empresas (BLACK, 2001, p. 128-132, tradução nossa).[40]

---

[40] *[...] When 'regulation' was something associated simply with governments and their administrators, and when 'self'-regulation could define itself simply in opposition to the 'normal' regulation by government, matters were confused at a terminological level, certainly, but conceptually we could gloss over what the 'regulation' was that was being done, and just focus on the institutional form. But one of the consequences of accepting the 'decentring' of the state in the function of regulation is obviously that 'regulation' is uncoupled*

Adotando o cenário exposto acima, qual seja, ser a regulação ideal híbrida (com a atuação tanto de atores governamentais como não governamentais), indireta (possibilidade de criação de mecanismos de estímulo ao cumprimento da norma) e multifacetada (promoção de várias estratégias simultaneamente), resta analisar as intervenções diretas do Estado, através de comando e controle, para regular a atividade econômica de uma inovação.

1.4. REGULAÇÃO DIRETA E A LEGITIMAÇÃO DA DECISÃO PELA TEORIA DO DISCURSO

O presente tópico abordará a regulação "direta" (comando e controle) e seus métodos, através da escolha da estrutura que veiculará as normas (regras ou princípios), ou por meio de técnicas normativas, como, por exemplo, cláusulas de caducidade e experimento.

Antes, todavia, de adentrar nas possibilidades de normatização, como forma de trazer maior legitimidade à regulação, e incentivar o cumprimento da norma, defende-se a utilização da teoria do discurso como método de participação e estímulo ao cumprimento das normas criadas, desde que tal procedimento não inviabilize a própria regulação através

---

from the activities of government. Once regulation is seen as something that can be done without government, the question arises of what it is. The answer is not at all clear.

The reaction of most regulationists at this point is likely to be: 'oh no, not this again'. But this is not because they would all come out with the same answer — far from it. Indeed, definitional chaos is almost seen as an occupational hazard by those who write about regulation. Rather, regulationists would probably pull out the three broad types of definitions which have been identified in some of the main 'textbooks' on regulation. In the first, regulation is the promulgation of rules accompanied by mechanisms for monitoring and enforcement. The usual assumption is that government is the rule-maker, monitor, and enforcer, usually operating through a public agency. The second definition keeps to the government as the 'regulator' but broadens the techniques that may be described as 'regulation' to include any form of direct state intervention in the economy, whatever form that intervention might take. In the third definition, regulation includes all mechanisms of social control or influence affecting behaviour from whatever source, whether intentional or not.

[...] Regulation is the means by which the state 'seeks to encourage or direct behaviour which it is assumed would not occur without such intervention' and as such should be seen as distinct from the operation of the markets, even though the latter are underpinned by legal rules. Baldwin and Cave see 'regulation' as including the use of any tool by the government to intervene in the economy, and also to include the use of rules by nongovernment actors to influence the behaviour of businesses.

do excesso de informações e participação (paradoxo da escolha em razão do excesso de informações).

O professor Luís Queiroz (2021), em capítulo introdutório do livro *Interpretação e aplicação tributárias*, atenta-se para a Teoria da Argumentação, citando Robert Alexy. Segundo o autor, o filósofo alemão propõe a parametrização das regras do discurso como forma de legitimar a construção de uma norma. Ou seja, almeja a elaboração de normas procedimentais neutras e objetivas, para que, através da proteção ao direito de manifestação, seja possível a proteção aos valores morais reconhecidos pela sociedade.

Conforme relatado por Luíz Queiroz (2021), Robert Alexy arquitetou suas normas procedimentais por meio da experiência com outras doutrinas, dentre elas, as de Charles Leslie Stevenson[41], Ludwig Joseph Johann Wittgenstein[42], John Langshan Austin[43], Richard Mervyn Hare[44],

---

[41] A ideia central de Stevenson é de que a linguagem moral é mais do que descritiva, servindo, também, para influenciar pessoas. É importante salientar que o filósofo identifica três possibilidades de discursos. No primeiro deles, há lógica na argumentação (inexiste contradição). No segundo, ocorrendo contradição, há métodos racionais de convencimento (através da exposição dos fatos) e os não racionais (emotivismo).

[42] O autor desenvolve o conceito de jogo de linguagem, aduzindo que as atividades de fala e de agir são guiadas por regras, que permitem identificar erros formais. A construção do jogo de linguagem está atrelada ao espaço de convencimento de outrem, uma vez que a indução a valores é uma questão de persuasão, e não de fundamentos.

[43] A ideia central é de que os atos de fala representam algo, existindo o ato locucionário (trata-se do ato de expressar, dispondo de sons para efetivar determinado significado), ilocucionário (ato de entrega do conteúdo proposicional do enunciado) e perlocucionário (efeitos produzidos). O ato de fala depende de regras sintáticas, semânticas e pragmáticas. Por último, os atos locucionários são divididos em verdadeiros ou falsos, e os atos ilocucionários podem fracassar ou ter êxito.

[44] Cabe à ética o estudo da linguagem moral e a compreensão dos conceitos morais e do raciocínio moral. Segundo o autor, os juízos morais implicam imperativos que conduzem ao prescritivismo (dever ser), uma vez que a mera descrição não gera juízo de reprovabilidade. Ainda sobre o autor, observa-se que ele diferencia universalidade (mede a coerência, uma vez que objetos e situações iguais devem ter tratamentos equivalentes) e prescritibilidade (uma vez estabelecidas regras morais, todos se submetem a ela, impedindo que alguém diga que não cumprirá em razão de não concordar).

Stephen Edelston Toulmin[45], Kurt Baier[46], Jürgen Habermas[47] e Chaim

---

45 Entende-se que além das normas de inferência lógica (aquelas em que experiências práticas são explicadas através de deduções), existem argumentos morais que possibilitam passar de razões fáticas para conclusões valorativas ("uma ação gera menos danos" ou "já existe uma regra moral vigente na sociedade"). Nesse caso, a preposição moral é verdadeira quando já houver boas razões que a justifiquem. A crítica que se faz ao autor é a vagueza de conceitos como "menos dano". Por sua vez, existem vários elogios que foram encampados à teoria de Robert Alexy, como, por exemplo, "regras de discurso moral que caracterizam asserções de fato como boas razões"; "separa juízos morais de científicos"; "normas morais possuem origem histórica"; "análise da estrutura das premissas nos processos de fundamentação"; "diferentes níveis de argumentação"; "regras do jogo de linguagem podem ser analisadas por funções ou finalidades".

46 A melhor ação é a que tem as melhores razões, sendo que estas são aferidas através de deliberações. Nesse caso, quando houver confronto, aplicam-se as regras de prioridade, cujo juízo moral atende regras, critérios ou condições.

Acerca das condições, elas podem ser (i) formais ("orientadas por regras e não objetivos", e, "a regra deve ser válida para todos", permitindo, assim, ensinabilidade — "variante da ideia de generalidade"); ou (ii) materiais ("cumprimento de regra deve contribuir para promover bem comum"; "conduta deve ser aceita pelos afetados, não importando o lado que estejam"); ou (iii) a conduta deve ser vedada se produzir efeitos negativos.

Os critérios para regras formais são a impossibilidade de a norma ser autofrustrante (por exemplo, peça ajuda, mas não ajude), autodestrutiva (por exemplo, faça promessa ainda que não cumpra) e impossível (por exemplo, afirme que aquilo que pensa não é verdade).

47 A teoria consensual de Habermas dispõe que as proposições normativas podem ser justificadas tais quais as empíricas, sendo que um enunciado é verdadeiro quando esse equivale a um estado de coisas. Em outras palavras, o enunciado, para ser verdadeiro, depende da justificação pelos atos de fala, com o qual se afirma qualquer preposição que está no mundo (objeto de experiência). Ou seja, a verdade depende da fundamentação, momento no qual o conceito de verdade deixa o corpo semântico e ingressa no pragmático.

É importante ressaltar que Habermas difere ação (jogo de linguagem em que pretensões são tacitamente reconhecidas) e discurso (pretensões de validade passam a ser investigadas). Ademais, toda ação questionada (verdade pré-estabelecida) desdobra no discurso, podendo o resultado aceitar ou rejeitar a "verdade pré-estabelecida" (ação).

O jogo da linguagem de Habermas busca proteger a (i) inteligibilidade da expressão (ato de fala); (ii) a verdade do conteúdo (atos de fala que constatem os fatos); (iii) correção do conteúdo performativo (ato de fala regulativo); e (iv) veracidade do falante (ato de fala representativo). Esses últimos dois só são obtidos através do discurso. Para alcançar o consenso, há de ser ter ideal de fala, que ocorre quando não há impedimento externo e coações internas da estrutura de comunicação.

Acerca do impedimento externo, não há menção no texto do autor, mas, talvez, seja possível sustentar que uma condição de pobreza extrema exclua desta pessoa o direito ao debate.

Perelman[48]. Em seguida, resumindo a teoria proposta pelo jurista alemão, o autor reproduz algumas regras formais para o discurso, quais sejam: (i) regras fundamentais[49]; (ii) regras de razão[50]; (iii) cargas de fundamentação[51]; (iv) regras de fundamentação[52]; e (v) regras de transição[53].

Outro ponto a ser ressaltado é que para Habermas, todos que possuem direito de fala devem fundamentar seus pontos de vista, salvo se houver razões que justifiquem a negativa de fundamentação.

48 O autor defende que estamos em um auditório universal, no qual sempre existe alguém tentando influenciar os demais. Desse modo, quem argumenta deve conquistar adesão tanto em relação às premissas como às provas. O autor afirma ainda que não é necessário convencer a todos, mas sim os que estão dispostos a desenvolver capacidades argumentativas. Existem algumas regras no auditório universal, dentre elas: quem argumenta também deve ouvir; quem argumenta deve ser imparcial; as normas devem ser aceitáveis para qualquer um; todo resultado de argumentação é provisório, sendo que uma vez aceita determinada ideia, ela se torna estável até um novo espiral argumentativo desacreditá-la.

49 Grupo de regras em que se verifica a validade como condição de possibilidade de comunicação linguística. Decorrência: (i) falante não pode se contradizer; (ii) todo falante só pode dizer o que acredita (sinceridade); (iii) deve ser coerente, sendo que se aplicar uma ideia a um objeto, deve aplicar aos demais; (iv) diferentes falantes não podem usar o mesmo termo com significados diferentes.

50 Trata-se da fundamentação do recurso do diálogo, possibilitando a explicação da pretensão moral. Desse modo: (i) toda pessoa que afirma algo deve fundamentar, salvo se puder oferecer razões para negar justificativa; (ii) quem pode falar pode participar do discurso; (iii) qualquer um pode problematizar discursos; (iv) não pode haver coerção do direito de fala.

51 (i) Quem pretende tratar uma pessoa diferente da outra está obrigada a fundamentar a sua atitude; (ii) quem ataca norma ou proposição fora do centro do discurso tem de explicar o porquê de ter feito isso; (iii) a pessoa que receber contra-argumento pode oferecer mais argumentos; (iv) caso a pessoa se manifeste sobre assunto que não relacionou com a manifestação anterior, deve justificar.

52 (i) Quem afirma proposição para satisfazer interesse de outro, deve aceitar as mesmas regras se estiver nas mesmas circunstâncias; (ii) todos devem aceitar as consequências de cada regra para satisfação do interior de cada um; (iii) toda regra precisa ser ensinada de forma aberta; (iv) as regras morais que fundamentam as concepções morais de quem fala algo devem resistir à comprovação por meio de um procedimento da gênese histórica; (v) regras morais que fundamentam concepções morais de quem fala algo devem resistir à comprovação de formação histórico individual; (vi) limites de realizabilidade fáticos devem ser observados.

53 (i) Todo momento pode passar ao discurso teórico; (ii) todo momento pode passar para análise da linguagem; (iii) todo momento pode passar para teoria do discurso (regras).

Além das regras formais para o discurso, deve-se observar algumas regras de argumentação jurídica, sendo certo que essas decorrem do discurso prático com o escopo de convencimento. Para aferir se um argumento é realmente aceitável, observa-se a justificação interna e a justificação externa. A justificação interna refere-se à necessidade de analisar se a decisão jurídica decorre das premissas. Por sua vez, a justificação externa remete à precisão/correção das premissas adotadas, podendo ser analisadas por (i) igual interpretação da lei; (ii) argumentação da ciência do direito; (iii) uso de precedentes; (iv) argumentos práticos gerais; (v) argumento empírico; (vi) formas especiais de argumentação jurídica.

Salienta-se que essas regras sugeridas por Robert Alexy, observáveis através do relato de Luís Queiroz (2021), não tornam o discurso insuscetível de falhas, contudo aumentam a probabilidade do acordo racional. É na perspectiva do amplo debate para redução das "falhas de regulação" que o presente trabalho se dispõe a prosseguir. Para tanto, frisa-se que toda norma jurídica pode ser veiculada por regras, princípios, regras-princípios ou princípios-regras.

Examinando os extremos (regras e princípios), as regras possuem a função de delimitar as situações e propiciar a segurança jurídica, porém quanto mais inflacionado for o sistema jurídico, mais complexo ele se tornará, gerando efeito reverso (menor segurança jurídica). Ademais, quanto mais suscetível às mudanças em razão da evolução da tecnologia, menos as regras devem ser usadas, uma vez que elas engessarão a regulação, podendo ocasionar a entropia do sistema. Os princípios, por sua vez, possuem maior porosidade, permitindo ajuste às evoluções temporais através da calibragem de interpretações. Contudo, salienta-se que tanto as regras quanto os princípios devem ser usados e analisados conforme os objetivos almejados.

Além das normas previamente expedidas, o sistema de regulação deve permitir que as experiências cotidianas adentrem constantemente no arcabouço jurídico, através de adjudicação de condutas práticas, gerando a aprovação ou a reprovação de determinado ato, que passará a ser norma para o setor. Ainda nessa toada, para consagrar a cooperação, caso uma conduta seja compreendida como violadora dos valores da inovação, nenhuma sanção deve ser aplicada e, sempre que possível, os efeitos pretéritos devem ser resguardados. Outrossim, sempre que se analisar um caso diferente, e proibitivo, o agente regulador deve informar aos demais sobre as orientações adotadas casuisticamente.

Por último, um interessante método de regulação direta é o previsto por Sofia Ranchordás, que trata das cláusulas de caducidade e experimento. Segundo a autora, o primeiro grupo de normas possibilita que o ordenamento crie mecanismos de regulação, no qual, por serem dotadas de caráter temporário, permitem uma frequente reanálise dos ciclos de vida da tecnologia e dos novos interesses a serem seguidos, gerando um ônus para o agente estatal de demonstrar a necessidade de renovação da referida previsão. Nesse sentido, transcreve-se trecho do artigo da autora:

> As cláusulas de caducidade são dotadas de um caráter temporário, que permite aos legisladores e reguladores coordenar os ciclos de vida dos regulamentos com outros prazos e extinguir regras que se tenham tornado obsoletas pela evolução tecnológica ou social verificada. Uma cláusula de caducidade submete um ato legislativo a uma avaliação final e qualquer renovação com base na ocorrência de um determinado conjunto de circunstâncias. Pelo fato de a cláusula de caducidade ser prevista para expirar, há uma inversão do ônus da prova para os atores que exigem sua renovação. Esses atores devem ser capazes de provar que a continuação de uma provisão é necessária.
> Vários desses atos deveriam ser encerrados dentro de um período estabelecido, mas, devido à popularidade dos programas, a maioria deles foi renovada pelo menos uma vez. Essas tentativas foram particularmente visíveis no campo da pesquisa e desenvolvimento (P&D) cooperativo, onde várias leis foram promulgadas para promover a cooperação indústria-universidade e a cooperação industrial-federal em P&D empresarial. Um exemplo do primeiro foi o *Economic Recovery Tax Act* de 1981, que estabeleceu o crédito fiscal de pesquisa e experimentação, concedendo às empresas uma dedução maior para contribuições de caridade de equipamentos usados em pesquisas científicas em instituições acadêmicas e para a doação de novos equipamentos por um fabricante a este último. O objetivo primordial dessa lei foi incentivar as empresas a investir em pesquisa e experimentação, consideradas como fontes essenciais de inovação. Esta lei deveria ter expirado em 1985, mas por causa de sucessivas renovações, ainda é oferecida hoje.
> As cláusulas de caducidade são instrumentos multifuncionais: podem ser utilizadas para responder a problemas temporários, oferecendo soluções igualmente temporárias, tais como reduzir a pressão regulatória enfrentada pelas empresas, certificando-se de que encargos desnecessários sejam encerrados assim que atingirem seus objetivos; melhorar a eficácia da administração pública e a qualidade da legislação; e atuar como instrumentos de busca de consenso evitando impasses políticos. No entanto, essas funções estão unidas pelo objetivo principal de garantir que as leis sejam revisadas periodicamente e os encargos regulatórios desnecessários sejam eliminados. A rescisão é um efeito necessário da extinção, mas não é o objetivo principal do instrumento. Em vez disso, é um meio de garantir uma supervisão contínua da legislação. Legisladores e administradores são, portanto, forçados a reavaliar as políticas públicas periodicamente. Eles

podem usar seu maior conhecimento dos problemas subjacentes e fornecerem mais informações sobre os meios mais eficientes para abordar as mudanças políticas (RANCHORDÁS, 2015, p. 218-219, tradução nossa)[54].

Além disso, a autora trabalha os regulamentos experimentais, em que a administração destaca parcela do mercado para participar da regulação e colher os resultados. Esse método, por ter a possibilidade de gerar danos aos particulares que se submeteram à regulação especial, deve ser tratado como situação de voluntariedade e não de modo impositivo. Para estimular o particular a participar desses testes, é possível a previsão de cláusulas de caducidade e estímulos financeiros (por exemplo, benefícios fiscais). Novamente, apontando o referido trabalho, destaca-se trecho do artigo:

---

[54] *Sunset clauses are endowed with a temporary character that allows legislators and regulators to coordinate the life cycles of regulations with other timeframes and extinguish rules that have become obsolete because of the verified technological or social evolution. A sunset clause submits a legislative act to a final evaluation, and any renewal based on whether a certain set of circumstances has occurred. Because a sunset clause is designed to expire, there is an inversion of the burden of proof to the actors demanding its renewal. These actors must be able to prove that the continuation of a provision is necessary.*

[...]

A number of these acts were to sunset within an established period of time, but because of the popularity of the programs, most of them were renewed at least once. These attempts were particularly visible in the field of cooperative research and development (R&D) where numerous laws were enacted to advance industry-university cooperation and industry-federal R&D enterprise cooperation. An example of the former was the Economic Recovery Tax Act of 1981, which established the research and experimentation tax credit, granting firms a larger deduction for charitable contributions of equipment used in scientific research at academic institutions and for the donation of new equipment by a manufacturer to the latter. The primordial goal of this act was to encourage firms to invest in research and experimentation, regarded as essential sources of innovation. This act was supposed to sunset in 1985, but because of successive renewals it is still offered today.

Sunset clauses are multifunctional instruments: they can be used to respond to temporary problems by offering equally temporary solutions; reduce regulatory pressure faced by companies by making sure that unnecessary burdens are terminated as soon as they have accomplished their goals; improve the effectiveness of public administration and quality of legislation; and act as consensus-finding instruments avoiding political impasses. However, these functions are united by the main purpose of ensuring that laws are periodically reviewed and unnecessary regulatory burdens are terminated. Termination is a necessary effect of sunsetting, but it is not the main goal of the instrument. Instead, it is a means of guaranteeing a continuous oversight of legislation. Legislators and rule makers are therefore forced to reassess public policy on a periodic basis. They may use their greater knowledge of underlying problems and provide more information on the most efficient means to approach to policy changes.

> Os regulamentos experimentais são submetidos a uma avaliação periódica ou final, após a qual o legislador deve decidir se a experiência deve ser estendida a uma parcela maior da população, generalizada e convertida em ato legislativo permanente ou extinta.
> Semelhante às cláusulas de caducidade, a legislação experimental desempenha múltiplas funções. No entanto, a ideia principal por trás da legislação experimental é "tentar (errar) e aprender". Este instrumento legislativo enquadra-se na percepção do processo legislativo como um processo iterativo de aprendizagem, em que o legislador se atreve a experimentar novas soluções, observa os resultados e aprende com eles (i.e., através de um processo iterativo, *Deming* ou Planejar-Fazer-Verificar-Agir). O legislador assume aqui uma posição "humilde"; admitindo que há espaço para aprender e que, em circunstâncias incertas, incluindo a falta de informação sobre novos produtos ou serviços, nem todos os efeitos da nova legislação podem ser previstos com base em avaliações *ex-ante* ou consultas (RANCHORDÁS, 2015, p. 220, tradução nossa)[55].

A grande crítica às cláusulas de caducidade e de legislação experimental tangencia ao fato das incertezas criadas quando as normas não estiverem em linha com o processo de inovação, bem como a possibilidade de falta de isonomia (em especial para legislações experimentais) e os diversos regimes jurídicos regulatórios no mundo. Ainda assim, no cômputo geral, parece que tais previsões geram mais vantagens que desvantagens, visto que permitem a realização de micro laboratórios de experimentos com repercussões controláveis.

Apresentado o espectro regulatório possível, este trabalho adota o axioma de que a melhor forma de regulamentar os criptoativos é permitir um amplo debate da sociedade (teoria do diálogo) para, inicialmente, definir a natureza jurídica desses bens. Estipulada a natureza jurídica, deve-se fazer o mínimo de previsões possíveis quanto à evolução da tecnologia, resguardando, no entanto, dois fatores que o Estado deve saber, quais sejam: (i) o volume de transações internas e externas

---

[55] *Experimental regulations are submitted to a periodic or final evaluation, after which the legislator should decide on whether the experiment should be extended to a larger part of the population, generalized and converted into a permanent legislative act, or terminated.*

Similar to sunset clauses, experimental legislation performs multiple functions. However, the main idea behind experimental legislation is to "try, (err) and learn." This legislative instrument fits in the perception of lawmaking as an iterative learning process, where the legislator dares to try new solutions, observes the results, and learns from them (i.e., via an iterative, Deming or Plan-Do-Check-Act process). The legislator assumes here a "humble" position; admitting that there is room to learn and that, under uncertain circumstances including the lack of information about new products or services, not all the effects of new legislation can be predicted on the grounds of ex ante evaluations or consultations.

quando uma das partes envolvidas for residente no Brasil; (ii) a quantidade de ativo que cada ator que atua nesse mercado possui. Isso, por si só, já poderá permitir a criação de normas secundárias para aumentar a transparência e evitar a evasão desse dinheiro.

Uma das formas de obter tais informações, conforme citado acima, é concentrar as informações em consolidados *players* do mercado financeiro, os quais devem ser frequentemente auditados. Nesse caso, acredita-se ser prudente uma regulação de estrutura, tal como sugerido pelo Projeto de Lei nº 4.207, de 2020[56], de autoria da senadora Soraya Thronicke, em que se pretende conferir ao BACEN e à CVM o dever de regular as *Exchanges*, podendo, inclusive, exigir que tais pessoas atuem em conjunto com instituições financeiras já auditáveis.

Desse modo, sempre que surgir uma nova norma, deve haver um relatório prévio do impacto da norma e, a cada ciclo, uma revisão regulatória para tentar "capturar" os anseios da tecnologia e melhorá-los (o eterno preço da liberdade seria a vigilância).

1.5. CONCLUSÃO PARCIAL

No capítulo introdutório deste trabalho, ao descrever o objeto, aduziu-se pela existência de uma opacidade no que tange à circulação de criptomoedas, em especial, o fato de que o objetivo central da criptografia é restringir/dificultar o acesso à informação de quem está operando tais ativos. Nesse diapasão, defende-se uma atuação do Estado tanto para (i) conhecer as informações que estão sendo omitidas no ato de circulação (destinatário e remetente); quanto para (ii) arrecadar receita com a manifestação de riqueza dos usuários.

O capítulo em tela contemplou a possibilidade de utilizar a influência do direito na economia, sendo o direito tributário um instrumento eficaz de fomento ao surgimento de *Exchanges*, para que as operações com criptomoedas, em regra, ocorram dentro dessas instituições. Salienta-se que tais pessoas fornecerão informações ao Estado, servindo, inclusive, para que esse último proceda à fiscalização de fatos que propiciem a tributação por manifestações de riqueza.

Em relação à natureza jurídica das *Exchanges*, este trabalho defende se tratar de instituição financeira. Explica-se: muito além de uma mera instituição gerenciadora de pagamentos, as *Exchanges* também atuam

---

[56] Projeto de Lei arquivado em 02 de maio de 2022.

custodiando ativos, aproximando compradores e vendedores. Além disso, ressalta-se que, à medida que essas pessoas se tornam confiáveis no mercado, maior será a possibilidade de se criar uma rede interna, rede esta que permita a divisão dos ativos em novas partes, contendo mais do que oito unidades de casa decimal.

Explica-se: cada *bitcoin* pode ser dividido em 100 milhões de unidades (denominadas de "*satoshis*"). Nesse caso, (i) além de as *Exchanges* serem um local de fracionamento da rede *bitcoin*, operando os referidos ativos sem registro na *blockchain* (mas sim na rede dessas pessoas jurídicas), o que propicia a possibilidade de subdivisão das unidades "*satoshis*" internamente; (ii) tais pessoas jurídicas podem operar até mesmo com alavancagem, vendendo mais unidades do que realmente possuem. Para que seja possível essa operação, que equivale a uma expansão de crédito, torna-se necessária a confiabilidade dos *players* de que as empresas custodiantes converterão as criptomoedas em moeda *fiat*, caso o custodiado deseje "monetizar" sua criptomoeda. Caso esse cenário ocorra, algo que este trabalho entende ser plenamente possível, é imprescindível que haja um Órgão Público fiscalizando as *Exchanges*, pois elas gerenciam a economia popular.

Desse modo, muito embora a IN nº 1.888/2019, preveja que as *Exchanges* podem ser instituições financeiras ou não, certo é que o art.5, parágrafo único, da Lei nº 14.478/, ao prever que o Governo Federal indicará o órgão competente por regular tais pessoas, deixará a cargo desse definir a possibilidade de as *Exchanges* não serem instituições financeiras.

Sobre o tema, vale fazer a ressalva de que o art.17, da Lei nº 4.595/1964, define as instituições financeiras como aquelas que "tenham como atividade principal ou acessória a coleta, intermediação ou aplicação de recursos financeiros próprios ou de terceiros, em moeda nacional ou estrangeira, e a custódia de valor de propriedade de terceiros" (BRASIL, 1964, s/p).

Portanto, como o papel das *Exchanges* é bem superior ao de intermediar uma simples relação de compra e venda de ativos, conforme dispõe o inciso II, do art.5º, da IN nº 1.888, de 2019[57], e o art.5º da Lei

---

[57] "Art. 5º Para fins do disposto nesta Instrução Normativa, considera-se:
[...]
II - *Exchange* de criptoativo: a pessoa jurídica, ainda que não financeira, que oferece serviços referentes a operações realizadas com criptoativos, inclusive intermediação, negociação ou custódia, e que pode aceitar quaisquer meios de pagamento, inclusive outros criptoativos."

nº 14.478/2022 [58], adota-se, neste trabalho, que tais pessoas possuem a natureza jurídica de instituições financeiras, competindo, provavelmente, ao BACEN a regulação do funcionamento dessas entidades. Essa caracterização, conforme será visto à frente, terá impacto na tributação por ganho na exploração desses ativos.

Reforçando a tese de se tratar de instituição financeira, o próprio legislador pátrio, através do art.11, da Lei nº 14.482/2022, inseriu no parágrafo único do art.1º, da Lei nº 7.492/86, que versa sobre crimes financeiros, o inciso I-A. Assim, os fatos previstos na referida legislação também se aplicam aos delitos praticados com ativos virtuais.

Por último, a prática de indução de condutas no direito tributário (extrafiscalidade) requer certa cautela quando se trata de uma "tecnologia" nova. Isso porque tanto o excesso quanto a insuficiência de regulação podem destruir a inovação. Desse modo, a autorregulação do mercado, através de normas internas das *Exchanges,* e a regulação direta por instrumentos temporários (cláusulas de caducidade e regulamentos experimentais) devem ser incentivados para reduzir os riscos da regulação. É justamente sobre essa perspectiva que este capítulo propõe a utilização de métodos de incentivos fiscais para regular as *Exchanges* e, por conseguinte, a fiscalização sobre a circulação de criptomoedas e a demonstrações de riquezas tributáveis.

---

[58] "Art. 5º Considera-se prestadora de serviços de ativos virtuais a pessoa jurídica que executa, em nome de terceiros, pelo menos um dos serviços de ativos virtuais, entendidos como:

I - troca entre ativos virtuais e moeda nacional ou moeda estrangeira;

II - troca entre um ou mais ativos virtuais;

III - transferência de ativos virtuais;

IV - custódia ou administração de ativos virtuais ou de instrumentos que possibilitem controle sobre ativos virtuais; ou

V - participação em serviços financeiros e prestação de serviços relacionados à oferta por um emissor ou venda de ativos virtuais.

Parágrafo único. O órgão ou a entidade da administração pública federal indicada em ato do Poder Executivo poderá autorizar a realização de outros serviços que estejam direta ou indiretamente relacionados à atividade da prestadora de serviços de ativos virtuais de que trata o *caput* deste artigo."

2. CRIPTOMOEDAS COMO MEIOS DE PAGAMENTOS

2.1. QUALIFICAÇÃO DAS CRIPTOMOEDAS NO ORDENAMENTO JURÍDICO BRASILEIRO E MANIFESTAÇÃO DE ALGUNS ÓRGÃOS REGULATÓRIOS

O Sistema Financeiro Nacional, que se preocupa com a economia popular e as distorções provocadas por particulares no mercado financeiro, é composto por entidades normativas e entidades de supervisão. Para os fins que realmente importam para este trabalho, destaca-se o Conselho Monetário Nacional (entidade normativa)[59], o BACEN e a CVM (entidades de supervisão)[60].

De forma bem resumida, o advento da Lei nº 4.595/64 teve o condão de retirar do Banco do Brasil[61] a regulação do mercado financeiro e transferi-la para o Banco Central, bem como atribuir ao Conselho Monetário Nacional o caráter normativo das políticas econômicas. O advento da Lei nº 4.728/65 disciplinou que os valores mobiliários seriam disciplinados pelo Conselho Monetário Nacional e fiscalizados pelo Banco Central, sem que, contudo, definisse a expressão "valores mobiliários". Ademais, observa-se

---

[59] Composto também pelo Conselho Nacional de Seguros Privados (CNSP) e o Conselho Nacional de Previdência Complementar.

[60] Menciona-se também a Superintendência de Seguros Privados (SUSEP) e Superintendência de Previdência Complementar (PREVIC).

[61] Passou a ser agente operacional, conforme decreto nº 93.872/86.

também que a referida legislação equiparou valores mobiliários e títulos, sendo certo que este é a mera representação daquele.

Em seguida, a Lei nº 6.385/76 criou a CVM, dividindo a competência fiscalizatória da seguinte forma: (i) BACEN: títulos da dívida pública federal, estadual ou municipal, os títulos cambiais de responsabilidade de instituição financeira, exceto as debêntures e os demais casos não previstos no art.2º, da Lei nº 6.385/76; (ii) CVM: o rol taxativo dos títulos previstos no referido art.2º, da Lei nº 6.385/76. Por último, a Lei nº 10.303/01 permitiu a melhor estruturação de tal autarquia, determinando que o BACEN representaria a autoridade monetária, competindo à CVM a atribuição de regular os contratos de investimento[62].

Em relação ao BACEN, a entidade, por meio do Comunicado nº 31.379, de 2017, manifestou-se no sentido de que, além de não possuir atribuição para supervisionar as operações com as moedas virtuais, essas não se confundiriam com as moedas digitais:

> Considerando o crescente interesse dos agentes econômicos (sociedade e instituições) nas denominadas moedas virtuais, o Banco Central do Brasil alerta que estas não são emitidas nem garantidas por qualquer autoridade monetária, por isso não têm garantia de conversão para moedas soberanas, e tampouco são lastreadas em ativo real de qualquer espécie, ficando todo o risco com os detentores. Seu valor decorre exclusivamente da confiança conferida pelos indivíduos ao seu emissor.
> [...]
> 4. As empresas que negociam ou guardam as chamadas moedas virtuais em nome dos usuários, pessoas naturais ou jurídicas, não são reguladas, autorizadas ou supervisionadas pelo Banco Central do Brasil. Não há, no arcabouço legal e regulatório relacionado com o Sistema Financeiro Nacional, dispositivo específico sobre moedas virtuais. O Banco Central do Brasil, particularmente, não regula nem supervisiona operações com moedas virtuais.
> 5. A denominada moeda virtual não se confunde com a definição de moeda eletrônica de que trata a Lei nº 12.865, de 9 de outubro de 2013, e sua regulamentação por meio de atos normativos editados pelo Banco Central do Brasil, conforme diretrizes do Conselho Monetário Nacional. Nos termos da definição constante nesse arcabouço regulatório consideram-se moeda eletrônica "os recursos em reais armazenados em dispositivo ou sistema eletrônico que permitem ao usuário final efetuar transação de pagamento". Moeda eletrônica, portanto, é um modo de expressão de créditos denomina-

---

[62] O art.2º, da Lei nº 6.385, de 1976, até o inciso VIII, traz um rol de títulos que podem ser assim classificados. Por sua vez, o inciso IX, do art.2º, da referida legislação, contempla uma cláusula de amplitude do conceito, expondo o sentido do significado "valores mobiliários" equivalente a contrato de investimento coletivo.

dos em reais. Por sua vez, as chamadas moedas virtuais não são referenciadas em reais ou em outras moedas estabelecidas por governos soberanos.

6. É importante ressaltar que as operações com moedas virtuais e com outros instrumentos conexos que impliquem transferências internacionais referenciadas em moedas estrangeiras não afastam a obrigatoriedade de se observar as normas cambiais, em especial a realização de transações exclusivamente por meio de instituições autorizadas pelo Banco Central do Brasil a operar no mercado de câmbio (BACEN, 2017, s/p).

A Comissão de Valores Mobiliários também já teve a oportunidade de estudar o tema, dispondo, por intermédio do Ofício Circular 01/2018/CVM/SIN, que as criptomoedas ainda não podem ser qualificadas como ativos financeiros, para os efeitos do disposto no Art.2º V, da Instrução CVM nº 555/14 e, por essa razão, sua aquisição direta pelos fundos brasileiros não seria permitida. No entanto, em seguida, através do Ofício Circular nº 11/2018/CVM/SIN, o referido órgão se manifestou no sentido de que o residente no Brasil poderia adquirir participação em fundo internacional que explorasse a compra e venda de criptomoedas. Sobre o tema, destacam-se trechos dos dois ofícios:

<u>Ofício Circular nº 1/2018/CVM/SIN</u>
[...]
Assim e baseado em dita indefinição, a interpretação desta área técnica é a de que as criptomoedas não podem ser qualificadas como ativos financeiros, para os efeitos do disposto no artigo 2º, V, da Instrução CVM nº 555/14, e por essa razão, sua aquisição direta pelos fundos de investimento ali regulados não é permitida.

Outras consultas também têm chegado à CVM com a indagação quanto à possibilidade de que sejam constituídos fundos de investimento no Brasil com o propósito específico de investir em outros veículos, constituídos em jurisdições onde eles sejam admitidos e regulamentados, e que por sua vez tenham por estratégia o investimento em criptomoedas. Ou, ainda, em derivativos admitidos à negociação em ambientes regulamentados de outras jurisdições.

Entretanto, não custa repisar, mais uma vez, que as discussões existentes sobre o investimento em criptomoedas, seja diretamente pelos fundos ou de outras formas, ainda se encontram em patamar bastante incipiente, e convivem, inclusive, com Projeto de Lei em curso, de nº 2.303/2015, que pode vir a impedir, restringir ou mesmo criminalizar a negociação de tais modalidades de investimento[...] (CVM, 2018, s/p).

<u>Ofício Circular nº 11/2018/CVM/SIN</u>
Este Ofício Circular tem o objetivo de complementar o Ofício Circular CVM/SIN/nº 1/2018, que tratou da possibilidade e das condições para investimento em criptoativos pelos fundos de investimento regulados pela Instrução CVM nº 555.

A Instrução CVM nº 555, em seu arts. 98 e seguintes, ao tratar do investimento no exterior, autoriza o investimento indireto em criptoativos por meio, por exemplo, da aquisição de cotas de fundos e derivativos, entre outros ativos negociados em terceiras jurisdições, desde que admitidos e regulamentados naqueles mercados. No entanto, no cumprimento dos deveres que lhe são impostos pela regulamentação, cabe aos administradores, gestores e auditores independentes observar determinadas diligências na aquisição desses ativos.
[...]
Mostra-se natural que, no caso de investimento indireto realizado por meio de fundos de investimento constituídos no exterior e geridos por terceiros, caiba ao administrador e ao gestor avaliar, nas condições exigidas pelas circunstâncias, se o gestor do fundo investido adota práticas e medidas de mitigação de risco equivalentes às que o gestor do fundo investidor adotaria em sua posição. Não custa relembrar também o papel dos auditores independentes contratados pelo fundo, pois, em linha com as atribuições esperadas desse profissional, deve ele ser capaz de conduzir diligências adequadas e proporcionais em relação a eventuais criptoativos detidos pelo fundo. E ao administrador do fundo, no exercício do papel previsto no artigo 79, § 1º, da Instrução CVM nº 555, diligenciar para que o fundo contrate auditor capacitado e estruturado para tal função.
De outro lado, outro fator de risco associado aos criptoativos é o de que posições em custódia nesses ativos estejam sujeitas a ataques frequentes por parte de especialistas em invasões a sistemas de informação, os conhecidos "hackers".
É verdade que o curso de tais operações por meio de plataformas reguladas também já mitigaria tais riscos, mas, de toda forma, é boa evidência de diligência a busca pelos gestores e administradores do fundo de soluções robustas de custódia já disponíveis nesse mercado. [...] (CVM, 2018, s/p).

O Conselho Administrativo de Defesa Econômica (CADE) também já foi indagado a se pronunciar sobre criptomoedas. No Inquérito Administrativo nº 08700.003599/2018-95, o CADE analisou o caso de instituições financeiras tradicionais que, com o argumento de proteção ao Sistema Financeiro Nacional, impediram *Exchanges* de operarem contas de recebíveis em seus domínios (não autorização para abertura de conta, recusa em mantê-las ou encerramento das contas já existentes). Depois de recursos administrativos contra o arquivamento da denúncia, a Conselheira Relatora Lenisa Rodrigues Prado autorizou a abertura de processo administrativo sancionador. Nesse sentido:

Trata-se os presentes autos de Inquérito Administrativo ("IA") instaurado em 18 de setembro de 2018 pela Superintendência-Geral do CADE ("SG") com o objetivo de apurar denúncia (SEI 0483963) feita pela Associação Brasileira de Criptomoedas e Blockchain ("ABCB" ou "Representante") contra Banco do Bra-

sil S.A. ("Banco do Brasil"), Banco Bradesco S.A. ("Bradesco"), Banco Inter S.A. ("Inter"), Banco Itaú Unibanco S.A. ("Itaú"), Banco Santander S.A. ("Santander") e Banco Sicredi ("Sicredi") – em conjunto, os "Representados" – por supostas infrações à ordem econômica ao limitar ou dificultar o acesso de corretoras de criptoativos ao sistema bancário, com pedido de medida preventiva.
[...]

OBJETO DA REPRESENTAÇÃO MANEJADA PELA ABCB.
Em síntese a ABCB alega que as instituições financeiras Representadas teriam incorrido na conduta ilícita conhecida no antitruste como "recusa de contratar", através do encerramento unilateral de conta corrente e também pela recusa de abrir nova conta corrente, ambos injustificadamente. Tais refusas resultariam em efeitos anticompetitivos – independentemente de culpa – descritos na Lei nº 12.529/2011, art. 36, caput, incisos I a IV, e § 3º, incisos III, IV e XI. Segundo a Representante, o dano às corretoras de criptomoedas se agravaria uma vez que a manutenção de uma conta corrente (e a seus serviços acessórios) seria uma essential facility para atuação neste segmento do mercado de corretagem, porque possibilita o acesso das corretoras ao Sistema Financeiro Nacional. [...]

CONSIDERAÇÕES.
Há de se atentar ao fato que existe concorrência entre as corretoras de criptoativos a as instituições financeiras, ainda que atualmente potencial. A concorrência se daria no crescimento no uso de criptoativos como instrumento de pagamentos, mercado em disputa por instituições tradicionais ligadas aos bancos; e também no suposto interesse das instituições financeiras em atuar no mercado de intermediação de compra e venda de criptoativos. Adicionalmente, vale lembrar que o mercado bancário no Brasil é extremamente concentrado, com baixa rivalidade, construindo um cenário óptimo para o exercício abusivo do poder de mercado. [...]

CONCLUSÃO.
Diante das informações prestadas pelos Representados e consignadas pela Superintendência-Geral em suas manifestações, entendo que não foram apresentadas justificativas razoáveis para legitimar o encerramento das contas correntes e a recusa em novas contratações. [...]
Pelo exposto e levando em conta a ampla gama de indícios presentes nos autos em referência, entendo como pertinente a instauração de Processo Administrativo Para Imposição de Sanções Administrativas por Infrações à Ordem Econômica, conforme preceitua o artigo 67, § 1º da Lei 12.529/2011 e o artigo 144, § 2º inciso II do Regimento Interno do CADE (PRADO, 2020, s/p).

Divergindo parcialmente da decisão de instaurar o processo administrativo, os Conselheiros que sucederam à análise votaram no sentido de retornar o processo para instâncias inferiores como forma de apurar a existência de infrações à ordem econômica. Nesse sentido, respectivamente, citam-se trechos dos votos de Mauricio Oscar Bandeira Maia e Sérgio Costa Ravagnani:

[...]
Manifestada minha aderência em relação à avocação em si, ressalto, entretanto, que divirjo da proposta de instauração imediata de um Processo Administrativo, por não termos nos autos elementos robustos o suficiente para ensejar tal caminho, pois ainda há relevantes diligências a serem feitas, a despeito de o caso já revelar um encaminhamento bastante técnico e cuidadoso por parte da Superintendência, o que, como já disse, não impede a continuidade investigativa a partir de novas perspectivas lançadas pelo Tribunal. Desse moto, voto pela continuidade do processo na qualidade de Inquérito Administrativo após a avocação, nos termos do art. 144, § 2º, inciso II, do Regimento Interno do Cade.
[...]
Por último, ressalto que existem dúvidas razoáveis sobre se os bancos e as correntistas de criptomoedas competem entre si. Há um elevado grau de incertezas que cercam as atividades de criptomoedas, ligadas ao fato de existir um vácuo regulatório significativo sobre esse setor. Tome-se como exemplo a dificuldade de identificação das corretoras de criptomoedas em decorrência de inexistir ainda um CNAE (Classificação Nacional de Atividades Econômicas) específico para suas atividades (MAIA, 2020, s/p).
[...]
Nesse sentido, entendo devido o aprofundamento da investigação na forma de Inquérito Administrativo, lembrando que a alegação de dificuldade de acesso a contas correntes por indústrias nascentes não é ineditismo na SG. Dito isso, entendo que o melhor encaminhamento é o retorno dos autos à SG para continuidade do Inquérito Administrativo e a determinação a que, além das demais diligências listadas pelos colegas, proceda:
à investigação de existência de incentivo econômico a um banco não oferecer serviços de acesso a contas correntes para corretoras de criptoativos, ao invés de investir em sistemas e rotinas de controle visando a prevenção de atividades criminosas diferenciados para a atividade de liquidação de criptomoedas, com o detalhamento da estrutura deste custo; [...] (RAVAGNI, 2020, s/p).

Salienta-se que o Inquérito foi arquivado em 21.07.2022, por inexistir demonstração de violação à ordem econômica:

> Inquérito Administrativo nº 08700.003599/2018-95. Representante: Associação Brasileira de Criptoativos e Blockchain. Advogados: Rodrigo Caldas de Carvalho Borges e outros. Representados: Banco do Brasil S.A.; Banco Bradesco S.A.; Banco Itaú Unibanco S.A.; Banco Santander S.A.; Banco Inter S.A.; e Banco Cooperativo Sicredi S.A. Advogados: Aline Crivelari, Caroline Scopel Cecatto, Mário Renato Balardim Borges, Pedro Octávio Begalli Jr., Vinícius Marques de Carvalho, Vitor Jardim Machado Barbosa, Flavio Augusto Ferreira do Nascimento, Marcelo Antônio C. Queiroga Lopes Filho, Paola Regina Petrozzielo Pugliese, Vinicius Hercos da Cunha, Ana Luiza Vieira Franco, José Del Chiaro Ferreira da Rosa, Luiz Felipe

Rosa Ramos e outros. Acolho a Nota Técnica nº 25/2022/CGAA2/SGA1/SG/CADE e, com fulcro no §1º do art. 50 da Lei nº 9.784/99, integro as suas razões à presente decisão, inclusive como sua motivação. Decido pelo arquivamento do presente feito pela ausência de indícios de infração à ordem econômica constantes dos autos. Ao setor processual. Publique-se (ANDRADE, 2022, s/p).

Para além desses órgãos, existe também as manifestações da Receita Federal do Brasil. A primeira delas, em forma de perguntas e respostas, questiona como os criptoativos devem ser declarados e tributados, sendo que o tema passou por uma evolução. Inicialmente, a Receita Federal, no ano de 2018 e 2019, repetindo entendimento de 2016, afirmou que se tratava de outros bens, tais como ativos financeiros (Pergunta 447)[63]. Já no ano de 2022, a Receita Federal, de forma mais genérica, optou apenas por dizer que tais ativos devem ser declarados e que não se trata de moeda de curso legal (ou seja, reviu seu posicionamento sobre equipará-los a ativos financeiros). Por sua vez, o segundo questionamento complementava o primeiro, prevendo que a tributação se dá por ganho de capital, quando esse for superior a R$ 35.000,00 (trinta e cinco mil reais) no mês[64]. Nesse sentido:

> 455 — Como os criptoativos devem ser declarados?
> Os criptoativos não são considerados moeda de curso legal nos termos do marco regulatório atual. Entretanto, podem ser equiparados a ativos sujeitos a ganho de capital e devem ser declarados pelo valor de aquisição na Ficha Bens e Direitos (Grupo 08 – Criptoativos), considerando os códigos específicos a seguir (01, 02, 03, 10 e 99), quando o valor de aquisição de cada tipo de criptoativo for igual ou superior a R$ 5.000,00 (cinco mil reais) [...]
> 619 — Os ganhos obtidos com a alienação de criptoativos são tributados?
> Os ganhos obtidos com a alienação de criptoativos cujo total alienado no mês seja superior a R$ 35.000,00 são tributados, a título de ganho de capital, segundo alíquotas progressivas estabelecidas em função do lucro, e o recolhimento do imposto sobre a renda deve ser feito até o último dia útil do mês seguinte ao da transação, no código de receita 4600.

---

[63] No ano de 2018 e 2019, a Receita Federal, por meio da pergunta 447, afirmou que as moedas virtuais eram declaradas como outros bens. Nesse sentido: "447 — As moedas virtuais devem ser declaradas?

Sim. As moedas virtuais (*bitcoins*, por exemplo), muito embora não sejam consideradas como moeda nos termos do marco regulatório atual, devem ser declaradas na Ficha Bens e Direitos como 'outros bens', uma vez que podem ser equiparadas a um ativo financeiro. Elas devem ser declaradas pelo valor de aquisição" (BRASIL, 2022, s/p).

[64] Antiga pergunta nº 607 (atual 619).

> A isenção relativa às alienações de até R$ 35.000,00 mensais deve observar o conjunto de criptoativos alienados no Brasil ou no exterior, independente de seu tipo (*Bitcoin*, *altcoins*, *stablecoins*, NFTs, entre outros).
> Caso o total alienado no mês ultrapasse esse valor, o ganho de capital relativo a todas as alienações estará sujeito à tributação.
> O contribuinte deverá guardar documentação que comprove a autenticidade das operações de aquisição e de alienação, além de prestar informações relativas às operações com criptoativos, por meio da utilização do sistema Coleta Nacional, disponível no e-Cac, quando as operações não forem realizadas em Exchange ou quando realizadas em Exchange domiciliada no exterior, nos termos da Instrução Normativa RFB nº 1.888, de 3 de maio de 2019 (BRASIL, 2022, s/p).

Ainda em relação a este órgão, cita-se a Instrução Normativa nº 1888/2019, que versa sobre a obrigatoriedade de prestação de informações relativas às operações realizadas com criptoativos à Secretaria Especial da Receita Federal do Brasil (RFB). Acerca deste ato normativo, observa-se o inciso I, do art.5º, que define criptoativo como:

> Art. 5º Para fins do disposto nesta Instrução Normativa, considera-se:
> I - criptoativo: a representação digital de valor denominada em sua própria unidade de conta, cujo preço pode ser expresso em moeda soberana local ou estrangeira, transacionado eletronicamente com a utilização de criptografia e de tecnologias de registros distribuídos, que pode ser utilizado como forma de investimento, instrumento de transferência de valores ou acesso a serviços, e que não constitui moeda de curso legal (BRASIL, 2019, s/p).

Demarcado o campo de atuação das entidades normativas e entidades de supervisão, inicia-se a análise da qualificação das criptomoedas conferidas pelo ordenamento jurídico brasileiro, recordando que nem todos os criptoativos são *tokens* de pagamento. Assim, conforme já foi dito anteriormente, delimita-se o escopo deste trabalho aos *payments tokens*. Por conseguinte, à contrário *sensu*, afirma-se que não se pretende analisar outros criptoativos, tais como *utility tokens*[65]; *security tokens*[66] e *tokens* não fungíveis[67].

---

[65] *Tokens* de utilidade, em formato digital, que viabilizam o acesso a bens e serviços específicos, como, por exemplo, um *fan token* que concede acesso a jogos do seu clube de coração por um período.

[66] Ativos utilizados para fins de investimentos, tais como contratos coletivos de captação de dinheiro, em que o adquirente do *token* tem algum direito correlato, como, por exemplo, participação na sociedade.

[67] Trata-se dos NFTs, em que um arquivo criptografado possui autenticidade digital única, sendo, geralmente, relacionado a um processo de propriedade intelectual na

Restringido o escopo deste trabalho, é imperioso firmar a premissa, que será desenvolvida ainda neste capítulo, no sentido de que qualquer bem, para ter valor, necessita ter alguma utilidade. Assim, todos os bens que possuem utilidade, automaticamente, contêm um valor intrínseco, que serve de parâmetro em trocas comerciais. Ocorre, todavia, que o único valor de utilidade de alguns bens é servir de instrumento de facilitação nas trocas comerciais. Como exemplo do que foi exposto, citam-se os cartões de crédito, cuja propriedade/titularidade não demonstra nenhuma riqueza, exceto, se aplicá-lo para realização de pagamentos.

Feita esta breve introdução, afirma-se que para os *tokens*, cuja única finalidade é servir de meio de pagamento, não é possível qualificá-los como ativo de valor, uma vez que o valor deles é a instrumentalidade, tal qual um cartão de crédito. Nessas circunstâncias, entender de forma diversa equivale a legitimar um jogo de azar, no qual os grandes *players*, que conseguem controlar o mercado, impõem ônus a pequenos proprietários, que deixam o valor de seu ativo variar conforme a busca por posições dominantes no mercado.

Parecendo corroborar a premissa de que as criptomoedas são meios de pagamento, entendimento esse que será fixado neste trabalho, cita-se, novamente, trecho do voto da Conselheira Lenisa Rodrigues Prado:

> [...]
> Há de se atentar ao fato que existe concorrência entre as corretoras de criptoativos e as instituições financeiras, ainda que atualmente potencial. **A concorrência se daria no crescimento no uso de criptoativos como instrumento de pagamentos, mercado em disputa por instituições tradicionais ligadas aos bancos**; e também no suposto interesse das instituições financeiras em atuar no mercado de intermediação de compra e venda de criptoativos. Adicionalmente, vale lembrar que o mercado bancário no Brasil é extremamente concentrado, com baixa rivalidade, construindo um cenário óptimo para o exercício abusivo do poder de mercado (PRADO, 2020, s/p).

Antes, entretanto, de adentrar no tópico instrumento de pagamento, vale trazer algumas ponderações sobre a estrutura da moeda e como os meios de pagamento a refletem.

---

criação digital de imagens.

2.2. "SENTIDO" DA EXPRESSÃO MOEDA

2.2.1. MOEDA COMO INSTITUIÇÃO SOCIAL E SEU FLUXO DENTRO DO MERCADO

Antes de inaugurar este tópico, cumpre fazer referência a duas obras que o nortearão, quais sejam, as teses de doutorado desenvolvidas pelos juristas Tiago Machado Cortez (2004), cujo ponto nodal é identificar o papel do Estado na ordem monetária; e a tese de Marcelo de Castro Cunha Filho (2021), na qual o escopo é analisar se os *bitcoins* possuem a confiabilidade necessária para serem classificados como moedas.

Os dois trabalhos de doutorado são complementares e desenvolvem a imprescindibilidade do elemento confiança estar presente no objeto que será transformado em "elemento de troca secundária". Para compreender o que está sendo proposto, vale aduzir que cada sociedade possui uma forma de interagir com as necessidades e os excessos de produção. Nesse ponto, a sociedade pode adotar a forma da reciprocidade (sociedade é dividida em grupos que se ajudam, repartindo, conforme as necessidades, a produção), redistribuição (todo o quantitativo de bens produzidos é encaminhado ao órgão central que o dividirá) e trocas (vontades antagônicas que conduzem à precificação dos produtos e à negociação entre integrantes de uma comunidade).

Embora esses três modelos de interação possam existir dentro de uma mesma sociedade, a moeda ganha repercussão quando as interações decorrem das trocas, uma vez que as interações precisam ser precedidas por uma comunicação quanto à precificação de um produto. O que se pretende afirmar é que a moeda é uma ferramenta comunicativa que permite aos agentes do mercado se relacionarem, pois desenvolve uma relação de equivalência entre produtos diferentes, precificando um bem frente a outro e corporificando a riqueza individual.

Em sociedades marcadas pela reciprocidade e pela redistribuição, parece que a moeda perde o efeito prático de coordenar as relações, pois no primeiro caso há uma elevada fraternidade e no segundo uma relação vertical impositiva de divisão de bens, afastando o papel integrativo da moeda. Desse modo, afirma-se que o mercado, através da oferta/demanda, orientará a produção de bens e a integração entre os participantes da sociedade por intermédio do(s) (i) mercado dos fatores de produção; (ii) mercado de produtos; e (iii) mercados financeiros. De forma sintética:

I. Mercados dos fatores de produção: combinação de oferta e demanda que reúne vendedores e compradores de determinados bens econômicos capazes de serem transformados em produtos demandados pelas unidades consumidoras. Ou seja, alguém está vendendo sua força de trabalho ou seus bens para que um terceiro produza determinado bem ou preste um serviço específico;
II. Mercado de produtos: combinação da oferta feita pelas unidades produtoras às unidades consumidoras de produtos. São os mercados em que se toma os bens e serviços produzidos;
III. Mercados financeiros: intermedeia os dois mercados para possibilitar que poupadores emprestem dinheiro para os investidores[68], esses produzam riquezas, arcando com juros, e, em troca, disponibilizem produtos ao mercado, conforme imagem abaixo.

---

[68] O mercado financeiro estabelecerá as taxas de juros através da oferta/demanda de dinheiro armazenado. Para entender o funcionamento do mercado financeiro, observa-se a definição do produto interno bruto (PIB), Poupança (S) e Investimento (I).

Produto Interno Bruto: trata-se do valor de mercado de todos os bens e serviços produzidos em um país durante um intervalo de tempo, utilizando a soma das variáveis "consumo", "investimento", "gastos do governo" e "exportações líquidas". É representado pela fórmula:

$$PIB = C + I + G + EL$$

Poupança: Considerando a exportação líquida equivalente a zero (balança de comércio internacional neutra), uma vez que a tendência, nas operações envolvendo o mercado externo, é o equilíbrio cíclico em razão da seguinte premissa: se os produtos internos estiverem mais baratos que os produtos praticados no mercado externo em razão da elevada taxa de câmbio, haverá exportação e, por conseguinte: (i) aumento de dólares no mercado interno; (ii) redução da taxa de câmbio e fortalecimento da moeda interna; (iii) redução de exportações e aumento de importações; (iv) esvaziamento de dólares do mercado interno; (v) aumento da taxa de câmbio (reinício do ciclo). Observam-se as seguintes fórmulas para a poupança.

$$Poupança\ Privada = PIB - T - C$$
$$Poupança\ Pública = T - G$$
$$Poupança\ Geral = PIB - T - C + T - G$$
$$\mathbf{Poupança(S) = PIB - C - G}$$

Ademais, as políticas públicas no comércio exterior, como, por exemplo, impostos e tarifas alfandegárias, não afetam a balança comercial, mas sim as empresas (microeconomia). Isso porque o aumento do valor do produto externo reduz a importação. Como tem menos importação, há mais dólares no Brasil. Esse excesso de dólares torna o câmbio brasileiro mais forte. A valorização do câmbio torna o produto brasileiro mais caro, tornando-o pouco competitivo internacionalmente e reduzindo as trocas comerciais.

Figura 1 - Fluxo circular da renda

Fluxo circular da renda

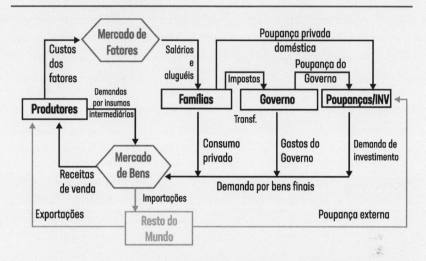

Fonte: Prof. Eduardo A. Haddad (http://www.usp.br/nereus/wp-content/uploads/Aula_6_MCS1.pdf)

Investimento: calcula o potencial de dinheiro armazenado (*savings*) nos caixas do Estado, que podem ser utilizados para a exploração da atividade econômica, conforme a fórmula:

$$Investimento = PIB - Consumo - Gastos\ do\ Governo$$
$$I = PIB - C - G$$

Conclusão: Investimento = Poupança

Salienta-se que o aumento dos gastos públicos (endividamento) acarreta a redução da poupança e, por conseguinte, menor armazenamento de receitas. Aplicando a essa premissa o conceito de oferta/demanda, observa-se que o aumento do déficit orçamentário gera menos dinheiro disponível para empréstimo, permitindo a majoração dos juros, incentivando os *savers* e ocorrendo a retração da economia. A consequência da retração da economia é a redução do consumo (diminuição da demanda), uma maior quantidade de dinheiro poupado e a necessidade de eliminação do excedente de custos (muitas vezes proveniente de uma oferta excessiva). Nesse cenário, caso o Estado não intervenha na economia e não aumente seu endividamento, ocorrerá natural mudança de posição no ciclo econômico, sendo possível enxergar, com o avançar do tempo: (i) redução do preço dos produtos e a aquisição de alguns bens por quem tem disponibilidade financeira; (ii) desemprego acentuado, tendo em vista que os investidores perderam espaço para os *savings*; (iii) uma gradual redução da taxa de juros, uma vez que existe menor demanda por dinheiro e uma maior oferta.

2.2.2. MOEDA COMO INSTRUMENTO QUE VIABILIZA AS RELAÇÕES DE TROCA

2.2.2.1. ANÁLISE HISTÓRICA DA MOEDA

A doutrina de Adam Smith, o liberalismo econômico, aduz que nos primórdios da sociedade as relações comerciais dependiam da *dupla coincidência*, ou seja, para que a troca ocorresse era necessário que ambas as partes se interessassem pela mercadoria alheia. Observando que alguns produtos possuíam grande aceitação no mercado, algumas pessoas passavam a aceitar a troca de seu produto por outro que não tinham interesse, uma vez que esses possuíam liquidez para futuras trocas. Com o transcorrer do tempo, tais produtos foram estocados e se tornaram moedas, simplificando a relação e aumentando a eficiência do mercado, uma vez que os custos de achar quem quisesse promover uma triangulação entre os produtos diminuiu[69]. Assim, conforme será

---

[69] Qualifica-se por eficiente um mercado livre no qual as práticas comerciais são benéficas tanto para quem oferta e para quem tem demanda. Para entender o tema, é imprescindível ter em mente que existem três cenários, tanto para o comprador quanto para o vendedor em uma prática comercial, sendo eles:

i. O valor que o demandante deseja comprar (abaixo do tolerável) e o valor que o ofertante deseja vender (acima do tolerável);

ii. O valor pelo qual ambos suportam a relação jurídica (limite tolerável);

iii. O valor no qual ocorre a relação jurídica (valor efetivamente dispendido/recebido durante a relação jurídica).

Como consequência desses cenários, surgem duas figuras, quais sejam: (*i*) excedente do comprador, que representa a diferença entre o valor efetivamente pago e a quantia que o demandante suportaria pagar (limite tolerável); e (*ii*) o excedente do vendedor, que é a diferença entre o valor que o ofertante vendeu (valor efetivamente recebido) e o que aceitaria vender (limite tolerável). Para observar a eficiência do mercado, é imprescindível analisar se a diferença entre o valor pago pelos compradores e o custo dos vendedores é positivo. Caso a resposta seja afirmativa, trata-se de um mercado eficiente.

Ocorre que, para além de um mercado eficiente, é necessário que o Estado também promova o bem-estar da população (equidade), através de políticas públicas. Para suportar tais gastos, existe a tributação, que representa a majoração do custo do produto e, por conseguinte, a exclusão de parcela da população que não aceita realizar o negócio na forma atual (cenário 1, apontado acima). Em outras palavras, após a tributação, os excedentes dos compradores e dos vendedores reduzem, surge uma receita para o Estado e há uma redução na circulação de riquezas em razão da exclusão de parcela da população, que, agora, se enquadra no cenário 1. A diferença entre as operações anteriores à tributação e as operações atuais (após a tributação) é denominada de "peso morto".

demonstrado no subitem subsequente, a criação de um elemento neutro que fosse utilizado nas trocas permitiu um maior fluxo de operações, uma vez que tais operações indiretas geravam a confiança de que em negócios seguintes tais "mercadorias" seriam aceitas.

Embora essa perspectiva histórica seja a mais conhecida, cita-se relato diverso, produzido pelo antropólogo David Graeber (2016), em seu livro "Dívida: os primeiros 5 mil anos", em que o autor entende que o escambo era uma alternativa em momentos de escassez de moedas. Segundo a perspectiva defendida na obra, as relações comerciais derivavam de um sistema de créditos e débitos, em que as "moedas" não eram frequentemente utilizadas, servindo, apenas, como unidade de conta (unidade de medida) (GRAEBER, 2016). O entendimento narrado decorre da premissa de que no escambo uma das partes se sente extremamente bem-sucedida na negociação, sendo que isso somente é possível quando os *players* não convivem rotineiramente. Nesta linha de raciocínio, as "trocas" apenas ocorreriam entre grupos diversos, situação essa que não resolve o problema de relações comerciais dentro de uma comunidade.

Dentro de um grupo social, a melhor alternativa seria imaginar que a obtenção de uma mercadoria decorreria da sistemática de créditos e débitos de "favores", em que a pessoa que adquire o produto/serviço de outrem teria o débito registrado contra si, a ser quitado em momento futuro. A forma de acomodar as relações comerciais e estipular uma equivalência entre os bens comercializados é a existência de uma moeda que quantifique o valor de cada produto, permitindo que dívidas sejam pagas com o equivalente. Desse modo, ao contrário do que é reiteradamente defendido, o antropólogo afirma que o crédito precede a moeda e essa é anterior ao escambo, sendo este último utilizado unicamente quando há escassez de moeda em circulação e subsiste a necessidade de se encontrar uma moeda alternativa (ainda assim, há um parâmetro de troca, o que demonstra que essa nova moeda é balizada por outra moeda cujos valores são bem conhecidos pelos negociantes). Exemplificando o exposto, cita-se o caso de soldados que, durante a guerra, utilizam cigarros como instrumentos de trocas.

Confirmando essa tese, o antropólogo aduz que na sociedade da Suméria, 3.500 a.C, os comerciantes e administradores de templos haviam desenvolvido um sistema único de contabilidade, em que a unidade monetária era baseada no ciclo da prata, e que o referido metal servia para (i) parametrizar os valores dos produtos comercializados (especialmente, a cevada a ser entregue no momento da colheita); (ii) resguardar o sistema de créditos em que uma pessoa tinha com a outra. Esse sistema creditício foi, é, e sempre será, essencial para o surgimento de uma comunidade, pois permite a intermediação do crédito, fazendo com que "poupadores" forneçam crédito aos "investidores", que utilizarão tal quantia para produzir riquezas, permitindo, assim, que a roda da economia gire por impulso de expansão do crédito.

Independentemente de qual registro histórico esteja correto, certo é que a moeda, física ou escritural, teve um importante papel na circulação de mercadorias, uma vez que possibilitou a melhor eficiência do mercado em razão de (i) viabilizar relações entre agentes do mercado que não se relacionariam entre si, pois as mercadorias de cada um deles não geravam interesses recíprocos; (ii) propiciar o surgimento do armazenamento de moeda, o que acelerou a concessão de créditos, inclusive, com alavancagem; (iii) criar um sistema quantitativo e qualitativo de preços, em que o proprietário de cada mercadoria (bens ou serviços) define o limite dos valores de seus produtos e dos produtos alheios, conforme a equivalência imposta pela sociedade em uma terceira unidade.

2.2.2.2. ELEMENTOS DA MOEDA E SUA CORRELAÇÃO NA ECONOMIA DE MERCADO

O signo "moeda" comporta quatro características para receber tal denominação, quais sejam: (i) meio geral de viabilizar trocas; (ii) reserva de valor; (iii) unidade monetária; (iv) instrumento de pagamento. Tais especificidades correspondem ao elemento denotativo da expressão, sendo certo que, a depender do sistema monetário do país, algumas características podem estar presentes de forma mais intensa e outras nem tanto. Nesse sentido, colaciona-se trecho da doutrina de Marcelo de Castro Cunha Filho, no qual ele cita outros doutrinadores:

> Viviana Zelizer (1989) explica que mesmo a moeda de mercado pode não apresentar as quatro funções mencionadas devido ao fato de ela não representar apenas um artefato voltado para o cálculo racional das trocas de mercado. A moeda de mercado tem sua utilização conformada também por aspectos sociais e culturais como, por exemplo, gênero, faixa etária, simbolismo etc. Isso se revela evidente nas hipóteses denominadas pela autora de dinheiros especiais. Dinheiros especiais configuram exemplos em que a própria moeda de mercado recebe usos diferentes daqueles descritos nos livros. Esses seriam os casos do dinheiro doméstico de que cuidava a mulher no século passado, da mesada da criança, da indenização em dinheiro recebida pela morte de um ente querido, entre outros. Nesses casos, a própria moeda de mercado denominada em unidade de conta nacional pode não ser utilizada com todas as suas funções. Aspectos sociais e

culturais podem fazer com que essas espécies de moeda funcionem como meio de troca, mas não como reserva de valor, ou, então, vice-versa. O mesmo raciocínio se aplica também às moedas metálicas em curso atualmente. Os usos especiais e culturais atribuídos às moedas metálicas fazem com elas circulem como meio de troca eminentemente, mas dificilmente como reserva de valor. Seja qual a espécie de moeda descrita, em nenhum caso se lhe nega o caráter de moeda (CUNHA FILHO, 2021, p. 95-96).

A necessidade de os quatro elementos estarem presentes decorre de um sentido denotativo classificatório, em que a ausência de um deles torna o ativo um mero instrumento de pagamento. Explica-se: um meio de pagamento pode representar a pretensão de um ativo ser moeda, todavia, diante da ausência de uma de suas características, a suposta moeda serve apenas como um meio de troca ou pagamento. Apenas para tornar o tema mais palatável, observa-se que em países cuja moeda legal (responsável por garantir a soberania/higidez do padrão monetário) não possui uma das características, a população opta por referenciar os valores reais de produtos e serviços em outro ativos. A título de exemplo, cita-se a Argentina, cuja economia é dolarizada e o peso argentino é apenas um meio de pagamento, muito embora se trate da moeda legal estatal. Feita essa breve contextualização, passa-se a analisar cada expressão:

I. <u>Meio geral de troca</u>: conforme já foi explicado anteriormente, em uma sociedade cuja interação decorra da troca (imprescindível a existência de propriedade privada e autonomia da vontade), essa comunicação pode ocorrer de modo direto (troca-se roupa por comida, por exemplo) ou de forma indireta (troca-se roupa por dinheiro, e com esse dinheiro, adquire-se comida, por exemplo).

II. <u>Reserva de valor</u>: a moeda é um instrumento intertemporal de poder de compra, cujo valor deve ser conservado de modo a evitar a obrigatoriedade do consumo imediato por quem a adquiriu. Isso permitirá o acúmulo de riquezas e a interação entre os agentes de mercado sem a pressa de consumir imediatamente o produto resultante da troca indireta. Salienta-se que quanto maior a inflação, mais elevado é o custo de atualização dos valores dos produtos, o que ocasionará a perda desta característica, cujo reflexo afetará o elemento "meio geral de troca" pela falta de liquidez da moeda[70].

---

[70] Segundo a doutrina de Tiago Machado Cortez:

"[…] O ponto importante a ressaltar é que a situação de liquidez, que nada mais é do que a riqueza monetária detida pelo sujeito, é uma situação relativa assumida

III. Unidade monetária: cada produto possui uma razão de troca frente a outros produtos, em que o conhecimento sobre o valor permite estimar o retorno do investimento, bem como as opções de mercado (custos) que melhor se encaixam ao orçamento.

Cumpre mencionar que a unidade monetária é uma convenção social na qual determinada mercadoria ou serviço tem o seu valor estipulado de forma abstrata, uma vez que determinado produto equivale à quantia que outras pessoas aceitam pagar. Assim, observa-se que "valor" é uma noção relativa formada pelo binômio "escassez" e "utilidade".

O valor decorrente desse binômio pode estar atrelado ao "uso" (satisfaz as necessidades do indivíduo de forma direta) ou a "troca" (satisfaz as necessidades da pessoa de forma indireta). É de se destacar que as moedas cuja utilidade de uso se restrinjam à troca não possuem qualquer valor de uso, apenas valor de troca futura, o que conduz à ideia de que o valor de uso corresponde, em verdade, ao valor da troca.

De forma bem mais elucidativa, transcreve-se a doutrina de Tiago Machado Cortez:

> Com isso, a sociedade passa a aceitar a moeda não em razão de um suposto valor intrínseco, mas sim porque ela tem valor funcional próprio, o de instrumento monetário. O ponto culminante desse processo evolutivo se dá quando a moeda alcança a sua forma totalmente desmaterializada (moeda-crédito), em que ela perde totalmente a substância e o seu valor de uso, passando a representar simbolicamente apenas a função de meio geral de troca. Segundo Simmel, ao atingir tal estágio, a moeda alcança a sua concepção ideal. Isto é, ela se liberta de todos os seus elementos supérfluos – seus atributos materiais, substanciais – e passa a representar única e exclusivamente o que de fato ela é: um instrumento que corporifica a relação de troca nas economias de mercado. Isto se torna possível

---

por ele frente à quantidade restante de moeda disponível à economia, ou ao comportamento dos agentes econômicos.

Para que se visualize essa afirmação, vale recorrer à teoria quantitativa da moeda desenvolvida por Irving Fischer. Como explicado acima, o valor da moeda define-se em função de três variáveis: quantidade de moeda, velocidade na sua circulação e quantidade de bens transacionados em moeda na economia. Conforme afirma Adroaldo Moura da Silva, a fórmula desenvolvida por Fischer com a base na interação entre essas três variáveis para demonstrar o comportamento do índice de preços não é uma teoria que explica as causas da inflação, mas sim uma identidade elementar, que apenas serve como ponto de partida para a busca de compreensão das causas do fenômeno inflacionário." (CORTEZ, 2004, p. 43-44).

em função de um processo de abstração intelectual de toda a sociedade, que passa a aceitar a moeda como o instrumento que representa, tão e somente, uma relação de troca futura. Esse instrumento não tem qualquer valor, a não ser o valor de se tornar possível ao seu possuidor o engajamento futuro em uma outra relação de troca.

Nesse ponto da argumentação de Simmel, ele desvenda a natureza da moeda demonstrando que ela em nada difere das demais coisas. Tanto a moeda às demais mercadorias têm valor puramente funcional. O valor do martelo deriva da sua função de servir como instrumento de trabalho. O valor do automóvel deriva da sua função de servir como instrumento de transporte. E essa mesma relação pode ser feita para todas as mercadorias da sociedade, até que se chegue à moeda, cujo valor para a sociedade decorre puramente da sua capacidade de exercer, dentro de uma certa comunidade, a função de instrumento que viabiliza as trocas.

Tendo em mente essa conclusão do estudo de Simmel, pode-se substituir a afirmação feita logo acima, de que a moeda não tem qualquer valor de uso, mas tão e somente valor de troca, para afirmar que o valor de uso da moeda decorre exclusivamente do seu valor de troca (CORTEZ, 2004, p. 54).

A conclusão no sentido de que o valor de uso da moeda representa o valor de troca, conduz, também, à afirmativa de que a única relevância da estipulação do valor da troca é o estabelecimento de uma ferramenta comunicacional que explicite as equivalências de preço do mercado (conforme explicado por Graeber). Assim, alterar o valor monetário entre dois produtos, quando mantidas as circunstâncias idênticas de demanda e oferta[71] ao longo de um período, conduzirá a períodos de inflação[72], em que a integração social ficará abalada.

---

[71] Demanda representa o que as pessoas desejam e podem comprar, sendo que a sua curva é negativamente relacionada com o preço. Isso porque se o preço aumenta, a tendência é que a demanda diminua (e vice-versa). Também é importante observar que a variação no preço de produto tem consequências nos produtos substitutos e nos complementares. Por sua vez, a oferta representa a quantidade de bens que os vendedores querem e podem colocar à venda. A curva, nesses casos, é positivamente relacionada com preço, uma vez que, quanto mais alto o valor do preço, mais se pretende produzir. Em momentos de equilíbrio, não há falta nem excedente de produtos ofertados e, também não existe demanda reprimida ou excessiva.

[72] O fenômeno da hiperinflação decorre de uma perda de confiança na moeda, em que a equivalência de preços estabelecidos na sociedade, através de unidades reais, se perde periodicamente, fazendo com que a unidade nominal (moeda) atualize o valor de um produto sem, contudo, respeitar as proporções das demais unidades reais. Nesse caso, ocorrendo uma desproporção momentânea em uma unidade real, essa se atualiza de modo a criar uma outra desproporção que precisa ser atualizada. Nesse caso, a hiperinflação é um problema, pois em um curto espaço de tempo, di-

Por último, as unidades monetárias, por serem apenas representativas de equivalência entre as unidades reais, dependem de estabilidade como forma de reduzir as incertezas dos agentes de mercado, aumentar a taxa de comercialização e propiciar um

---

versas atualizações são feitas, ocasionando o descompasso rotineiro entre as equivalências das unidades reais pela alteração das unidades nominais.

Afirma-se que a inflação (hiperinflação) é um processo que se autocorrige à medida em que se analisa graficamente a curva de preços à luz da demanda agregada e da oferta agregada. Isso porque a relação entre a curva da demanda agregada e o preço do produto é decrescente. Ou seja, quanto mais se aumenta o valor do produto, menor é a quantidade produzida, uma vez que parcela da população fica excluída do consumo.

Por sua vez, a relação entre a curva de preços e a oferta agregada precisa ser estudada sob a ótica do mercado de longo prazo e de curto prazo. No que tange à curva de oferta agregada a longo prazo, entende-se que ela é vertical, pois a quantidade de demanda não é alterável. Porém, quando se observa pequenos recortes deste espaço temporal, é possível observar a variação da quantidade de itens produzidos conforme o preço sugerido pelo mercado (a curva de oferta tem inclinação positiva frente ao valor do produto).

Em outras palavras, por força de um aumento de preço em razão de uma desvalorização da moeda (variável nominal), é possível que os ofertantes de produto acreditem que o mercado aumentou a quantidade de demanda (variável real), respondendo com uma majoração na produção de bens. Nessa hipótese, haverá um aumento de preços sem substrato de variável real, ocasionado pela expansão monetária (inflação).

Frisa-se que a longo prazo, a variável oferta não será afetada, pois será equilibrada com a redução da quantidade de produtos e dos custos operacionais (estagnação da economia). Ocorre que, em alguns momentos, ao mesmo tempo em que se observa uma economia estagnada, enxerga-se inflação. O nome desse fenômeno é a estagflação.

O método utilizado para corrigir essas crises cíclicas da economia reside na controvérsia entre Hayek e Keynes. A escola austríaca defende que para superar um cenário de inflação decorrente da expansão monetária, é imprescindível a estagnação da economia. Isso porque o mercado se autorregula, reduzindo a produção de bens, demitindo funcionários (taxa de sacrifício). Com o tempo, haverá uma maior oferta de mão de obra, a população terá confiança em gastar seus recursos e surgirá um novo equilíbrio econômico. Para quem segue essa visão, a inflação é uma praga mais severa que a estagnação da economia.

Em sentido diametralmente oposto, Keynes defende a necessidade de políticas públicas para controlar a demanda agregada e evitar a estagnação da economia — ainda que para isso, seja necessário utilizar da inflação controlada. A doutrina *keynesiana* admite orçamentos deficitários, que promovam gastos públicos, para evitar a estagnação econômica. Para movimentar a economia, é possível medidas diretas e indiretas. Dentro do primeiro grupo, citam-se: (i) os auxílios beneficiários e (ii) a contratação de empregados para atuar em obras públicas. Em relação ao segundo grupo, elencam-se: (i) a redução de impostos para estimular o consumo; e (ii) a compra e venda de títulos para interferir na moeda em circulação, promovendo o aumento ou a redução da taxa de juros.

costume qualitativo (novos padrões monetários) e quantitativo (valores dos produtos) das unidades de comunicação.

IV. <u>Meio de pagamento</u>: são os instrumentos determinados pelo Estado que gerenciam as trocas indiretas entre as partes, em que o padrão monetário deve ser preservado para que se mantenha a confiança na moeda. Nesses casos, a moeda se torna um instrumento fundamental para o funcionamento do sistema político e jurídico, transmitindo confiabilidade às relações entre cidadão e Estado.

2.2.3. TEORIAS DO SURGIMENTO DO DINHEIRO

2.2.3.3. TEORIA DECORRENTE DA ESCOLA AUSTRÍACA

A teoria austríaca, cujo percursor foi Carl Menger, pressupõe que a moeda surgiu de forma espontânea dentro de uma série de mercadorias que precisavam de *dupla coincidência* para serem comercializadas dentro da sociedade. À época, a população observou que alguns produtos possuíam grande aceitação no mercado (liquidez) e que poderiam, com isso, serem comercializados para aquisição de qualquer outro bem ou serviço.

Segundo a escola austríaca, a moeda assumiria a natureza jurídica de *commodity*, em que o elemento utilizado na troca deveria ser escasso e mais valioso que o produto a ser adquirido. Nessas circunstâncias, o particular aceitaria ceder o seu produto por um bem que não satisfaria as necessidades imediatas, no entanto, por ser mais líquido, permitiria operações subsequentes.

Ainda dentro dessa teoria, vale ressaltar que uma moeda cuja origem decorre das relações de troca social poderia ser alçada a uma moeda estatal, caso o Estado, por meio de lei, a reconhecesse como instrumento hábil a permitir o pagamento (meio de pagamento). É importante reparar que para essa teoria, o Estado não cria a moeda por lei, apenas a reconhece como fruto de manifestação social.

Na linha filosófica trabalhada, Friedrich August Hayek (2011) defende que o dinheiro privado deveria prevalecer sobre o dinheiro público, uma vez que a concorrência na produção de moedas propiciaria a busca por uma moeda saudável, lastreada por uma cesta de outros produtos, que oportunizaria a estabilização do valor econômico da moeda (algo que seria desejado por todas as pessoas em razão de as moedas terem a finalidade de ser reserva de valor).

Nessa senda, Hayek entendia que as moedas fiduciárias privadas competiriam entre si para alcançar a preferência do público em geral, o que resguardaria a busca pela melhor cesta de produtos que assegurasse a estabilidade do valor da moeda. A consequência prática de alguma instituição financeira abusar do direito de produzir moedas seria a perda da estabilidade e, por conseguinte, a redução da importância desse meio de troca, uma vez que os usuários se sentiriam inseguros quanto à capacidade de reserva de valor. Desse modo, a principal tarefa desses emissores de moeda seria aumentar/reduzir o fluxo dessas, conforme as variações dos produtos que lastreiam a moeda, permitindo que o valor real da moeda não se alterasse. Em outras palavras, para manter estável o valor da moeda, deveria optar-se por variar a quantidade de circulação dessas conforme a variação dos preços dos produtos que componham a cesta.

Outro fator de risco que os bancos deveriam se atentar consiste nas "moedas parasitas", decorrentes de transferências fiduciárias entre particulares, como, por exemplo, o uso de cartão de crédito com pagamento parcelado. Isso porque, não havendo fundos na conta do devedor, a transferência da quantia para a conta credora representará aumento do dinheiro em circulação e a desestabilização da moeda. Assim, caso se utilize desses meios de pagamentos, a instituição emissora da moeda não garantiria o pagamento.

Frisa-se que o Nobel economista afasta, em sua doutrina, algumas críticas que poderiam surgir quanto à moeda particular, tais como, a teoria de Gresham e a redução da possibilidade de o Estado intervir na economia.

A teoria de Gresham prevê que o dinheiro ruim afasta o dinheiro bom e que, por isso, o Estado deveria intervir na economia. O fundamento dessa tese é que, se o dinheiro entrar em competição, o devedor optará por entregar a pior parcela de seu patrimônio e utilizar a outra parte como reserva de valor. Como resposta a essa provocação, Hayek sustentava que esse empecilho só subsistiria se o câmbio entre as moedas fosse fixo em decorrência da lei. Caso contrário, em um cenário de livre mercado, seria eleita a moeda que satisfizesse os interesses de ambas as partes conforme a conversibilidade delas.

Em relação à redução da possibilidade de o Estado intervir na economia, esse era o desejo do autor, pois as atividades de administrar as finanças públicas e regulamentar uma moeda seriam conflituosas, à medida que, em cenários de necessidade de recursos, o Estado poderia usar de seu aparato para promover políticas de produção de moeda e desvalorização das que estão em curso.

Exposta a doutrina de Hayek, de forma sucinta, e nos estritos limites do que interessa a este trabalho, conclui-se que as criptomoedas possuem vínculo filosófico com a escola austríaca de economia. No entanto, com a popularização deste ativo, as razões de sua criação se desprendem do ideal libertário, cujo retrato, no viés da economia, é a desestatização da moeda. A consequência desse afastamento é que uma ideia bem engendrada na sua formação alcança voos mais elevados do que se ficasse restrita à sua ala ideológica.

2.2.3.4. TEORIA ESTADISTA

Segundo a teoria estadista, projetada por George Knapp, a moeda decorre de uma criação jurídica do Estado nacional, sendo, portanto, um ato de proclamação. Nessa perspectiva, o Estado estipula uma unidade monetária capaz de quantificar as dívidas em dinheiro na sociedade e os meios de pagamentos que serão aptos a satisfazer tais dívidas. Salienta-se que, muito além de o Estado proclamar uma moeda como unidade monetária, é imprescindível que o Estado difunda a ideia de confiabilidade, fazendo isso por meio do curso forçado da moeda e por condutas práticas, como, por exemplo, arrecadar tributos e promover gastos com a moeda legal.

Sobre o tema, afirma-se que a teoria estadista se subdivide em duas vertentes, quais sejam: (i) a moeda é lastreada; (ii) a moeda é fiduciária. Para se compreender o tema, inicialmente, menciona-se que a teoria estadista se trata de uma resposta ao fato de que, durante períodos históricos nos quais os Estados estavam enfraquecidos, seus governantes passaram a exigir o recolhimento de metais, que circulavam como dinheiro, para garantir o peso e a pureza de tais produtos. Como contrapartida a esse serviço, era cobrada uma taxa de senhoriagem para cobrir os custos da cunhagem. Observando-se que tal atividade havia se tornado lucrativa, os Estados passaram a exigir que todas as moedas fossem retiradas de circulação para serem novamente cunhadas. Ao realizar esse procedimento, suprimia-se parcela da pureza do metal, sem, contudo, reduzir o valor nominal da moeda (taxa de senhoriagem).

Diante desse cenário, constatou-se que o valor da moeda não decorria do estado de pureza ou da sua gramatura, mas sim em razão do timbre estatal. Isso possibilitou a evolução dessa teoria, que a princípio lastreava o ouro ao papel e, em seguida, independia de qualquer correlação com outra medida.

Explica-se: a teoria da moeda *commodity* presumia que a mercadoria utilizada na troca possuía um valor real proveniente dos gastos para a sua confecção. A teoria estatal que exigia a conversibilidade, previa que o Estado poderia criar livremente o papel-moeda, contudo, deveria referenciá-lo ao valor da *commodity*. Salienta-se que o lastro da moeda, que torna a moeda conversível em um outro ativo, é um arranjo institucional que visa limitar a capacidade do Estado de emitir moeda e, dessa forma, aumentar a confiabilidade na própria moeda.

À época, para alargar sua base monetária, o Estado reduzia a qualidade do metal como forma de aumentar sua reserva monetária. Tendo sido observado que a moeda poderia ser criada do nada, a teoria estadista alcançou sua vertente mais impositiva, qual seja, não existia qualquer lastro, sendo, desse modo, uma ficção jurídica decorrente do poder de império que escolhia uma métrica (valor nominal) para comparar unidades reais.

Esse modelo "forte" da teoria estadista iniciou-se entre as décadas de 1911 e 1940 como um importante meio de custear o Estado, que precisava gerar riqueza para produzir insumos armamentistas. Nesse cenário de tensão internacional, o lastro ao padrão-ouro se tornou empecilho aos gastos estatais, iniciando-se um processo de nominalismo monetário estrito (a moeda equivale ao valor que o Estado diz representar sem qualquer lastro). A vantagem desse modelo foi a maior flexibilidade para direcionar uma economia, através de políticas que permitiam "aquecer" as relações interpessoais, incentivando a elevação do consumo, a geração de impostos, o regresso de dinheiro aos cofres públicos e a aquisição de insumos bélicos.

Sobre o tema, ressalta-se que, após a Segunda Guerra Mundial, com o advento dos acordos de Bretton Woods, o dólar se tornou o principal elemento representativo do ouro, e tal moeda parametrizava as relações, evitando o nominalismo puro. Todavia, na década de 1970, os referidos acordos foram rompidos unilateralmente, após o governo dos EUA anunciar que não conseguiria garantir a conversibilidade do dólar em ouro. A partir desse momento, o dólar se tornou uma moeda sem lastro e totalmente fiduciária, tal qual as demais moedas mundiais[73].

---

[73] Ao contrário das moedas que possuem valor intrínseco, as moedas fiduciárias, por já não possuírem lastro, dependem de um banco central para regulamentar a quantidade de moedas no mercado. O controle desse quantitativo é feito a partir da emissão/compra de títulos da dívida pública (mercado financeiro). Caso o governo queira aumentar o fluxo de moeda, adquire títulos da dívida pública (desvalorizando a moeda). Se, todavia, quiser reduzir o fluxo de moeda, vende títulos rentáveis de sua dívida (valorizando a moeda).

O contexto narrado acima impulsionou o fortalecimento progressivo dos bancos centrais, cuja razão para criação seria: (i) ou controlar os excessos e tentações da moeda fiduciária, uma vez que a moeda se tornou neutra por perder seu lastreador (visão ortodoxa); ou (ii) fomentar a produção de moeda para criar um espiral na economia, propiciando o custeamento das despesas estatais para manter a guerra e acelerar o crescimento da economia (visão heterodoxa). O Brasil, através da Lei nº 4.595/64, adotou a visão ortodoxa, rapidamente superada pela visão heterodoxa, em 1967.

Sem adentrar na gênese do Banco Central Brasileiro, é imprescindível recordar que o Brasil, até 1931, não possuía câmbio centralizado, embora em alguns momentos tenha suspendido a conversibilidade da moeda. Também vale informar que, entre 1908 e 1939, a inflação era moderada, havendo episódios de deflação, como, por exemplo, o ocorrido entre 1896 e 1913 (FRANCO, 2017, p. 33-34). Esse cenário, todavia, começou a se alterar a partir de uma série de políticas públicas, dentre elas, a promulgação dos Decretos nº 23.501/33, 23.258/33, 22.626/33 e 20.451/31, conforme será visto abaixo. A partir deste momento, entre 1939 e 2013, a inflação acumulada alcançou 16 dígitos, sendo certo que a solução para a correção desse problema foi indexar a economia a índices atualizáveis diariamente e "cortar zeros da nota". A perspectiva de elevado controle da economia, inclusive, com o câmbio artificialmente fixado, e a desagregação das funções da moeda colaboraram para o empobrecimento do país.

Para entender o processo de estatização pelo qual o país passou, é necessário entender que, durante a República Velha, o Brasil era um país que admitia a circulação simultânea do papel-moeda nacional, do papel-moeda internacional e do ouro. Inclusive, o Código Civil de 1916 previa, em seu art.947, a possibilidade de as obrigações constituídas no Brasil serem convencionadas para pagamento em moeda estrangeira.

Durante os primeiros anos de Vargas, cuja vocação para Estado nacionalista ecoava de seus atos, houve a edição de alguns decretos. O primeiro deles, o Decreto nº 20.451, de 1931, determinava que apenas o Banco do Brasil (que, à época, tinha funções análogas ao do BACEN) poderia promover operações de câmbio. O Decreto nº 23.258/33, avançando ainda mais sobre a ideia de centralizar o câmbio, previu punição para quem operasse o câmbio de forma ilegítima, leia-se: aquelas que não passassem por estabelecimento autorizado.

Em seguida, cita-se o Decreto nº 22.626/33, também denominado de lei da usura, que limitou os juros aplicados pelas instituições financeiras. Tal conduta, além de restringir o crédito, estatizando-o, teve o condão de realçar mais um lado da política adotada pelo Brasil, qual seja, a produção de moeda para custear eventuais dívidas contraídas pelo não pagamento do empréstimo tomado.

O último ato normativo, Decreto nº 23.501, de 1933, instituiu a moeda legal, e declarou nula qualquer cláusula que estipulava pagamento em ouro, ou outro tipo de moeda. A partir desse momento, foi instaurado o nominalismo, através do curso forçado da moeda legal, permitindo que a moeda se tornasse apenas um pedaço de papel, sem qualquer tipo de "lastro", ou seja, seu valor passou a ser formalmente indeterminado. Após algumas normas esparsas, o governo brasileiro, através do Decreto-Lei nº 857/69, que condensou as autorizações de pagamento em ouro ou moedas estrangeiras, protegeu parcela da sociedade dos efeitos da inflação, gerando uma percepção ainda maior da desvalorização da moeda. Explicando as consequências do nominalismo, cita-se Gustavo Franco:

> O aspecto mais caracteristicamente revolucionário das reformas monetárias varrendo o planeta então era o que pode ser descrito como uma inversão do polo da obrigação, pois daquele momento em diante era o indivíduo que estava obrigado a aceitar aquele instrumento pelo valor nominal ali especificado, enquanto o Estado se livrava das obrigações que possuía quanto à conversibilidade e também ao poder de compra da moeda de forma mais geral. Quem se obrigava passava a obrigar, e o valor que estava sob a guarda das autoridades jamais foi recuperado ou redefinido. Ao deixar de reconhecer qualquer conceito de "valor da moeda", e estabelecer apenas a obrigatoriedade de aceitação da moeda pelo seu valor nominal – daí a terminologia "nominalismo" –, sem indicação sobre os valores (reais) a serem adotados pelos detentores de moeda e de mercadorias e serviços, o Estado parecia se afastar das obrigações de: a) indenizar os detentores de moeda conversível pela perda do direito ao lastro, ou ao valor do lastro – e nos primeiros tempos ele se protegeu sob a alegação da temporariedade e da força maior; b) manter estável o poder de compra do papel-moeda cuja obrigatoriedade de aceitação acabava de ser estabelecida ou reforçada, assunto que poderia ser parcialmente mitigado pelo fortalecimento de bancos centrais e de outras instituições com essa missão; c) regular as relações privadas que se desequilibraram em decorrência das variações no poder de compra da moeda da obrigação, ou pela mudança na moeda da obrigação, por conta da introdução do curso forçado (FRANCO, 2017, p. 95-96).

A ausência de parâmetro foi exponencialmente usada durante a ditadura militar, em especial a partir de 1967, para propiciar a aceleração do crescimento ("bolo tinha de crescer para, em seguida, repartir") e durante a redemocratização, acarretando o fenômeno da hiperinflação, cuja forma de enfrentar foi com o congelamento artificial dos preços, a emissão de novas moedas e a utilização de índices de correções monetárias (valorismo[74]) para "proteger" o valor real da moeda, evitando a dolarização e a fuga de capital, sendo responsável, contudo, pela inflação.

A desagregação do valor da moeda brasileira, após muitos anos, foi interrompida em 1994 com a criação da URV (unidade real de valor), que atualizava a moeda legal (cruzeiro-real) com base no valor do dólar (efeito de uma unidade de conta) e desindexava a economia aos índices de correção monetária diários. Desse modo, utilizando como parâmetro o dólar, a URV controlou a inflação, equilibrando o câmbio. Isso permitiu, em seguida, a substituição pelo Real. Também, naquele ano, o Banco Central foi reestruturado, reduzindo o número de diretores, e aumentando sua autonomia para comandar a política econômica nacional.

A moeda estável, corolário do "nominalismo mitigado" (Lei nº 10.192, de 2001, vedou a correção monetária em contratos *com prazos inferiores a um ano*, impondo nesse caso, o valor da moeda na data da celebração do contrato sem possibilidade de reajuste) e o acesso ao crédito permitiram o crescimento da economia nos anos subsequentes, e, a posterior redução da referibilidade ao dólar. A seletividade para a concessão de crédito perdeu a importância à medida que houve queda na taxa básica de juros. Todavia, em 2009, com o colapso de alguns bancos mundiais, o Brasil, ao editar a lei de rolagem de dívida interna indiretamente através de operações compromissadas[75], retrocedeu a agenda de compromisso com o mercado, aumentando o endividamento público, e propiciando novo mergulho na crise econômica, em razão da expansão do crédito, através do aumento das reservas fracionárias.

---

[74] O valorismo permitia manter a reserva de valor da moeda, uma vez que o nominalismo puro acarretava a existência apenas das características "meios de pagamentos" e "unidade de conta".

[75] A rolagem da dívida interna corresponde à substituição do título vencido por um novo título. Nesse caso, sempre que um título público estava para "vencer", o Tesouro Nacional emitia um substituto e o disponibilizava no mercado. Se não fosse vendido, o título era encaminhado ao Banco Central, que comprava o título, e produzia mais dinheiro a ser entregue ao Tesouro Nacional. Afirma-se que tal conduta violou o art.34, da LRF, e os §1º e 2º, do art.164, da CRFB, uma vez que tais títulos, na prática, são emitidos pelo Banco Central, algo vedado pelo dispositivo em comento, como forma de evitar que a política monetária e a política fiscal se aproximassem.

2.2.3.5. TEORIA INSTITUCIONAL

A modernização do sistema bancário, decorrente do fortalecimento do Banco Central, e a proliferação da moeda escritural tornaram a teoria estadista tradicional limitada, necessitando passar por uma releitura. Diante desse fato, calcada na reflexão (elemento subjetivo) sobre a confiança das instituições (elemento objetivo), surgiu a teoria institucional, que, em verdade, é um aperfeiçoamento da teoria estadista.

Para compreender o tema, é imprescindível destacar que as relações comerciais, para serem verdadeiramente efetivas, necessitam ser facilitadas. Seguindo tal linha de raciocínio, afirma-se que a redução dos custos de armazenamento, transporte e segurança da moeda conduz a um aumento no fluxo de relações jurídicas. Sob a lógica desse cenário, aduz-se que o sistema financeiro está sendo modernizado através da desmaterialização da moeda.

Em outras palavras, a moeda física passou a ser entesourada nas instituições financeiras e estas promoveram, através de elementos contábeis, a transferência de créditos entre pessoas. Essa estrutura de créditos, que se assemelha ao sistema sumério, produz uma moeda particular, internalizada pelas instituições financeiras, através de créditos/débitos. Afirma-se que a confiabilidade nesse bem engendrado mecanismo decorre da plena conversibilidade entre o dinheiro escritural e o dinheiro físico (monetização) e a supervisão do Banco Central nas instituições financeiras.

Para compreender o sistema de supervisão do BACEN, é imprescindível destacar a existência de um tripé organizacional do sistema financeiro. A base da pirâmide é composta pela circulação da moeda física e o armazenamento dela em instituições financeiras oficiais privadas. A camada intermediária é a produção de moeda escritural e o sistema de créditos e débitos entre as pessoas que possuem conta. Por último, o topo da pirâmide é composto pelo Banco Central, que, servirá de instituição custodiante das instituições financeiras privadas.

Sobre o controle exercido pelo BACEN, conforme dito anteriormente, ele ocorre pela estipulação de uma taxa máxima de alavancagem (reserva fracionária)[76] e pela imprescindibilidade de as instituições finan-

---

[76] Quando um banco está fora da razão de reserva, ele obtém um empréstimo junto ao Banco Central, que, ao concedê-lo, automaticamente permite a emissão de novas moedas.

ceiras privadas, que produzem dinheiro escritural privado, adquirirem e armazenarem no Banco Central, através da estrutura do STR (Sistema de Transferência de Reservas), moeda escritural estatal, como forma de manter a reserva bancária que será utilizada, em caso de insuficiência de fundos para cobrir as retiradas físicas de dinheiro por credores das instituições financeiras oficiais privadas[77].

Conforme se observa neste item, é possível afirmar que a participação das instituições financeiras privadas na produção da moeda e na estrutura do sistema financeiro conduzem à assertiva de que o Estado não é o único agente que transmite confiabilidade, mas sim um dos importantes centros de confiabilidade, junto das instituições financeiras privadas. Nesse sentido, cita-se Marcelo de Castro Cunha Filho:

> A composição híbrida da estrutura organizacional do processo de criação do dinheiro, que combina, de um lado, regulação estatal e, de outro, organização privada ressalta o caráter complexo e multifacetado do fenômeno monetário nos dias atuais. A interpenetração de regras de origem pública e de origem privada reflete um processo de criação dinheiro que não mais pode ser compreendido sob a unilateralidade de uma visão simplificadora acerca da origem e da natureza da moeda. Em virtude da modernização do sistema bancário, não mais é possível se compreender a moeda de forma totalizante como mero resultado espontâneo da interação entre agentes de mercado, tampouco como reflexo da soberania estatal. A complexidade da matéria monetária nos dias atuais reivindica um esforço de compreensão do dinheiro que passa pelo esclarecimento das relações de complementaridade e de tensão geradas pela moderna configuração do sistema bancário que sobrepõe à produção do dinheiro no país interesses de diversas ordens (CUNHA FILHO, 2021, p. 124).

Reforçando o fato de que a produção do dinheiro no país não é apenas uma questão técnica, mas sim política, novamente, abrem-se aspas para as palavras do autor:

> Além do conflito de interesses entre o Estado e emissores privados, existem ainda outros tipos de conflitos de interesses que recaem sobre o processo de criação da moeda. Como o processo de criação da moeda está intrinsecamente ligado com a dívida pública, interesses relacionados à gestão monetária, fiscal e cambial recaem indiretamente sobre a produção monetária. Aos credores do Estado, por exemplo, interessam usualmente uma gestão monetária e fiscal austera, moeda estável e taxas de juros elevadas. Aos deve-

---

[77] Sobre o tema, afirma-se que existem três contas no STR: (i) Conta Única do Tesouro; (ii) Conta de Reserva Bancária (instituições privadas depositam parcialmente suas reservas); e (iii) Contas de Liquidação, nas quais, diariamente, apura-se a transferências de receita de uma instituição financeira privada para outra.

dores, por outro lado, interessam gestão monetária e fiscal flexíveis, crédito farto para a produção e consumo e taxas de juros baixas ou moderadas. De acordo com Cozer (2016), o conflito de interesses entre devedores e credores se materializa frequentemente nas controvérsias sobre a fixação das taxas de juros cobradas pelos bancos, sobretudo pelo banco central. Além disso, credores e devedores do Estado divergem frequentemente em relação ao montante da dívida pública também em relação à carga tributária. Ambos os aspectos afetam indiretamente a criação de moeda e taxas de juros. Seja qual for o caso, a percepção dos diversos interesses sobre o processo de produção monetária revela o quanto a criação da moeda não é atividade neutra e meramente técnica. O processo de produção de moeda consiste em uma atividade essencialmente política, no sentido de que a sua condução de uma determinada maneira não atende necessariamente a objetivos técnicos voltados à eficiência econômica meramente, mas sim a interesses de grupos de pessoas (CUNHA FILHO, 2021, p. 123-124).

2.3. CONFIANÇA

Ao longo deste capítulo, algumas vezes mencionou-se o fato de que o sistema monetário é calcado na confiança entre os agentes econômicos do mercado. Fato é que tal sentimento decorre da "certeza" de o sistema financeiro — composto pelo Estado, sociedade e instituições privadas — ser seguro no sentido de que as trocas indiretas poderão ser utilizadas para a aquisição de outros produtos. Sobre esse ponto, o presente tópico analisará o contexto no qual a confiança se emerge; quais são os tipos de confiança existente; e, por último, como uma moeda virtual criptografada pode se tornar confiável.

Conceitua-se confiança como a expectativa de que alguém, ou, algum grupo de pessoas, se comporte de maneira a produzir evento futuro específico, sendo que a certeza sobre tal conduta decorre das experiências pessoais pretéritas praticadas reiteradamente pela sociedade ou de instituições que garantem a infalibilidade do sistema. À luz desses elementos, Marcelo de Castro Cunha Filho (2021) indica três perspectivas para analisar a confiança. São elas: (i) cálculos individuais; (ii) confiança institucional; e (iii) confiança ativa.

Em relação aos cálculos individuais, a confiança seria resultado do aprendizado na operacionalização de riscos após o cálculo dos incentivos externos. Tal visão, proveniente de uma vertente econômica, parte do pressuposto de que nenhum ser humano consegue racionalizar e operacionalizar todos os riscos. Todavia, com base nas informações conhecidas e na possibilidade de ganhos, as pessoas passam a aceitar riscos calculados na expectativa racional da ocorrência de uma conduta. Em outras palavras, os negócios jurídicos seriam celebrados em razão da confiabilidade interiorizada pelas partes (elemento subjetivo) de que determinada relação, embora possa não ter todas as informações expostas, tem uma possibilidade de ganho merecedora que compensa os riscos.

Pelo fato de o homem não ser uma calculadora de riscos, mas sim produto de interações sociais, adveio a visão calcada na sociologia, que é a confiança institucional. Segundo essa teoria, a confiança decorreria de instituições formais (como, por exemplo, o direito, a regulação, e os contratos) e informais (rotina interna e a governança das organizações como bancos, bolsas de valores, casos de seguro), que justificariam entendimentos através de sua repetição. Desse modo, as instituições seriam as responsáveis por repetir um comportamento, permitindo que eles sejam incorporados à sociedade por intermédio do costume. Sobre o tema, vale citar trecho bem explicativo da obra de Marcelo de Castro Cunha Filho:

> Um dos trabalhos mais relevantes sobre o relacionamento entre instituições e confiança pertence a Lynne Zucker, para quem o nível de confiança atribuída a algo ou alguém está diretamente relacionado à capacidade de as instituições formais e informais do dia a dia gerarem, por meio da fixação de regras, de papéis sociais e de rotinas, entendimentos comuns e expectativas compartilhadas em relação aos comportamentos dos agentes da sociedade de maneira não utilitária. [...]
> O processo de institucionalização representa, na visão de Lynne Zucker, o mecanismo mais eficaz de produção de confiança na sociedade contemporânea. [...] Somente quando referidos significados alcançam objetividade no mundo exterior, normalmente por meio de sua fixação em regras, procedimentos ou qualquer outra forma de constrangimento cognitivo ao comportamento, generalizam-se, então, para toda a economia, e não apenas para um conjunto de transações específicas, conhecimentos e expectativas sociais que servem de condição de possibilidade para a formação da confiança no sentido acima exposto.
> [...]
> Assim como o direito e as instituições jurídicas em geral, os mecanismos institucionais informais são capazes igualmente de despertar a confiança societária na medida em que emprestam significado ao comportamento dos atores e geram, com isso, padrões de conduta e expectativas sociais. Apesar de o direito, com as instituições jurídicas oficiais, terem alcançado predominância na literatura como os principais precursores institucionais da confiança societária, Bachman Inkpen reconhece o papel crescente das instituições informais como mecanismos de geração do mesmo resultado. Em alguns casos, chega-se, inclusive, a falar no seu total protagonismo como mecanismos coordenadores das atividades sociais e produtores de confiança (CUNHA FILHO, 2021, p. 69-74).

A terceira perspectiva, confiança ativa, tenta promover a conciliação das duas teorias anteriores, dispondo que tanto as instituições como as escolhas internas de riscos formam o processo de confiança, o qual é marcado pela constituição gradual de acordos por meio de um processo de reflexão contínua, em que se misturam as reflexões críticas e os aprendizados institucionais. Aprofundando um pouco mais essa vertente da confiabilidade, primeiro, as pessoas, individualmente, refletiriam sobre a confiança do objeto e, caso o entendam, coletivamente (sociedade) como confiável, as instituições podem encampar (quando isso ocorre por lei, é como se a confiança interiorizada em cada pessoa ganhasse uma qualificação de muito confiável). Por último, durante a formação da confiança individual, observam-se os fatos históricos similares, regras de significação compartilhadas em uma sociedade, regras universais de legitimação e regras de autoridade. Caso o indivíduo possa fazer referência a pelo menos uma das situações objetivas acima, ainda que de forma subjetiva (somente em seu raciocínio), é possível que se forme a confiabilidade. Sobre o tema, novamente, colaciona-se a doutrina de Cunha Filho:

> A esse processo de contínua reflexão, Anthony Giddens chamou de constituição ativa da confiança (*active trust*). De acordo com o autor, toda relação de confiança é estabelecida tendo como pano de fundo a possibilidade de se encarar o novo e a contingência. Nesse contexto de abertura, a confiança não surge integralmente como uma dádiva. Ela precisa ser constantemente trabalhada (*worked upon*). O trabalho de construção da confiança consiste na reunião de elementos objetivos do contexto que possam indicar confiabilidade no objeto, mas, além disso, consiste também em uma atitude individual pragmática de suspensão da incerteza e da vulnerabilidade latentes. Com essa mistura entre contexto e decisão, estrutura e agência, rompem-se as bases das teorias tradicionais sobre a confiança e passa-se a explicá-la de uma maneira muito particular.
> De acordo com a teoria construtivista da confiança, o indivíduo busca nesse momento de abertura e de intensa comunicação referenciar seu comportamento a estruturas sociais que funcionam como catalisadores da confiança. Segundo Jörg Sidow, ditas estruturas sociais dizem respeito, em primeiro lugar, a regras de significação, que consistem em visões, imagens e entendimentos compartilhados no âmbito de uma comunidade. Em segundo lugar, a regras de legitimação, tais como as virtudes universais da justiça, da honestidade, da equidade etc. E por fim, a regras de dominação, que consistem em critérios de autoridade, como o direito por exemplo. Se o indivíduo, ainda que inconscientemente, puder fazer correspondência entre a situação experimentada com uma ou mais estruturas descritas, então ele encontra justificado suficiente para confiar ou deixar de confiar (CUNHA FILHO, 2021, p. 78-79).

Demonstrado o processo de confiabilidade em um objeto, afirma-se que o *bitcoin*, ou qualquer outra criptomoeda, tem a sua confiabilidade medida através do sistema computacional que o cerca. Ou seja, em que pese tal ativo tenha pontos de contato com cada teoria monetária apresentada acima, possui também distinções importantes. De forma breve, afirma-se que o *bitcoin* se assemelha à teoria da moeda *commodity*, uma vez que é visto como instrumento escasso. Contudo, afasta-se dela por ser meramente virtual e não possuir valor intrínseco. No que tange à teoria estatal, o *bitcoin* se aproxima dessa perspectiva, pois o ativo não possui valor intrínseco e o seu uso decorre de imposição da rede. Por sua vez, afasta-se da teoria por não haver um agente que resguarde o sistema. Em relação à moeda crédito, decorrente da confiabilidade das instituições do sistema bancário, aproxima-se pelo fato de que o *bitcoin* é uma moeda escritural e afasta-se pelo fato de a escrituração das moedas não ter relação de crédito, mas sim de divulgação do ato.

Além da confiabilidade gerada pela rede (aspecto interno), é possível defender que medidas estatais (aspectos externos), tais como regulação, aceitação de pagamento de tributos nessa moeda e despesas efetuadas na mesma unidade monetária podem superar as incertezas desses ativos como criptomoeda e robustecer sua confiabilidade.

2.4. SISTEMA MONETÁRIO E OS INSTRUMENTOS DE PAGAMENTO

Adotando a tese de que a teoria institucional da moeda, para formação do dinheiro, é um desdobramento da teoria estadista, e que completa a teoria da escola austríaca, que versa que é a sociedade quem confere o valor de moeda a um instrumento de pagamento, em razão da existência ou não dos quatro elementos citados acima, uma vez que a simples escolha de um ativo como moeda legal pode ser refutada pela sociedade, inicia-se esse tópico promovendo a seguinte reflexão. Enquanto na teoria do dinheiro *commodity*, o elemento meio de troca precede as demais características da moeda, na teoria estadista, o Estado obrigatoriamente estabelece a unidade monetária e o instrumento de pagamento, surgindo, a partir deles os demais atributos da moeda.

Dentro dessa perspectiva, é imprescindível afirmar que a unidade monetária é o elemento de comunicação que viabiliza a interação entre as pessoas, estabelecendo relações de magnitude entre os bens/serviços fornecidos no mercado. Nesse sentido, cita-se trecho da doutrina de Tiago Machado Cortez:

O que se pode dizer sobre a unidade monetária é que ela é uma categoria ideal, uma palavra, que serve como um instrumento de comunicação numa determinada comunidade para dominar quantitativamente as dívidas em moeda e os preços das mercadorias e serviços, estabelecendo relações de magnitude entre eles. Nas palavras de Olivercrona: "Uma libra é uma libra; ela é um nome, sem que nada seja denominado por ela; ela é apenas uma palavra". Está correto, assim, o diagnóstico de Knapp de que a unidade monetária estabelece unicamente o valor relativo entre dívidas de dinheiro em uma mesma comunidade de pagamento. A unidade monetária pode ser utilizada para denominar quantitativamente dívidas e preços porque existem normas sociais que a definem como tal e conformam a sua utilização (CORTEZ, 2004, p. 95).

Em relação à forma de promover o pagamento dessas unidades monetárias, citam-se os instrumentos de pagamento. Acerca do tema, tem-se que a moeda legal, qual seja, aquela de curso forçado, não pode ter a circulação recusada, ou seja, obrigatoriamente, ela possui poder liberatório das obrigações. Além da moeda legal, existem outros instrumentos que promovem o efeito liberatório, como, por exemplo, a moeda escritural privada[78], e é sobre esse aspecto (meios de pagamentos) que esse tópico seguirá.

Todavia, antes de se adentrar nas especificidades, é imprescindível esclarecer que a moeda não se confunde com a base monetária, sendo esse segundo um conceito de economia que traduz o volume de dinheiro criado pelo Banco Central (moeda e reserva bancária em poder de instituições financeiras ou do próprio BACEN), que permite a proliferação da moeda escritural (cheque, títulos públicos, quotas de fundos, cartão de crédito...).

O Brasil adotou seis classes de agregados monetários, classificados de acordo com a sua liquidez. O primeiro deles, **M0**, é a base monetária restrita, equivalente ao dinheiro criado pelo BACEN e às reservas bancárias, que decorrem do dinheiro depositado no STR e do dinheiro contido na própria instituição financeira. Destaca-se que é a partir desse valor que se observa o multiplicador monetário, sendo ele correspondente ao aumento da oferta da moeda em razão do índice da razão fracionária.

O **M1** seria o próprio pagamento, ocorrendo através da circulação do papel moeda ou o depósito à vista no sistema bancário. Nesse caso, a instituição financeira, ao reconhecer o pagamento, sinaliza a escrituração do crédito em favor do beneficiário. O **M2**, além das previsões con-

---

[78] A moeda escritural pública, por ser produzida pelo BACEN, tem curso legal.

tidas no M1, engloba também o depósito especial remunerado, os depósitos de poupança e os títulos emitidos por instituições depositárias. O **M3** corresponde ao M2 acrescido das quotas de fundos de renda fixa e títulos compromissados do governo em poder público (não considera aqueles que estão em poder de bancos e fundos de investimento[79]).

Além dos meios de pagamentos restritos (M1) e ampliados (M2 e M3), existem ainda o **M4**, que corresponde ao M3 acrescido dos títulos públicos de alta liquidez em poder de bancos e fundos de investimentos; e o **M5**, que é o M4 somado à capacidade aquisitiva dos cartões de crédito.

Explicado o cenário dos agregados monetários, que são elencados conforme a sua liquidez, compete analisar (i) o Sistema Financeiro Nacional, instituído pela Lei nº 4.595/64, cujo destinatário são as instituições financeiras; (ii) a circulação da moeda e a supervisão/regulamentação delas, cujo objeto de apreciação são as Leis nº10.214/01 e 12.865/13, que versam sobre o Sistema de Pagamentos Brasileiros (SPB). Antes de adentrar na apreciação dessas legislações, recorda-se que o SFN possui como órgão normativo de política econômica o Conselho Monetário Nacional e, como órgão executor, dentre outros[80], o Banco Central.

Para compreender a evolução do SPB, apregoa-se à Lei nº 10.214, de 2001, o marco inaugural da nova regulação. Antes da referida lei, as instituições financeiras detinham contas de reserva bancária e liquidação no BACEN, sem que, contudo, tivessem a obrigação de garantir todas as obrigações de transferência de recursos. À época, se alguma instituição operasse no negativo, competia ao próprio BACEN, através de empréstimos, cobrir a diferença.

O advento da referida legislação teve o condão de implementar bases legais para que o BACEN estruturasse o STR (Sistema de Transferência de Reservas), através da Circular nº 3100/02. Desse momento em diante, as operações de liquidação de crédito entre instituições financeiras passaram a acontecer somente se houvesse fundos. Ademais, tal estrutura permitiu que as operações de transferência interbancária ocorressem em tempo real (através de TED).

Considerando que a Lei nº 10.214/01 autorizou o BACEN a atuar no mercado de pagamento, há de se ressaltar que, nesse momento, as atividades regulamentadas eram apenas aquelas de grande vulto econômico.

---

79 Por exemplo, letras hipotecárias, letras de câmbio e títulos públicos federais em poder de bancos e fundos de investimento.

80 CVM, SUSEP e PREVIC.

Com a edição da Lei nº 12.865, de 2013, os poderes desta autarquia federal foram ampliados para regulamentar os pagamentos de varejo (aqueles que envolvem grande volume de transações e quantias inferiores).

Realça-se que as legislações acima formam o sistema de pagamento, sendo esse o conjunto de procedimentos, regras e sistemas operacionais integrados, estabelecidos por um país, para viabilizar as transferências financeiras pelos mais diversos instrumentos de pagamento. Compõe o Sistema de Pagamentos Brasileiro diversos arranjos de pagamento, cuja definição equivale a um processo de normas, que, se obedecidas em etapas, formalizam um mecanismo que confirma a realização de um pagamento.

Os instituidores dos arranjos de pagamento podem ser o (i) BACEN, (ii) as instituições financeiras e (iii) outros particulares. Dentre os instrumentos de pagamento criados pelo BACEN, cita-se o DOC, TED, Boletos e o PIX. Já os ofertados por instituições financeiras, aponta-se o *Book Transfer* e Saque e Aporte. Por último, os demais particulares atuam através do sistema de cartões de crédito e débito.

O Documento de Crédito (DOC) instituído pela Circular nº 3224, de 2004, estabelece que o crédito na conta do beneficiário ocorre no dia útil subsequente à data de emissão. Por sua vez, as Transferências Eletrônicas Disponíveis (TED) decorrem da Circular nº 3.115, de 2002, e podem ser definidas como ordens de transferências de fundos interbancários liquidadas por intermédio de um sistema de liquidação que permite que a circulação do dinheiro ocorra no mesmo dia.

Quanto aos boletos de pagamento, eles se subdividem em (i) boletos de cobrança (previsto através da Circular nº 3.598/12 do BACEN); (ii) boletos de proposta (emitido para que a pessoa, caso queira um produto ou serviço, apenas efetue o pagamento, estando na Circular nº 3.656/13 do BACEN); e (iii) boleto de depósito e aporte (utilizado para fins de pré-pagamento, e regulado pela Circular nº 3956/19 do BACEN).

Em relação aos pagamentos instantâneos, afirma-se que eles possuem base normativa na Circular nº 3985/20, do BACEN, que trata dos critérios de participação no PIX. A referida norma dispõe sobre a infraestrutura de liquidação centralizada, que deve ser criada para permitir o acesso direto ao componente de armazenamento de informações de usuários recebedores.

No que concerne aos arranjos de pagamento ofertados por instituições financeiras, cita-se o (i) *Book Transfer*, que se refere às operações de transferência de recursos envolvendo contas de clientes de uma mesma instituição financeira; e (ii) Saque e Aporte, que corresponde ao serviço de caixas eletrônicos.

Quanto aos cartões, tanto de crédito como de débito, trata-se de arranjo de pagamento em que o instituidor (bandeira do cartão) admite credenciador e emissor. O credenciador interliga-se ao estabelecimento, enquanto o emissor correlaciona-se ao usuário. Nesses casos, quando um usuário adquire um produto em algum estabelecimento e efetua o pagamento por cartão, automaticamente, o emissor do cartão recebe um crédito, transmitindo-o ao credenciador, que repassa ao estabelecimento.

É possível que o credenciador e o emissor sejam a mesma pessoa ou participem do mesmo grupo econômico, hipótese na qual se diz que há uma relação de três pontas. Se, todavia, forem pessoas diversas, tem-se uma relação de quatro pontas. Insta mencionar que os emissores e credenciadores necessitam arcar com uma tarifa cujo destinatário é a bandeira. De igual sorte, nas operações entre usuário, emissores, credenciadores e estabelecimento, existem pequenas taxas que são retidas.

Ainda no escopo dos cartões, cita-se a figura do subcredenciador, que corresponde a um intermediário entre o credenciador e o estabelecimento. Tal agente econômico surge quando os estabelecimentos são pequenos e os credenciadores não possuem interesse em prestar o serviço. Nesse caso, a função da referida figura é agrupar relações e propiciar interesse junto ao credenciador.

Explicados os meios de pagamentos, salienta-se que não compõem o sistema de pagamentos brasileiro: (i) os arranjos financeiros de propósito limitado (aceito em apenas uma rede de estabelecimentos, como, por exemplo, serviço público de transporte); (ii) que já são regulados por outros meios estatais (PAT e vale-cultura da Lei nº 12.761/12); (iii) de valores inferiores a 500 milhões anuais ou os que as operações, nos últimos 12 meses, não correspondam a 25 milhões, conforme dispõe o art.2º da Circular nº 3.682/13.

Por fim, ressalta-se que o SPB almeja ampliar os meios de pagamentos e a operabilidade entre arranjos, prevendo, inclusive, que os meios de comunicação sejam utilizados como catalisadores do SPB, conforme dispõe o art.8º da Lei nº 12.685/13[81]. Nessa perspectiva, as próprias

---

[81] "Art. 8º O Banco Central do Brasil, o Conselho Monetário Nacional, o Ministério das Comunicações e a Agência Nacional de Telecomunicações (Anatel) estimularão, no âmbito de suas competências, a inclusão financeira por meio da participação

criptomoedas podem ser vistas como meios operacionais de transferência de valores, em que parcela da sociedade admite receber tais ativos como pagamento de serviços e mercadorias. Assim, o art. 3º da Lei nº 14.478/2022 apenas incorpora uma tendência da sociedade, evitando que tal instrumento de pagamento evolua à revelia do Estado.

2.5. EXPRESSÃO DOS SIGNOS E SEUS GRAUS DE INDETERMINAÇÃO. CLASSIFICAÇÃO DAS CRIPTOMOEDAS COMO MEIO DE PAGAMENTO

Antes de analisar a viabilidade de alguns criptoativos serem utilizados como meios de pagamento, ou até mesmo moedas estrangeiras, que fazem a função de meio de pagamento, é imprescindível destacar que toda palavra possui certo grau de indeterminação. Tendo como único norte a doutrina do professor Luís César Queiroz[82] (uma vez que não é o cerne da discussão deste trabalho), fundamentada em Gadamer e Heidegger, afirma que a forma de observar a aptidão de um objeto físico ou imaterial ser enquadrado dentro de uma definição decorre de uma percepção pretérita sobre o mundo e sobre o que se analisa em certo tempo e espaço.

A técnica de elucidar as condições sob as quais ocorre a interpretação é denominada de "hermenêutica", sendo que o convencimento sobre uma das possíveis interpretações se dá através da retórica do argumento, conforme demonstrado no capítulo anterior. Ou seja, o discurso de quais características são essenciais para definir um objeto dentro de um sentido

---

do setor de telecomunicações na oferta de serviços de pagamento e poderão, com base em avaliações periódicas, adotar medidas de incentivo ao desenvolvimento de arranjos de pagamento que utilizem terminais de acesso aos serviços de telecomunicações de propriedade do usuário.

Parágrafo único. O Sistema de Pagamentos e Transferência de Valores Monetários por meio de Dispositivos Móveis (STDM), parte integrante do SPB, consiste no conjunto formado pelos arranjos de pagamento que disciplinam a prestação dos serviços de pagamento de que trata o inciso III do art. 6º, baseado na utilização de dispositivo móvel em rede de telefonia móvel, e pelas instituições de pagamento que a eles aderirem."

[82] O professor Luís César Souza de Queiroz, em seu livro *Interpretação e aplicação tributária*, ao explicar esse processo de hermenêutica, cita Gadamer e Heidegger, aduzindo que "a ideia de círculo hermenêutico indica o modo pelo qual se constrói o conhecimento, que parte de uma pré-compreensão para a projeção de possibilidades de sentido, e que se dá mediante o percurso que se perfaz do ponto inicial à conclusão, com a submissão a uma constante revisão, sem que se esteja limitado a uma mera recuperação ou descoberta de noções passadas." (QUEIROZ, 2021, p. 17).

denotativo/conotativo permite que, aplicado um juízo de conhecimento/convencimento das peculiaridades do item, tal objeto seja enclausurado num signo. Para auxiliar a compreensão, utiliza-se do exemplo de uma caneta que, antes de ser classificada como tal, passa por um juízo tipológico e classificatório, no qual é imprescindível que ela apresente características básicas, como, por exemplo, ponta e servir para escrever.

Nessa esteira, é possível afirmar que toda ciência correlaciona coisas e signos, cabendo ao intérprete a análise gramatical (literal) do signo à luz de suas experiências (psicológicas)[83]. Com isso, o primeiro pressuposto que se estabelece é a elevada margem de indeterminação dos signos. Em outras palavras, os signos são neutros até que se realize uma interpretação apta a promover um juízo normativo ou casuístico da palavra[84].

Ainda a título de premissa para a análise deste capítulo, ressalta-se que o estudo de um signo não se trata apenas de uma aplicação da literalidade da expressão, mas também de uma valoração racionalmente fundamentada. Isso porque a literalidade da expressão, por vezes, foi construída ao longo de uma "cultura" histórica que repetiu inúmeras vezes este mesmo ato de correlacionar uma palavra a um objeto, sem, contudo, observar a amplitude que o termo poderia alcançar. Assim sendo, é incontroverso que um signo pode ser limitado por uma definição restritiva da palavra.

---

[83] "Mas existe ainda outra dialética da palavra, que atribui a cada uma das palavras uma dimensão interna de multiplicação: cada palavra irrompe de um centro (*Mitte*) e se relaciona com um todo, e só é palavra em virtude disso. Cada palavra faz ressoar o conjunto da língua a que pertence, e deixa aparecer o conjunto da concepção de mundo que lhe subjaz. Por isso, como acontecer de seu momento, cada palavra deixa que se torne presente também o não dito, ao qual se refere respondendo e indicando. A ocasionalidade do falar humana não é uma imperfeição eventual de sua capacidade expressiva. É, antes, a expressão lógica da virtualidade viva do falar que, sem poder dizê-lo inteiramente, põe em jogo todo um conjunto de sentido. Todo falar humano é finito no sentido de que abriga em si uma infinitude de sentido a ser desenvolvida e interpretada. Por isso, também o fenômeno hermenêutico deve ser esclarecido a partir dessa constituição fundamentalmente finita do ser, cuja constituição tem suas bases plantadas na linguagem" (GADAMER, 2015, p. 591).

[84] Parece clara a dificuldade de observar que um signo "X" não é automaticamente interpretado quando esse é pronunciado. No entanto, talvez ajude a mecânica de entender o que está sendo dito quando analisamos outro idioma. Nessa situação é comum, quando se ouve um termo novo, fazer uma associação com a palavra no idioma pátrio e, em seguida, promover a exegese.

Na perspectiva ora narrada, acerca do ato de interpretar, adentra-se numa discussão antiga, contudo ainda em voga, qual seja, a indeterminação de signos e a delimitação deles através de elementos denotativos e conotativos. Definir por elementos denotativos equivale a fazer uma análise descritiva precisa, delimitadora de um signo, através de características tão certeiras que o espaço valorativo do intérprete seria inexistente. Para tanto, a precisão do conceito precisa ser impecável de forma a integrar todas as notas que o caracterizam, possibilitando o enquadramento de um objeto em uma determinada categoria. A grande crítica a essa forma de conceituação é que nenhuma compreensão, inclusive a que busca a subsunção, é alheia a uma dose de valoração. Pelo contrário, até mesmo o ato de enquadrar uma situação do mundo fático no mundo jurídico depende de uma valoração para interpretar as peculiaridades do caso concreto à luz de seu enquadramento em um instituto jurídico.

Outro ponto que merece uma análise minuciosa é que o ato de conceituar um instituto carrega inúmeros signos delimitadores do instituto. Ocorre que esses signos também possuem grau de indeterminação e que, por vezes, pode não ter sido delimitado por um conceito prévio. Para tornar mais tangível o que está sendo dito, imagina-se a definição da expressão "ativo circulante", segundo a Normas e Pronunciamentos Contábeis (NPC) nº 01:

> 1 - O ativo circulante das empresas mercantis é representado pelas disponibilidades financeiras e outros bens e direitos que se espera sejam transformados em disponibilidades, vendidos ou usados dentro de um ano ou no decorrer de um ciclo operacional. Estão compreendidos neste grupo do ativo (1) os valores monetários; (2) as aplicações temporárias de disponibilidades em títulos negociáveis; (3) as contas a receber; (4) os créditos contra (a) acionistas, desde que não relacionados com subscrição de ações e (b) empresas coligadas, quando realizáveis no decurso do exercício seguinte; (5) as dívidas de diretores e empregados; (6) os estoques de mercadorias, matérias-primas, produtos em fabricação, produtos acabados e almoxarifado geral; e (7) os pagamentos antecipados a curto prazo, tais como aluguéis, seguros, juros e impostos (NORMAS E PRONUNCIAMENTOS CONTÁBEIS, 1992, s/p).

À luz do exposto acima, encontram-se diversos signos que remetem a outros conceitos que, por vezes, podem ser conflitantes com o próprio arcabouço normativo. Ademais, a própria investigação de termos da definição do conceito pode alcançar signos com um grau de indeterminação não delimitado. A título de exemplo, questiona-se: "o que são títulos negociáveis". A resposta para esta questão está na conjugação do NPC 01 (rol exemplificativo), com o art.2º, da Lei nº 6.385, de 1976.

Títulos negociáveis:
As empresas investem as disponibilidades ociosas em títulos negociáveis (também conhecidos como investimentos temporários), a fim de auferir renda e manter o seu poder aquisitivo. A lucratividade dos investimentos temporários é medida pelos juros, correção monetária ou dividendos recebidos, além do lucro ou prejuízo na sua realização final, por ocasião do resgate, se a aplicação for feita em títulos de renda variável.
[...]
Os investimentos temporários podem incluir Letras do Tesouro Nacional, obrigações reajustáveis, letras de câmbio, certificados de depósito ou, ainda, ações adquiridas ou cotadas através de bolsa de valores.
....
Art. 2º São valores mobiliários sujeitos ao regime desta Lei:
I - As ações, debêntures e bônus de subscrição;
II - Os cupons, direitos, recibos de subscrição e certificados de desdobramento relativos aos valores mobiliários referidos no inciso II;
III - Os certificados de depósito de valores mobiliários;
IV - As cédulas de debêntures;
V - As cotas de fundos de investimento em valores mobiliários ou de clubes de investimento em quaisquer ativos;
VI - As notas comerciais;
VII - Os contratos futuros, de opções e outros derivativos, cujos ativos subjacentes sejam valores mobiliários;
VIII - Outros contratos derivativos, independentemente dos ativos subjacentes; e
IX - Quando ofertados publicamente, quaisquer outros títulos ou contratos de investimento coletivo, que gerem direito de participação, de parceria ou de remuneração, inclusive resultante de prestação de serviços, cujos rendimentos advêm do esforço do empreendedor ou de terceiros (BRASIL, 1976, s/p).

Em ambos os dispositivos citados, há um rol exemplificativo de títulos, que, malgrado possuam nomes distintos, representam uma estrutura mínima, dotadas de características comuns, utilizadas para expressar "valores mobiliários".

Ainda na perspectiva de enclausurar "signos" a elementos essenciais, de modo a se obter o sentido denotativo, há de se afirmar que os próprios conceitos positivados não são estáticos, pois uma alteração legislativa na definição de determinado signo que compõe o "conceito" pode alterar a definição desse último. Para tornar mais palatável o exposto, observa-se que a redação original da Lei nº 6.385/76, previa como valores mobiliários um rol bem mais restritivo:

Art. 2º São valores mobiliários sujeitos ao regime desta Lei:

I - As ações, partes beneficiárias e debêntures, os cupões desses títulos e os bônus de subscrição;
II - Os certificados de depósito de valores mobiliários;
III - Outros títulos criados ou emitidos pelas sociedades anônimas, a critério do Conselho Monetário Nacional (BRASIL, 1976, s/p).

Dessa forma, uma interpretação de "signos", através de conceitos denotativos, sem o cuidado evolutivo dos institutos, terá o condão de criar objetos idênticos com nomes diversos. Nesse cenário, há um contraponto à delimitação do objeto pelo sentido denotativo, qual seja, o sentido conotativo. Sobre essa modalidade de interpretar, enxerga-se o objeto não pelas suas características conceituais, mas pelas funções que ele exerce. Assim, o sentido conotativo corresponde a uma amplitude maior do que o sentido denotativo, sendo certo que as características do objeto não precisam necessariamente estar integralmente presentes no objeto para ser assim definido.

Resumidamente, afirma-se que o sentido denotativo é a descrição do objeto de forma pormenorizada, enquanto o sentido conotativo é a análise do objeto à luz de suas finalidades. Caso se queira ampliar o conceito de um objeto no sentido denotativo, deve-se fazer uso de uma interpretação teleológica ou histórica dos fatos sociais que ensejaram a delimitação de um signo a um conceito próprio, utilizando, em seguida, da analogia para ampliar. Já para o sentido conotativo, a interpretação decorre da própria valoração e varia conforme cada intérprete analisa, estando, sempre, em permanente reconstituição.

Em que pese toda essa construção para separar o sentido denotativo e conotativo de um signo, tal tarefa não é muito útil. Isso porque, por mais que se pondere a viabilidade de depurar um sentido conotativo para definir um conceito (sentido denotativo), o significado pela função não conseguirá ser condensado em um "signo". Por sua vez, um sentido denotativo isolado, sem o devido cotejo com a função do objeto (sentido denotativo) não tem qualquer finalidade prática por não carregar nenhum valor.

Diante do exposto, é necessário afirmar que os criptoativos precisam conjugar tanto as características denotativas (deve possuir valor e ser criptografado) como os elementos conotativos (observar a finalidade do ativo). No caso de *payments tokens*, que, a partir de agora, serão denominados apenas pela expressão "criptomoedas", trata-se de ativos cuja finalidade é servir como meio de pagamento. Portanto, a regulação tributária deve seguir o equivalente à de outros meios de pagamento, como, por exemplo, a do depósito bancário.

Nesse caso, parece incompleto o tratamento conferido pela Receita Federal quanto à forma de incidência do Imposto de Renda no caso da percepção de criptomoedas. Conforme dito no tópico inaugural deste capítulo, a Receita Federal do Brasil, na pergunta 619, aduziu que a tributação da renda é verificada no caso de ganho de capital entre o momento da aquisição e o momento da alienação do ativo. Ocorre que tal sistemática diferencia o percebimento de uma quantia, em razão da prestação de um serviço prestado, por depósito bancário e criptomoedas. Explica-se: no primeiro caso, a tributação por fato acréscimo ocorre no momento do pagamento, enquanto no segundo caso apenas na realização do ativo por ganho de capital. Essa diferenciação, com a *devida vênia*, parece incorreta, pois, se a criptomoeda é um *payment token*, sua finalidade primordial é servir de instrumento de troca e, portanto, não há razões para aplicar sistemáticas diversas entre um pagamento em depósito bancário ou cartão de crédito, e um pagamento em criptomoedas. Assim, não se compartilha da ideia, hoje, admitida pela Receita Federal, no sentido de que apenas no *cash-out* é que há tributação do Imposto de Renda. Manter essa ideia equivale a afirmar que apenas no momento da monetização do crédito bancário para dinheiro, ou seja, no ato de transformar um crédito bancário em dinheiro em espécie, é que deve haver a tributação do Imposto de Renda.

Na linha do que ora se defende, observa-se que parte dos países europeus sustentam que as criptomoedas são meios de pagamento. Nesse sentido:

> **Alemanha**
> A classificação dos criptoativos depende de suas características específicas. Não existe um padrão uniforme. No entanto, algumas orientações podem ser extraídas da Autoridade Federal de Supervisão Financeira Alemã, que diferencia entre três tipos de criptoativos (arquétipos). Com base em seu trabalho, os criptoativos podem ser classificados usando as seguintes categorias:
> [...]
> – Os *tokens* de moeda servem como meio de pagamento (sem ter curso legal) e não têm valor intrínseco (SCHMIDT et al., 2020, p. 454, tradução nossa).[85]

---

[85] *The classification of crypto assets depends on their specific characteristics. There is no uniform standard. Nonetheless, some guidance can be drawn from the German Federal Financial Supervisory Authority, which differentiates between three kinds of (archetypal) crypto assets.17 Based on its work, crypto assets can be classified using the following cate-*

Áustria

Para fins de tributação do imposto de renda e ganhos de capital austríacos, um criptoativo é tratado como uma mercadoria [...], sendo definido pela jurisprudência como um ativo de qualquer tipo que — na visão predominante — pode ser avaliado em relações comerciais de forma autônoma. Além disso, os criptoativos são vistos como intangíveis e não sujeitos a desgaste [...]. Os criptoativos podem ser classificados como ativos fixos [...] ou como ativos circulantes [...], dependendo se estão sendo mantidos a longo ou a curto prazo. Criptoativos usados como meio de pagamento normalmente se qualificam como ativos circulantes; criptoativos mantidos como investimento podem ser ativos fixos ou circulantes, dependendo das circunstâncias. Por fim, é importante notar que criptoativos, como *bitcoins*, nunca se qualificam como ativos de investimento de acordo com a seção 27(3) da Lei do Imposto de Renda Austríaco, que tratam de ativos que geram rendimentos de investimento (SCHMIDT et al., 2020, p. 198, tradução nossa).[86]

Espanha

Devido à falta de legislação específica a esse respeito, a Autoridade Tributária da Espanha (STA) reconheceu os criptoativos como "moeda virtual" e seguiu a definição da UE como uma "representação digital não segura de valor que é frequentemente aceita como meio de pagamento". Nas decisões vinculativas V1604-18 e V1069-19, o STA descreveu o *bitcoin* como 'um ativo intangível computável em unidades ou frações de unidades', que não é uma moeda legal, que pode ser trocado por outros bens, incluindo outras moedas virtuais, direitos ou serviços se aceito pela outra parte na transferência, e que geralmente pode ser adquirido ou transferido em troca de moeda legal. Assim, criptoativos ou *tokens* não se qualificam como: (i) um 'ativo financeiro', uma vez que não são negociados em nenhum mercado financeiro oficial ou como (ii) moeda legal, sendo o Euro a única moeda legal por lei. O Supremo Tribunal da Espanha, em julgamento proferido em 20 de junho de 2019, também afirmou que os prejuízos derivados de crimes só poderiam ser compensados em euros e não em *bit-*

---

gories: [...] – Currency tokens serve as a means of payment (without being a legal tender) and do not have an intrinsic value [...]

[86] *For Austrian income and capital gains tax purposes, a crypto asset is treated as a commodity (Wirtschaftsgut), this being defined by jurisprudence as an asset of any kind which – in the prevailing view – can be appraised in commercial intercourse on a standalone basis. Furthermore, crypto assets are seen as intangible and as not subject to wear and tear (nicht abnutzbare unkörperliche Wirtschaftsgüter). Crypto assets can qualify as fixed assets (Anlagevermögen) or as current assets (Umlaufvermögen), depending on whether they are being held for the long or for the short term. Crypto assets used as means of payment will typically qualify as current assets; crypto assets held as an investment can be fixed or current assets, depending on the circumstances. Finally, it is important to note that crypto assets such as bitcoins never qualify as investment assets pursuant to section 27(3) of the Austrian Income Tax Act, this being assets that lead to investment income.*

coins, uma vez que estes últimos não poderiam ser considerados de curso legal (SCHMIDT et al, 2020, p. 935, tradução nossa).[87]

....

Holanda

Na Holanda, não há leis tributárias específicas sobre a qualificação e tributação de criptoativos. O tratamento fiscal é baseado em princípios gerais e orientações emitidas pelas autoridades fiscais holandesas. Para fins de aplicação das várias leis tributárias holandesas, os criptoativos devem ser divididos aproximadamente em três categorias: criptomoedas, *tokens* de segurança e *tokens* de utilidade. A qualificação de um ativo criptográfico específico para qualquer uma dessas categorias dependerá fortemente dos termos e condições relativos ao ativo criptográfico. De um modo geral, as criptomoedas podem ser definidas como ativos criptográficos que não estabelecem nenhum tipo de relação entre o emissor e o detentor. Embora as criptomoedas sejam um meio de pagamento, elas não são formalmente tratadas como "dinheiro" ou ativos líquidos na Holanda. Esta posição foi expressamente assumida pelo Ministro das Finanças holandês e pelo Banco Nacional Holandês. Criptomoedas são tratadas como ativos tangíveis (correntes) para fins fiscais holandeses (SCHMIDT et al., 2020, p. 973, tradução nossa).[88]

---

87 *Due to the lack of specific legislation in this regard, the STA has recognized crypto assets as 'virtual currency' and followed the EU definition as an 'unsecured digital representation of value that is often accepted as a means of payment'. In binding rulings V1604-18 and V1069-19, the STA described bitcoin as 'an intangible asset computable in units or fractions of units, which is not a legal tender, that can be Exchanged for other goods including other virtual currencies, rights or services if accepted by the other party in the transfer, and which can generally be acquired or transferred in Exchange for legal currency.' Thus, crypto as-sets or tokens do not qualify as: (i) a 'financial asset' since they are not negotiated in any official financial market or as (ii) a legal tender or currency, as the Euro is the sole legal tender by law. The Supreme Court of Spain, in a judgment handed down on 20 June 2019, also stated that loss derived from crimes could only be compensated in Euro and not in bitcoins, since the latter could not be considered legal tender.*

88 *In the Netherlands, there are no specific tax laws on the qualification and taxation of crypto assets. The tax treatment is based on general principles and guidance issued by the Dutch tax authorities. For purposes of applying the various Dutch tax laws, crypto assets should be broken down roughly into three categories: cryptocurrencies, security tokens, and utility tokens. Whether a specific crypto asset qualifies for any of these categories will strongly depend on the terms and conditions pertaining to the crypto asset. Broadly speaking, cryptocurrencies can be defined as crypto assets which do not establish any kind of relationship between the issuer and the holder. Although cryptocurrencies are a means of payment, they are not formally treated as 'money' or liquid assets in the Netherlands. This position has explicitly been taken by the Dutch Minister of Finance and the Dutch National Bank. Cryptocurrencies are treated as (current) tangible assets for Dutch tax purposes.*

Em linha similar, todavia, avançando um pouco mais, a Itália, inspirada no precedente da Corte de Justiça Europeia, que será tratado abaixo, afirma que as criptomoedas equivalem a moedas estrangeiras, podendo ser utilizadas como meios de pagamento. Nesse sentido:

> Embora a Itália ainda careça de uma estrutura tributária orgânica para ativos criptográficos, a autoridade tributária italiana sustentou que os ativos criptográficos se qualificam como moeda estrangeira e, consequentemente, as regras existentes de renda e ganhos de capital sobre tributação de moedas estrangeiras também se aplicam aos ativos criptográficos. A autoridade fiscal italiana especificou que um ativo criptográfico tem a natureza de meio de pagamento: o ativo criptográfico é um tipo de moeda sem curso legal e é caracterizado pela ausência de materialidade. Essa classificação se aplica apenas a *tokens* de pagamento e nenhuma definição foi especificamente emitida pela autoridade tributária italiana com relação a *tokens* de segurança ou utilitários (SCHMIDT et al., 2020, p. 634, tradução nossa).[89]

Conforme dito acima, o entendimento italiano decorre do precedente Hedqvist (C-264/14). O caso versava sobre cidadão sueco que praticava atividade empresarial de compra e venda de moeda virtual criptografada (*bitcoins*) e a decisão do tribunal foi no sentido de que não incidiria IVA sobre operações de câmbio virtual para câmbio de moeda *fiat*, uma vez que há norma na diretiva do IVA que isentaria esse tipo de negócio (art.135, 1, "e"). O fundamento do julgado é que a expressão *coins* representa moeda dinheiro, independentemente de ser moeda legal ou moeda virtual. Salienta-se que nesse julgado, o Tribunal Europeu reconheceu que as criptomoedas deveriam ser tratadas tal qual um câmbio não tradicional:

> 14 As operações que D. Hedqvist projeta efetuar limitam-se, pois, à compra e venda de unidades da divisa virtual "*bitcoin*", em troca de divisas tradicionais, como a coroa sueca, ou vice-versa. Não resulta da decisão de reenvio que incidam sobre pagamentos em "*bitcoin*".
> 15 Antes de começar a realizar essas operações, D. Hedqvist pediu um parecer prévio à Comissão de Direito Fiscal, para saber se devia ser pago IVA na compra e na venda de unidades da divisa virtual "*bitcoin*".

---

[89] *Although Italy still lacks an organic tax framework for crypto assets, the Italian tax authority maintained that crypto assets qualify as foreign currency and consequently the existing income and capital gains rules on taxation of foreign currencies apply also to crypto assets. The Italian tax authority specified that a crypto asset has the nature of means of payment: crypto asset is a type of currency without legal tender, and it is characterized by the absence of materiality. This classification applies to payment tokens only, and no definition has been specifically issued by the Italian tax authority with respect to security or utility tokens.*

16 Num parecer de 14 de outubro de 2013, esta comissão considerou, com fundamento no acórdão First National Bank of Chicago (C-172/96, EU:C:1998:354), que D. Hedqvist prestará um serviço de câmbios a título oneroso. No entanto, entendeu que esse serviço está abrangido pela isenção prevista no § 9, constante do capítulo 3, da lei relativa ao IVA.

17 Segundo a Comissão de Direito Fiscal, a divisa virtual "*bitcoin*"é **um meio de pagamento utilizado de forma análoga aos meios de pagamento com valor liberatório**. Por outro lado, a expressão "com valor liberatório", constante do artigo 135 nº 1, alínea e), da Diretiva IVA, é utilizada para restringir o âmbito de aplicação da isenção que incide sobre o papel-moeda e a moeda. Daqui resulta que esta expressão deveria ser entendida no sentido de que só diz respeito ao papel-moeda e à moeda, e não às divisas. Esta interpretação também está em consonância com o objetivo prosseguido pelas isenções previstas no artigo 135.o, nº 1, alíneas b) a g), da Diretiva IVA, ou seja, evitar as dificuldades relacionadas com a sujeição dos serviços financeiros ao IVA.

[...]

44 Em segundo lugar, quanto às isenções previstas no artigo 135, nº 1, alínea e), da Diretiva IVA, esta disposição prevê que os Estados-Membros isentam as operações relativas, nomeadamente, a "divisas, papel-moeda e moeda com valor liberatório".

45 A este respeito, recorde-se que os conceitos utilizados nessa disposição devem ser interpretados e aplicados, de maneira uniforme, à luz das versões redigidas em todas as línguas da União (v., neste sentido, acórdãos Velvet & Steel Immobilien, C-455/05, EU:C:2007:232, nº 16 e jurisprudência referida, e Comissão/Espanha, C-189/11, EU:C:2013:587, nº 56).

46 Como a advogada-geral explicou nos nº 31 a 34 das suas conclusões, as diferentes versões linguísticas do artigo 135, nº 1, alínea e), da Diretiva IVA não permitem determinar, sem ambiguidade, se essa disposição se aplica somente às operações relativas às divisas tradicionais ou se, pelo contrário, incide também sobre as operações que implicam outra divisa.

47 Se houver divergências linguísticas, o alcance da expressão em causa não pode ser apreciado com base numa interpretação exclusivamente textual. Importa interpretá-la à luz do contexto em que se insere, das finalidades e da sistemática da Diretiva IVA (v. acórdãos Velvet & Steel Immobilien, C-455/05, EU:C:2007:232, nº 20 e jurisprudência referida, e Comissão/Espanha, C-189/11, EU:C:2013:587, nº 56).

48 Como se recordou nos nº 36 e 37 do presente acórdão, as isenções previstas no artigo 135, nº1, alínea e), da Diretiva IVA destinam-se, nomeadamente, a atenuar as dificuldades ligadas à determinação do valor tributável e do montante do IVA dedutível, que surgem no âmbito da tributação das operações financeiras.

49 Ora, as operações relativas a divisas não tradicionais, isto é, diversas das moedas com valor liberatório num ou mais países, constituem operações financeiras desde que essas divisas tenham sido aceites pelas partes numa

transação como meio de pagamento alternativo aos meios com valor liberatório e não tenham outra finalidade senão servir de meio de pagamento.
50 Além disso, como D. Hedqvist alegou, em substância, na audiência, no caso especial de operações como as de câmbio, as dificuldades ligadas à determinação do valor tributável e do montante do IVA dedutível podem ser idênticas, quer se trate de câmbio de divisas tradicionais, em regra, isento ao abrigo do artigo 135, nº 1, alínea e), da Diretiva IVA, ou de câmbio dessas divisas por divisas virtuais com fluxo bidirecional, que, sem terem valor liberatório, constituem um meio de pagamento aceite pelas partes numa transação, e vice-versa.
51 Resulta, pois, do contexto e da finalidade do referido artigo 135, nº 1, alínea e), **que uma interpretação dessa disposição no sentido de que incide somente sobre as operações relativas às divisas tradicionais equivaleria a privar essa disposição de uma parte dos seus efeitos.**
52 No processo principal, é pacífico que a divisa virtual "*bitcoin*" não tem outras finalidades senão servir de meio de pagamento e que é aceite, para esse efeito, por determinados operadores.
53 Consequentemente, conclui-se que o artigo 135, nº 1, alínea e), da Diretiva IVA **incide também sobre as prestações de serviços como as em causa no processo principal, que consistem no câmbio de divisas tradicionais por unidades da divisa virtual "*bitcoin*", e vice-versa, efetuadas mediante o pagamento de uma quantia correspondente à margem constituída pela diferença entre, por um lado, o preço pelo qual o operador em causa compra as divisas e, por outro, o preço a que as vende aos seus clientes** (TRIBUNAL DE JUSTIÇA EUROPEU, 2014, s/p).

Ante o exposto neste capítulo, adota-se, para fins de determinação da natureza jurídica das criptomoedas, primordialmente, o conceito de meios de pagamento. Nesse diapasão, observa-se a Lei nº 14.478/2022 que insere, possivelmente, ao rol das atribuições do BACEN, a fiscalização dos arranjos de pagamento das criptomoedas. Nesse sentido, observa-se o parágrafo único, do art.3º:

> Art. 3º Para os efeitos desta Lei, considera-se ativo virtual a representação digital de valor que pode ser negociada ou transferida por meios eletrônicos e utilizada para a realização de pagamentos ou com o propósito de investimento, não incluídos:
> I - moeda nacional e moedas estrangeiras;
> II - moeda eletrônica, nos termos da Lei nº 12.865, de 9 de outubro de 2013;
> III - instrumentos que provejam ao seu titular acesso a produtos ou serviços especificados ou a benefício proveniente desses produtos ou serviços, a exemplo de pontos e recompensas de programas de fidelidade; e
> IV - representações de ativos cuja emissão, escrituração, negociação ou liquidação esteja prevista em lei ou regulamento, a exemplo de valores mobiliários e de ativos financeiros.

> Parágrafo único. Competirá ao órgão ou à entidade da administração pública federal indicada em ato do Poder Executivo estabelecer quais serão os ativos financeiros regulados, para fins desta Lei (BRASIL, 2021, s/p).

Para além desse projeto de lei, aduz-se ainda que, se se entender que as criptomoedas são um câmbio não convencional (moeda estrangeira, tal como a Itália prevê), utilizáveis como um instrumento de pagamento, é possível atrair a incidência da Lei nº 14.286/2021, que versa sobre o novo marco cambial do Brasil, de forma supletiva (jamais de forma integral, pois o inciso I, do art.3º, exclui da definição de criptomoedas as moedas estrangeiras).

Acerca do tema, a referida legislação é um importante meio para servir de inspiração e preenchimento de lacunas às normas brasileiras de circulação de criptomoedas, reconhecendo, inclusive, a eficácia liberatória das obrigações pagas em criptomoedas. Nesse caso, conjugando os arts.3º e 5º[90], da Lei nº 14.478/2022 com o art.13, VIII, da Lei nº 14.286/2021, seria possível aduzir que o Conselho Monetário Nacional poderia (i) contemplar hipóteses nas quais os pagamentos realizados em criptomoedas seriam admitidos integralmente com eficácia liberatória e; (ii) regulamentar as *Exchanges* para que essas assumam papel similar ao das pessoas jurídicas autorizadas a operar com o câmbio. Para que não reste dúvida, colociona-se o art.13, VIII, da Lei nº 14.286/2021:

> Art. 13. A estipulação de pagamento em moeda estrangeira de obrigações exequíveis no território nacional é admitida nas seguintes situações:
> I - nos contratos e nos títulos referentes ao comércio exterior de bens e serviços, ao seu financiamento e às suas garantias;
> II - nas obrigações cujo credor ou devedor seja não residente, incluídas as decorrentes de operações de crédito ou de arrendamento mercantil, exceto nos contratos de locação de imóveis situados no território nacional;
> III - nos contratos de arrendamento mercantil celebrados entre residentes, com base em captação de recursos provenientes do exterior;
> IV - na cessão, na transferência, na delegação, na assunção ou na modificação das obrigações referidas nos incisos I, II e III do caput deste artigo, inclusive se as partes envolvidas forem residentes;

---

[90] "Art. 5º Considera-se prestadora de serviços de ativos virtuais a pessoa jurídica que executa, em nome de terceiros, pelo menos um dos serviços de ativos virtuais, entendidos como:
I - troca entre ativos virtuais e moeda nacional ou moeda estrangeira;
[...]
"

V - na compra e venda de moeda estrangeira;

VI - na exportação indireta de que trata a Lei nº 9.529, de 10 de dezembro de 1997;

VII - nos contratos celebrados por exportadores em que a contraparte seja concessionária, permissionária, autorizatária ou arrendatária nos setores de infraestrutura;

VIII - nas situações previstas na regulamentação editada pelo Conselho Monetário Nacional, quando a estipulação em moeda estrangeira puder mitigar o risco cambial ou ampliar a eficiência do negócio;

IX - em outras situações previstas na legislação (BRASIL, 2021, s/p).

Muito embora o autor deste trabalho coadune parcialmente com o posicionamento da Itália e da Corte Europeia, uma vez que o signo câmbio estrangeiro pode ser utilizado para designar moedas não estatais, conforme o próprio BACEN reconhece a moeda do FMI denominada de Direito Especial de Saque[91], como o tema ainda é espinhoso, e as normativas são no sentido de excluir as criptomoedas como câmbio estrangeiro, opta-se, neste trabalho, por alcançar um nível de consenso, qual seja: as criptomoedas são meios de pagamento, que, inclusive, podem, em algum momento, ter sua qualificação equiparável à de moeda estrangeira.

2.6. CONCLUSÃO PARCIAL

Nos capítulos anteriores deste trabalho, ao descrever a possibilidade de erosão da base tributária através da opacidade das chaves públicas (por não ser possível identificar a pessoa que a opera), aduziu-se que as *Exchanges* seriam um importante caminho para que tais chaves sejam detectadas. Ao analisar a Instrução Normativa nº 1.888/2019, em especial, o inciso II, do art.5º[92], enxerga-se que uma das funções

---

[91] Acerca do assunto: https://www.bcb.gov.br/estabilidadefinanceira/todasmoedas.

[92] "Art. 5º Para fins do disposto nesta Instrução Normativa, considera-se:

I - criptoativo: a representação digital de valor denominada em sua própria unidade de conta, cujo preço pode ser expresso em moeda soberana local ou estrangeira, transacionado eletronicamente com a utilização de criptografia e de tecnologias de registros distribuídos, que pode ser utilizado como forma de investimento, instrumento de transferência de valores ou acesso a serviços, e que não constitui moeda de curso legal; e

II - Exchange de criptoativo: a pessoa jurídica, ainda que não financeira, que oferece serviços referentes a operações realizadas com criptoativos, inclusive intermediação, negociação ou custódia, e que pode aceitar quaisquer meios de pagamento, inclusive outros criptoativos."

de tais pessoas jurídicas é oferecer serviços referentes a operações realizadas com criptoativos, inclusive, servir de catalisador de meio de pagamento.

Tal dispositivo é um dos caminhos para afirmar que as criptomoedas podem ser classificadas como instrumentos de pagamento. Para além dessa sinalização, afirma-se também que a Lei nº 14.478/2022, em seu artigo 3º, prevê que uma das funções dos ativos virtuais é a realização de pagamentos.

Outrossim, aduz-se que conforme explicitado em algumas legislações alienígenas citadas acima, em especial, a da Alemanha e da Áustria, bem como na doutrina monetária, ativos utilizados como troca, em regra, são destituídos de valor de uso, exceto, servir como valor de troca. Dessa forma, encerra-se o presente capítulo, ressaltando a viabilidade de as criptomoedas serem qualificadas como instrumentos de pagamento, contudo, excepcionalmente propiciarem um investimento por especulação.

3. TRIBUTANDO O GANHO E A CIRCULAÇÃO DE CRIPTOMOEDAS

3.1. RELAÇÕES COMERCIAIS À LUZ DE ASPECTOS JURÍDICOS: UMA ANÁLISE DA *BLOCKCHAIN*

Antes de compreender o funcionamento da *blockchain*, é imprescindível recordar-se de que o grande gargalo da tecnologia virtual é a transferência de dados e o receio de que o mesmo comando seja utilizado para coisas diversas. Nesse quesito, entre a paradigmática "moeda" *bitcoin* e as tentativas pregressas de se alcançar uma moeda transacionável, sem que houvesse a necessidade de intervenção das instituições financeiras para autenticar, confirmar e restringir o uso do ativo, houve alguns ensaios, tais como o *B-money*, cuja ambição era proteger os dados da transação através de dois métodos: (i) descentralizado, em que cada participante mantinha um banco de dados separado com o quanto de dinheiro que cada usuário possuía; (ii) centralizado, em que todos os registros eram mantidos com um grupo específico de usuários. Para promover a confiança nesse último caso, as pessoas responsáveis por manipular o sistema precisavam fazer um prévio depósito de quantia elevada que seria atingido em caso de fraudes.

Esta ideia embrionária foi o ponto de partida para a criação da *blockchain*, sendo possível defini-la como um sistema que permite a formação de um registro transparente e descentralizado de operações rastreáveis através da *internet*, eliminando intermediários. A forma de operacionalizar é por meio de um bloco de informações que, ao alcançar um determinado tempo, são "fechados", iniciando um novo bloco. Esses diversos blocos possuem pretensão de se tornarem estáveis, formando uma corrente.

Conforme já foi dito no capítulo anterior, ao contrário das instituições financeiras, cuja confiabilidade decorre da estrutura elaborada pelo Sistema Financeiro Nacional, no caso das criptomoedas a confiabilidade se origina do próprio sistema de criptografia, em que as operações ocorridas no mundo digital são registradas na rede *blockchain*, cuja permissão de uso depende da conjugação de três variáveis, quais sejam: (i) acesso às informações; (ii) escrituração das informações; e (iii) atualização das informações no sistema. A combinação entre esses poderes enseja redes abertas ou fechadas, conforme o nível de restrição das informações.

As redes abertas são caracterizadas pelo livre acesso às informações por qualquer usuário. Dentro desse grupo, existem as redes em que qualquer um pode escriturar e atualizar as informações, e outra em que só usuários credenciados podem escriturar e atualizar. Por sua vez, nas redes fechadas, só alguns usuários dispõem de acesso às informações. Em relação à possibilidade de escriturar e atualizar, caso apenas uma pessoa possa praticar tal ato, trata-se de uma rede privada. Se, todavia, um grupo de pessoas puder controlar esses atos de acréscimo de informações, trata-se de um consórcio.

Quanto à forma de operar, salienta-se que um usuário, através de sua chave pública, promove a remessa de determinada quantia para terceiro, que também possui sua chave pública identificada. Para que o sistema entenda a intenção de transferência de quantia, o usuário cedente de criptomoeda deve confirmar essa operação através de uma senha (chave privada)[93]. Desse modo, afirma-se que todas as operações são identificáveis, todavia o anonimato decorre da dificuldade em correlacionar a chave pública a determinada pessoa. Sobre o funcionamento das chaves, cita-se Andreas Antonopoulos:

> A posse do *Bitcoin* é estabelecida através de chaves digitais, endereços *Bitcoin* e assinaturas digitais. Na realidade, as chaves digitais não são armazenadas na rede, mas ao invés disso, são criadas e armazenadas pelo usuário em um arquivo, um banco de dados simples, chamado de *wallet* (carteira). As chaves digitais em uma carteira de um usuário são completa-

---

[93] As carteiras são apenas um *software* que armazenam as chaves e permitem que os usuários disponham das criptomoedas registradas no sistema, cujo registro fica armazenado na *blockchain*.

mente independentes do protocolo *Bitcoin* e podem ser geradas e gerenciadas pelo software de carteira do usuário sem qualquer referência à *Blockchain* ou acesso à internet. As chaves permitem muitas das interessantes propriedades do *Bitcoin*, incluindo confiança descentralizada e controle, atestação de posse e o modelo de segurança por prova criptográfica.

Toda transação de *Bitcoin* requer uma assinatura válida para ser incluída na *Blockchain*, as quais só podem ser geradas com chaves digitais válidas; portanto, qualquer um com uma cópia destas chaves tem o controle sobre os *Bitcoins* daquela conta. Chaves são apresentadas em pares que consistem em uma chave privada (secreta) e uma chave pública. Imagine que a Chave Pública é similar ao número de uma conta bancária e a Chave Privada similar a um PIN secreto ou uma assinatura em um cheque que prove controle sobre a conta. Estas chaves digitais são raramente vistas pelos usuários do *Bitcoin*. Para a maioria, elas são armazenadas dentro de arquivos de carteiras e gerenciadas por um software de carteira *Bitcoin* (ANTONOPOULOS, 2019, p. 72).

Após a inserção da chave privada (senha), o sistema identifica a tentativa de operação, encaminhando o processamento desses dados para os usuários do sistema que optaram pela versão completa (*full node* ou *full client*)[94]. Dentro desse grupo haverá aqueles que possuem apenas

---

[94] Sobre o tema, aduz-se que existe o *full client*, o *lightweigt client* e o *web client*. Explicando o tema, Antonopoulos define cada uma dessas figuras como:

"Cliente completo — ou "nó completo" — armazena todo o histórico de transações de *Bitcoins* (cada uma das transações de todos os usuários, desde o começo), gerencia as carteiras dos usuários e pode iniciar transações diretamente na rede *Bitcoin*. Isto é similar a um servidor de e-mail independente, no sentido de que ele trata de todos os aspectos do protocolo sem depender de quaisquer outros servidores ou serviços de terceiros.

Cliente compacto: um cliente compacto armazena a carteira do usuário, mas depende de servidores mantidos por terceiros para ter acesso às transações e à rede *Bitcoin*. O cliente compacto não guarda uma cópia completa de todas as transações e — portanto — precisa confiar nos servidores de terceiros para validar transações. É similar a um cliente de e-mail autônomo que se conecta a um servidor de e-mail para acessar uma "caixa de entrada", no sentido de que depende de um terceiro para interagir com a rede.

Cliente web: os clientes web têm acesso através de um navegador web e armazenam a carteira do usuário em um servidor mantido por um terceiro. Isso é similar ao webmail no sentido em que eles dependem completamente de um servidor de terceiros.

A escolha do cliente *Bitcoin* depende de quanto controle o usuário quer ter sobre os fundos. Um cliente completo irá oferecer o nível máximo de controle e independência do usuário, mas — em contrapartida — deixa a responsabilidade pelos *backups* e pela segurança nas mãos do usuário. No outro extremo, um cliente web é o mais fácil de configurar, mas introduz um risco adicional, já que a segurança e o controle são compartilhados com o usuário e com o dono do serviço web. Se um serviço de carteira web é comprometido — como muitos já foram —, os usuários podem perder todos os seus fundos." (ANTONOPOULOS, 2019, p.5/6).

a conduta passiva de armazenar o registro das operações e outros que promovem a confirmação das operações através de cálculos matemáticos para garantir a validade da transação e atestar que a criptomoeda não foi usada mais de uma vez (mineradores).

Outra opção possível é que as instituições denominadas *Exchange* operem, internamente, um sistema escritural de créditos e débitos entre diversos integrantes, sem que para isso seja necessário registrar na *blockchain* a operação ocorrida. Neste caso, há uma sub-rede em que os proprietários das criptomoedas são as *Exchanges* e cada participante adquire e vende os ativos de forma interna, tal qual ocorre em bancos comerciais com moedas escriturais. A grande diferença entre os dois casos é que o uso de uma rede interna não gera a necessidade de o minerador confirmar a relação e, portanto, não há a necessidade de pagamento da referida tarifa. Todavia, em contrapartida, os dados do usuário e o patrimônio ficam mais expostos ao Estado.

Descrito o procedimento, e tendo como norte a qualificação jurídica apresentada no capítulo antecedente, qual seja, meios de pagamento, inicia-se o trabalho de identificar quais relações jurídicas apontadas acima ensejam tributação e, como tais fatos devem ser enquadrados perante o Fisco.

Antes, entretanto, de iniciar tal análise, adverte-se que, ao contrário de Daniel Paiva Gomes (2021), cujo entendimento é no sentido de que as criptomoedas não são equiparáveis a moeda, ativos financeiros ou *commodities*, este trabalho segue a linha de que tais ativos são meios de pagamento primordialmente. A base dessa conclusão, que não está longe do que foi defendido por Gomes[95], decorre do fato de que o valor de uso das criptomoedas é a utilização delas para a troca, portanto, trata-se de um ativo utilizado em troca indireta que serve para satisfazer uma obrigação imediata. Ao longo do próximo subtítulo será detalhada a posição de Gomes, acompanhada por eventuais ponderações.

---

[95] Em verdade, o autor, de forma bem ponderada, abre portas para que se entenda que os criptoativos sem emissor identificado (CSEI) sejam considerados moedas. Todavia, malgrado ele não conclua dessa forma, certo é que o trabalho foi feito em 2019, portanto, antes do avanço que existe hoje. Por se tratar de tecnologia cuja expansão é muito célere, em pouco tempo, uma doutrina pode sofrer avanços que não eram perceptíveis à época da conclusão do trabalho. Desse modo, ressalva-se que o brilhante trabalho do autor deve ser visto à luz dos fatos de 2019, todavia, com a devida vênia, pode passar por uma reanálise, tal qual este trabalho precisará em breve.

Estabelecida a premissa deste trabalho, apreciam-se as relações jurídicas que compõem a circulação das criptomoedas, bem como os efeitos tributários da obtenção de renda ou proveito de qualquer natureza nas seguintes operações:

i. A Chave Pública 1 deseja contratar um serviço ou adquirir um produto de outrem (Chave Pública 2) e efetua o pagamento com criptomoeda. Nessa hipótese, o ativo utilizado é um meio de pagamento;

ii. O minerador confirma a relação de transferência de criptomoedas entre a Chave Pública 1 e a Chave Pública 2, sendo remunerado pelo serviço prestado e por eventuais recompensas do sistema quando se fecha um bloco;

iii. A *Exchange* intermedeia usuários que querem promover a compra e venda de criptomoedas utilizando a plataforma para fins de aproximação;

iv. A *Exchange*, que se comporta como banco comercial, armazena as criptomoedas, internamente, e promove a transferência de uma conta para outra sem que tais valores sejam registrados na rede *blockchain*;

v. A Chave Pública 1 deseja alienar suas criptomoedas para Chave Pública 2 e o pagamento é feito em moeda *fiat* ou em outra criptomoeda. Nesse caso, a criptomoeda alienada assemelha-se a uma mercadoria[96], tal qual a compra e venda de câmbio, inclusive, para fins especulativos.

3.2. TRIBUTAÇÃO EM RAZÃO DO IMPOSTO DE RENDA

3.2.4. ASPECTOS GERAIS DO IMPOSTO DE RENDA

Inaugura-se o presente tópico analisando a materialidade do fato gerador do Imposto de Renda e Proventos de qualquer natureza, sendo que para entender tal tributo é imprescindível aferir se a Constituição da República contempla um conceito mínimo de renda ou se o legis-

---

[96] Sobre o tema, cita-se Jonathan Barros Vita: "Abre-se, aqui, um parêntese para ratificar que as moedas estrangeiras dentro de um dado país são consideradas como mercadoria, do que a expressão troca entre moedas, já explicitada, trata de um aspecto retórico do termo, enquanto suporte visual, fazendo valer, portanto, a fórmula clássica de que o contrato de câmbio regula uma forma de compra e venda mercantil específica." (VITA, 2008, p. 162).

lador pode conformar os seus interesses momentâneos, expandindo o significado da expressão renda. Sobre o tema, socorre-se à doutrina de Luís Cesar Souza de Queiroz (2020) que, de forma auspiciosa, desenvolve uma vasta análise sobre a extensão do signo. Salienta-se que o presente trabalho não possui o escopo de resumir a doutrina do professor Queiroz (até porque, tal tarefa seria impossível, uma vez que o estudo realizado é deveras extenso e rico em detalhes), todavia, de forma breve, tomar-se-á algumas conclusões expostas em sua obra.

Antes de apontar as conclusões, é imprescindível colacionar algumas ponderações. A primeira delas é o fato de que (i) ou a Constituição contempla uma delimitação mínima de conceitos tributáveis; (ii) ou se admite a possibilidade de invasão de competência por lei ordinária, o que conduz à assertiva de que, em matéria tributária, a Constituição não tem efeito jurídico. Dessa feita, admitindo a existência de um conceito mínimo da expressão "renda", adentra-se na necessidade de averiguar a extensão do termo "renda", que, em espectro constitucional, pode assumir a forma mais ampla, desde que admitida pela sociedade. Isso porque o signo "renda" já era conhecido antes da elaboração da Constituição da República de 1988, sendo certo que cada intérprete tinha a sua pré-compreensão sobre a sua dimensão.

A terceira premissa é o fato de que o advento de uma nova constituição inaugura uma ordem jurídica nova, havendo poucas restrições jurídicas à formatação do Estado. Contudo, quando o constituinte originário positiva a expressão "renda", ele admite uma faixa máxima de extensão do aspecto material do tributo (qual seja, qualquer teoria, ainda que demasiadamente extensa, que qualifique renda), sendo essa a primeira barreira para o legislador ordinário. O quarto ponto, por seu turno, resulta da possibilidade de a própria Constituição, através de elementos prescritivos, limitar o termo "renda". A partir dessa redução, observa-se um conceito constitucional do Imposto de Renda e Proventos de qualquer natureza que pode ser restringido pelo legislador ordinário através da não incidência ou da isenção. Após esse processo, torna-se possível analisar a materialidade do fato gerador do imposto.

Explicado o método utilizado por Queiroz para delimitar o conceito jurídico de renda, é imprescindível descrever, da forma mais ampla possível, os limites do vocábulo "renda", utilizando, para tanto, a definição extraída de diversas teorias econômicas, cujos elementos foram sendo acomodados para englobar o maior número de informações. Desse modo, o autor produz a seguinte definição:

> **Renda** é o acréscimo de valor patrimonial (riqueza nova, acréscimo de riqueza), representativo da obtenção de produto, da ocorrência de fluxo de riqueza ou de simples aumento no valor do patrimônio, de natureza material ou imaterial, acumulado ou consumido, que decorre ou não de uma fonte permanente, que decorre ou não de uma fonte produtiva, que não necessariamente está realizado, que não necessariamente está separado, que pode ou não ser periódico ou reprodutível, normalmente líquido, e que pode ser de índole monetária, em espécie ou real (QUEIROZ, 2021, p. 115).

Almejando produzir uma definição jurídica apta a incidir tributos, duas teorias jurídicas surgiram: renda-produto e renda-acréscimo patrimonial. A diferença entre elas, segundo o professor Queiroz, acaba não subsistindo se, em cada uma das opções, ampliarmos ao máximo o conceito para comportar todos os doutrinadores de cada teoria. Nesse sentido:

> **Renda** é o acréscimo de valor patrimonial (riqueza nova, acréscimo de riqueza), representativo da obtenção de produto, da ocorrência de fluxo de riqueza ou de simples aumento no valor do patrimônio, de natureza material ou imaterial, acumulado ou consumido, que decorre ou não de uma fonte permanente, que decorre ou não de uma fonte produtiva, que não necessariamente está realizado, que não necessariamente está separado, que pode ou não ser periódico ou reprodutível, normalmente líquido, e que pode ser de índole monetária, em espécie (QUEIROZ, 2021, p. 121 e 127).

Em ambos os casos, observa-se apenas a exclusão da "renda real", que representa os bens ou serviços adquiríveis por moeda ou permuta de outros bens.

Sem adotar a concepção demasiadamente ampla das duas teorias, identifica-se que a diferença entre elas é o fato de que a renda-produto se preocupa, em regra, com o fruto periódico de uma fonte permanente, sendo que os acréscimos esporádicos não seriam qualificáveis como renda. Por sua vez, a teoria da renda-acréscimo provém dos acréscimos patrimoniais (independentemente de ser moeda) que alguém experimenta durante um ciclo de tempo. A crítica em relação a essa última vertente decorre do fato de que em um intervalo de tempo pode não haver acréscimo patrimonial, em razão de ocorrer gasto de todo o valor auferido.

Diante da perspectiva ampla do conceito de renda, Queiroz inicia a fase da redução da expressão "renda", utilizando os enunciados prescritivos constitucionais da igualdade, universalidade, capacidade contributiva objetiva, capacidade contributiva subjetiva, mínimo existencial e vedação do uso de tributo como confisco.

Segundo o autor, igualdade representa a necessidade de inclusão de todos os fatos que contribuam para identificar as alterações patrimoniais, sejam os fatos-acréscimos, sejam os fatos-decréscimos, como forma de tratar as pessoas de modo igual. Em relação à universalidade, afirma-se a imprescindibilidade de alocar no cálculo os fatos-acréscimos e fatos-decréscimos independentemente de sua fonte, origem ou natureza, uma vez que cada pessoa só possui um patrimônio (universalidade de direito). Quanto à capacidade contributiva objetiva, aduz-se pela imperatividade de a Constituição prever, no antecedente, um fato que represente um sinal de riqueza pessoal, e, no consequente uma conduta obrigatória, qual seja, pagar tributo.

Acerca da capacidade contributiva subjetiva, deve-se considerar as características pessoais de cada partícipe no momento de se observar o financiamento do Estado. Como corolário da capacidade contributiva, observa-se que quem aufere rendimentos deve ter um mínimo de riqueza para atender às suas necessidades básicas (mínimo existencial). Se, todavia, o tributo, além de impactar o mínimo existencial, representar a impossibilidade de acumular rendimentos, estar-se-á diante do confisco, algo vedado pela Constituição da República. Portanto, afirma-se que a proteção à capacidade contributiva subjetiva tem como marco inaugural o mínimo existencial e o marco final a expropriação pelo tributo.

Expostos os princípios que norteiam o sistema tributário e, por conseguinte, este imposto, afirma-se que a renda representa o resultado da soma dos fatos-acréscimos (rendimentos) com os fatos-decréscimos (despesas, custas e gastos) ao longo de um período. Ocorre que nem todo fato-decréscimo pode ser acrescido à base de cálculo da renda, uma vez que isso representaria um incentivo para o consumo dos rendimentos auferidos, sem privilegiar a igualdade e a capacidade contributiva subjetiva. Assim, Queiroz (2021) defende que apenas o mínimo vital para a sobrevivência da pessoa natural (saúde do contribuinte ou de seus familiares)[97] ou da pessoa jurídica (custos de manutenção do patrimônio, para operacionalizar as atividades empresariais)[98] deve ser acrescido à base de cálculo do tributo para reduzir os rendimentos.

---

[97] O que se faz além da sobrevivência não é um fato-decréscimo que pode ser contabilizado na base de cálculo para reduzi-la. Em outras palavras, gastos com educação podem ser retirados se a lei autorizar e nos limites que a lei permitir, pois no conceito de renda da Constituição, eles não podem ser excluídos.

[98] É imprescindível ressaltar que a não exclusão dos fatos-decréscimos, nos casos essenciais, da base de cálculo "renda", corresponde à assertiva de que se está diante

Diante do exposto, o autor conclui que o conceito constitucional de renda equivale a:

> **Rendas e proventos de qualquer natureza** (ou **renda** em sentido amplo ou simplesmente renda) é conceito que está contidos em normas constitucionais relativas ao imposto sobre a renda e proventos de qualquer natureza e que designa o acréscimo de valor patrimonial representativo da obtenção de produto ou de simples aumento no valor do patrimônio, apurado, em certo período de tempo, a partir da combinação de todos os fatos que contribuem para o acréscimo de valor do patrimônio (fatos-acréscimos) com certos fatos que, estando relacionados ao atendimento das necessidades vitais básicas ou à preservação da existência, com dignidade, tanto da própria pessoa quanto de sua família, contribuem para o decréscimo do patrimônio (fatos-decréscimos) (QUEIROZ, 2021, p. 206).

Delimitado o aspecto material contemplado na Constituição, observa-se o art.43, do CTN, que diferencia renda e proventos de qualquer natureza:

> "[...] I - de renda, assim entendido o produto do capital, do trabalho ou da combinação de ambos; II - de proventos de qualquer natureza, assim entendidos os acréscimos patrimoniais não compreendidos no inciso anterior.", além de aduzir que o fato gerador é a disponibilidade jurídica ou econômica de um direito: "[o] imposto, de competência da União, sobre a renda e proventos de qualquer natureza tem como fato gerador a aquisição da disponibilidade econômica ou jurídica (BRASIL, 1966, s/p).

No que tange à diferenciação de renda e proventos de qualquer natureza, Queiroz defende que a renda equivale ao "fato-renda", cuja origem é fato-acréscimo e fato-decréscimo de rendimentos decorrentes do trabalho, patrimônio ou combinação de ambos, enquanto os proventos são os "fatos-acréscimos" decorrentes da valorização do patrimônio, que devem ser tributados na realização do ativo (*realization basis*), uma vez que seu valor é instável e pode dar azo a grandes variações ao longo de um período, inclusive com decréscimos que não são calculados na fórmula.

Em linha idêntica, cita-se a referência nacional em Imposto de Renda, Ricardo Mariz de Oliveira (2020), em sua conclusão, sobre qual tipo de receita pode ser tributada:

> [...] já podemos confirmar que as transferências patrimoniais derivam de uma ação de terceiro, gratuita por não ser contraprestacional, sem comparação com uma dada posição patrimonial anterior, também não de imposto sobre a renda e sobre o capital, uma vez que o bem está sempre sendo consumido (deteriorado, amortizado ou exaurido) para produzir riquezas.

derivando da exploração patrimonial, do uso de um bem patrimonial ou de atividade pessoal produtora do acréscimo patrimonial, pois este vem inteiramente de fora do patrimônio e da pessoa que o detém, em caráter gratuito e não oneroso, não se confundindo com rendimento ou com receita, e também com renda ou proventos de qualquer natureza.
Em síntese, mesmo sem ingressar nas críticas justamente assacadas conta corrente legalista, a Constituição e o CTN não se filiaram a ela, assim como não se filiaram necessariamente a uma das duas correntes definidoras da renda em sentido amplo, isto é, nem à da renda-produto, nem à da renda-acréscimo.
O que se constata é que as duas leis fundamentais do imposto de renda ficaram num terreno híbrido em que as duas teorias foram acolhidas, na Constituição como uma possibilidade ante a extensão da denominação constitucional atribuída ao imposto, e no CTN como uma certeza decorrente dos incisos I e II do seu art. 43, aquele reflexo pleno da renda-produto, e este reflexo limitado da renda-acréscimo. Em outras palavras, há vestígios das duas correntes na definição do fato gerador fornecida pelo art. 43 do CTN.
Com razão, graças à doutrina que o interpretou, e do acoplamento em 2001 de dois parágrafos ao art. 43, este acaba por revelar-se como tendo adotado apenas parcialmente a renda-acréscimo, para limitá-la aos casos em que ela advenha de receitas ou de rendimentos, e não de meras transferências patrimoniais.
Isto nos permite fazer uma afirmação conclusiva, e até confirmatória do que vem sendo afirmado desde o Capítulo I: o fato gerador é sempre acréscimo patrimonial, mas nem todo fator de acréscimo patrimonial participa do fato gerador e da sua base de cálculo, pois o fato gerador é o aumento derivado apenas de rendas e de proventos de qualquer natureza, e somente estes ingressos integram sua base de cálculo (OLIVEIRA, 2020, p. 241-242).

Explicando as premissas que ensejaram a conclusão exposta acima, ressalta-se que patrimônio não se confunde com renda, sendo o primeiro a universalidade de direitos e deveres de uma pessoa. De forma lúdica, o autor, na introdução de sua obra, afirma que o meio pelo qual há acréscimo ao patrimônio é por receitas e por transferências patrimoniais (essas duas figuras representam a mutação patrimonial). Dentro dos acréscimos patrimoniais, os únicos que podem ser tributados são aqueles decorrentes do acréscimo de receita, e não a simples transferência do patrimônio (renda antiga). Nesse sentido, citam-se dois trechos da obra do autor:

> E, tanto quanto a casa tem portas de entrada e portas de saída, o patrimônio as tem, sendo que as portas de entrada no patrimônio são as receitas e as transferências patrimoniais recebidas, e as de saída são as despesas, os custos e as transferências patrimoniais feitas (OLIVEIRA, 2020, p. 93).
> Tendo por premissa, assentadas no primeiro capítulo, que o patrimônio é uma construção jurídica formada por elementos igualmente jurídicos,

isto é, por direitos e obrigações com conteúdo econômico, e que somente se altera por novas relações jurídicas ou por extinção de relações jurídicas antes existentes, e sabendo-se que as receitas são sempre novos elementos (fatores) que se agregam ao conjunto patrimonial, ou melhor, são acréscimos de direitos ao patrimônio, pode-se concluir que toda receita é um "*plus* jurídico" (OLIVEIRA, 2020, p. 100).

Conforme se observa dos trechos em destaque, o fato gerador do Imposto de Renda é o acréscimo patrimonial decorrente do "*plus* jurídico". Nessa linha de raciocínio, exclui-se da tributação do Imposto de Renda as mutações patrimoniais decorrentes de transferências patrimoniais e as permutações patrimoniais, que representam apenas a troca de um ativo pelo outro sem representar aumento ou redução do patrimônio. Promovendo um cotejo sobre essas duas figuras, cita-se a doutrina do professor Mariz de Oliveira:

> Uma das características das permutações patrimoniais é a identidade de valor, vale dizer, elas não acarretam mutação patrimonial nem para mais nem para menos. Mas isto não é suficiente para caracterizar a permutação patrimonial, a qual se completa pela simples troca de posições de um valor dentro do mesmo patrimônio. Ou melhor, em toda permutação patrimonial há uma troca de posições dentro de um patrimônio, em que um valor sai de uma posição e vai para outra posição, algumas vezes por ato exclusivamente interno, e outras vezes com a participação de outro patrimônio, no qual também se opera uma troca de posições.
>
> Com razão, por força da identidade de valores, que lhes é inerente, não havendo mudança positiva ou negativa no patrimônio, nas permutações ocorre apenas a troca de posições entre direitos sobre bens existentes no patrimônio, por exemplo, mediante a desativação de uma unidade produtora, cujo direito de propriedade sai do ativo imobilizado e vai (muda-se, ou permuta-se) para investimentos (quando deva permanecer na propriedade da pessoa jurídica) ou para ativo circulante (quando seja colocada à venda), ou, em outro exemplo, quando uma mercadoria destinada à venda passe a ser utilizada nas atividades empresariais, momento em que o seu direito de propriedade sai do estoque no ativo circulante e vai para o ativo imobilizado.
> [...]
> Já as mutações patrimoniais, quando relativas a receitas e seus custos e despesas, são refletidas por lançamentos a débito ou a crédito de contas de resultado (a antiga "conta de lucros e perdas", do Decreto-lei n. 2.627, de 1940), cujo saldo final e universal ao término do período de apuração, se for negativo representará prejuízo nele apurado, e se for positivo representará lucro nele obtido, de sendo esse saldo, quando negativo, transferido para o patrimônio líquido, a uma só conta (a conta de prejuízos acumulados), ou, quando positivo, possivelmente a mais de uma conta (além de

> contas de reservas de lucros, possivelmente para outra conta de lucros a serem distribuídos), conforme as exigências legais e estatutárias aplicáveis.
> [...]
> Enfim, da distinção entre permutação patrimonial e mutação patrimonial retenha-se o dado essencial de que toda mutação decorre de um elemento absolutamente novo no patrimônio, geralmente derivado de um ato ou negócio jurídico, do qual resulta um efeito positivo ou negativo no patrimônio total, ao passo que a permutação deriva de atos internos da pessoa jurídica, ou de atos externos, com a participação de terceiros, em relação a ao menos um elemento já componente do patrimônio, que se vê simplesmente trocado por outro de igual valor, ou concernente a dois novos elementos no patrimônio, um ativo e um passivo, ou mesmo um ativo e outro ativo ou um passivo e outro passivo, em qualquer caso se igualando em valores.
> Outrossim, o valor desses eventos não é um dado característico definidor de um e de outro, ou distintivo entre os dois, embora a permutação seja sempre entre direitos e/ou obrigações de mesmo valor, por isso mesmo neutra de efeitos no patrimônio líquido, e as mutações patrimoniais, embora possam aumentá-lo ou diminuí-lo, também podem mantê-lo inalterado no seu total (OLIVEIRA, 2020, p. 101-107).

Exposta a diferenciação entre permutação e mutação patrimonial, e, observando-se que não é todo acréscimo patrimonial que enseja o imposto de renda, mas tão somente aquele representativo do "*plus* jurídico", afirma-se, segundo as palavras do autor, que:

> [...] receita é qualquer ingresso ou entrada de direito que se incorpore positivamente ao patrimônio, e que represente remuneração ou contraprestação de atos, atividades ou operações da pessoa titular do mesmo, ou remuneração ou contraprestação do emprego de recursos materiais, imateriais ou humanos existentes no seu patrimônio ou por ele custeados, de modo que a receita ainda traz consigo esta característica de ser o produto que vem de fora do patrimônio, mas que é derivado de dentro, por derivar de atos, operações ou atividades da pessoa titular do patrimônio, ou do emprego de recursos que compõem esse patrimônio, de que resulte algum benefício direto para uma terceira pessoa, a qual, em contraprestação, o remunera por isso; isto significa que, em face do direito tributário, a receita acarreta a capacidade contributiva da pessoa que a recebe (OLIVEIRA, 2020, p. 127).

Ainda nesse desiderato de delimitar permutação e mutação patrimonial, adentra-se na análise sobre a disponibilidade jurídica e econômica, afirmando-se que, enquanto a primeira trata da incorporação de um direito ao patrimônio, independentemente dos seus reflexos terem sido efetivados, a segunda versa sobre a própria incorporação dos reflexos do direito. O que se observa desta propositura é que a expectativa de ingresso no patrimônio de um direito como, por exemplo, uma ven-

da futura de mercadoria, só acarretará a incidência do referido imposto no momento da tradição, uma vez que, nesse momento o alienante já possui direito ao preço do produto (mutação), independentemente do ingresso da receita propriamente dita. Caso se efetive o ingresso do pagamento, trata-se de apenas permutação do ativo. Para que não se pairem dúvidas sobre o que foi dito, citam-se trechos da obra destacada:

> Por isso, quando da entrega da mercadoria, contabilmente, houve a agregação de um direito novo ao ativo do vendedor – o seu direito ao recebimento do preço –, manifestado por débito em conta de duplicatas a receber e crédito à conta de receita.
> Todavia, quando futuramente o comprador paga o preço, o ingresso desse novo item no ativo do vendedor (débito em conta de caixa ou banco, corresponde ao direito sobre o dinheiro entrado), não representa uma nova receita para o vendedor, porque não surge aquele outro dado relevante acima destacado, ou seja, a obrigação para o terceiro, que, muito pelo contrário, tem o direito à quitação.
> Portanto, o simples recebimento do pagamento, que o art. 304 do Código Civil define como modo de extinção de obrigação, não representa receita. O que ocorre é que o recebimento do preço representa mera permutação patrimonial, mas não representa mutação patrimonial, porque se vincula a um ato anterior que, este sim, gerou mutação patrimonial, isto é, o recebimento é posterior ao momento em que surgiu a receita (OLIVEIRA, 2020, p. 148).

Sem prejuízo ao exposto acima, no que tange ao acréscimo patrimonial por transferência de patrimônio não estar enquadrado no fato gerador do tributo, afirma-se que a exclusão dessa parcela do conceito constitucional de renda decorre do fato de que tal acréscimo é renda antiga. Sobre o tema, transcrevem-se trechos do livro de Ricardo Mariz de Oliveira, no qual o autor aduz sobre a diferença entre a adoção da teoria da "renda-produto" e "renda-acréscimo", para, em seguida afirmar que proventos de qualquer natureza (inciso II, do art.43, do CTN) são as rendas não contempladas no inciso I do respectivo artigo (decorrentes do produto do capital, do trabalho, ou da combinação de ambos) e que não podem ser incluídas na teoria da "renda-acréscimo", por se tratar de mera transferência patrimonial gratuita. Nesse sentido:

> Pois bem, lendo-se o art. 43 do CTN na sua literalidade, e sem preocupação crítica, fica-se com a nítida impressão de que ele adotou as duas correntes. Ou então, se partirmos da constatação, feita já no primeiro capítulo deste livro, de que para o CTN o fato gerador do imposto de renda consiste sempre na ocorrência de acréscimo patrimonial, pode-se chegar a pensar que ele adotou a corrente da renda acréscimo, que afinal absorve a corrente da renda produto. Não são poucos os juristas que assim se posicionam.

Contudo, o que se verifica mais acuradamente é que o inciso I cobre tudo o que se pode integrar no conceito de renda-produto [...]
Já o inciso II estende a incidência além desses limites [...], quer dizer, os acréscimos que não sejam produtos derivados do capital, do trabalho ou da combinação de ambos, em última hipótese, não derivados do patrimônio ou do esforço pessoal do seu titular, o que equivale à teoria da renda-acréscimo. Entretanto, embora a leitura literal do inciso II possa nos conduzir aos braços da corrente da renda-acréscimo, é necessário fazer algumas ponderações, tendo em vista, inclusive, que o inciso I também se refere a fatores de aumento patrimonial [...]
Assim, se a teoria da renda-acréscimo tivesse sido adotada na sua integralidade, teria bastado ao CTN dizer que o fato gerador do imposto de renda é o acréscimo patrimonial de qualquer origem, sendo irrelevante o fato de ter sido produzido pelo patrimônio ou pelo seu titular, ou ter simplesmente vindo gratuitamente de fora dele.
[...]
Embora distintas, essas ponderações têm em comum a constatação de que adoção da teoria da renda-acréscimo, sem restrições e limitações, conduz a situações complicadas, não apenas por possível colidência jurídica com outras competências tributárias constitucionais, mas certamente de colidência econômica indesejável e provavelmente discutível sob o ponto de vista jurídico, o que as faz desaguar numa inafastável necessidade de estabelecimento de limites para a abrangência dos demais fatores produtores de acréscimo patrimonial no conceito de renda.
Realmente, a renda-acréscimo, pura e simples, abarca os aumentos de patrimônio de toda e qualquer ordem, o que se verá logo a seguir ser inaceitável e impossível.
Assim, por essa teoria estaria abrangido pelo imposto de renda um acréscimo de patrimônio mediante doação ou herança recebida, entre outras espécies de ingressos ou entradas nos patrimônios, ao que a doutrina, no particular de doações e heranças, é uníssona contra [...] (OLIVEIRA, 2020, p. 221-223).
Destarte, no primeiro passo vamos constatar que a melhor doutrina jurídica, embora com as inevitáveis controvérsias, mesmo após o advento do CTN ainda manteve uma posição pela qual a renda-acréscimo não é acolhida em toda a sua extensão.
Em outras palavras, a doutrina da época do CTN, diretamente envolvida com a sua confecção ou participante do primeiro escalão de qualidade e conhecimentos, entendeu que o art. 43 não abrangia todo e qualquer acréscimo patrimonial, e estabeleceu a distinção entre renda em sentido lato - de renda e proventos de qualquer natureza - e transferências patrimoniais (OLIVEIRA, 2020, p. 224).

Diante desse fato, mais importante do que analisar se o constituinte e o legislador adotaram a teoria da renda-produto e/ou da renda-acréscimo, é imprescindível retirar o que não compõe o acréscimo tributável. É justamente essa a constatação do autor, já citada acima, todavia, repetida parcialmente, agora:

> O que se constata é que as duas leis fundamentais do imposto de renda ficaram num terreno híbrido em que as duas teorias foram acolhidas, na Constituição como uma possibilidade ante a extensão da denominação constitucional atribuída ao imposto, e no CTN como uma certeza decorrente dos incisos I e II do seu art. 43, aquele reflexo pleno da renda-produto, e este reflexo limitado da renda-acréscimo. Em outras palavras, há vestígios das duas correntes na definição do fato gerador fornecida pelo art. 43 do CTN (OLIVEIRA, 2020, p. 242).

Acerca do aspecto temporal, é imperioso realçar que, malgrado a Constituição de forma expressa não tenha estipulado um período, afere-se, da leitura conjunta dos dispositivos que a compõe, o intervalo máximo equivalente a um ano, tendo em vista equivaler ao período de confecção do orçamento público. A seu turno, quanto ao período mínimo, é necessário evitar que intervalos curtos distorçam o fluxo de rendimentos e despesas do contribuinte. Assim, analisando que as despesas públicas correntes são programadas mensalmente, o fluxo de receita decorrente do imposto deve ser mensal, o que conduz à ideia de que o período mínimo para aferir a renda auferida equivale a um mês.

Quanto ao aspecto espacial, o Brasil adotou o critério universal, que representa a possibilidade de o Estado tributar os rendimentos auferidos no país tanto por residentes quanto por não residentes, e os rendimentos obtidos fora do país por residentes.

Em relação ao contribuinte do Imposto de Renda, afirma-se que esse pode ser pessoa física ou jurídica residente (o fato gerador pode ocorrer em território nacional ou fora) ou não residente (o fato gerador deve ocorrer no Brasil). No caso de pessoa física, considera-se residente no país todo aquele que é estrangeiro e chega com vínculo definitivo no Brasil ou aquele que chega com vínculo provisório, desde que: (i) obtenha emprego com carteira assinada; (ii) resida por mais de 183 dias no Brasil, na forma do art.17, do Regulamento do Imposto de Renda (RIR). Por sua vez, se um residente deseja se retirar do país, deve apresentar declaração de retirada, sob pena de ser tributado, nos 12 meses seguintes, conforme dispõe o art.14 do RIR. Caso se trate de pessoa jurídica, será considerada residente se constituída sob as normas brasileiras, inclusive, através de filiais, sucursais, agências ou representações no País das pessoas jurídicas com sede no exterior e comitentes domiciliados no exterior, quanto aos resultados das operações realizadas por seus mandatários ou seus comissários no País, conforme dispõe o artigo 158 e 159 do RIR.

Não obstante ao contribuinte do tributo, existe ainda a responsabilidade tributária na fonte. É imprescindível salientar que a retenção na fonte é uma importante estratégia adotada neste trabalho para obter o recolhimento do tributo e dados dos contribuintes que utilizam criptomoedas.

Acerca do aspecto quantitativo, ele se subdivide em base de cálculo e alíquota. A base de cálculo, conforme já explicado acima, decorre do *plus* jurídico, havendo a tributação pelo lucro real[99] ou arbitrado[100].

---

[99] O lucro real pode ser declarado trimestralmente ou anualmente, sendo que nesse segundo caso, deve haver recolhimento mensal e ajuste anual ao término do exercício financeiro. Salienta-se a possibilidade de se utilizar base de cálculo estimada na apuração do lucro real, conforme dispõe o art.219 e 220, do RIR, de 2018. Sobre o tema, destaca-se o recolhimento de pessoas jurídicas que operem com atividades financeiras, cuja base estimada é 16% da receita bruta. Nesse sentido:
"Art. 220. A base de cálculo estimada do imposto sobre a renda, em cada mês, será determinada por meio da aplicação do percentual de oito por cento sobre a receita bruta definida pelo art. 208 auferida mensalmente, deduzida das devoluções, das vendas canceladas e dos descontos incondicionais concedidos, observadas as disposições desta Subseção
§ 1º Nas seguintes atividades, o percentual de que trata este artigo será de
[...]
II - dezesseis por cento:
[...]
b) para as pessoas jurídicas cujas atividades sejam de bancos comerciais, bancos de investimentos, bancos de desenvolvimento, caixas econômicas, sociedades de crédito, financiamento e investimento, sociedades de crédito imobiliário, sociedades corretoras de títulos, valores mobiliários e câmbio, sociedades de crédito ao microempreendedor e à empresa de pequeno porte, distribuidoras de títulos e valores mobiliários, empresas de arrendamento mercantil, cooperativas de crédito, empresas de seguros privados e de capitalização e entidades abertas de previdência complementar, observado o disposto no art. 223."

[100] Ainda do RIR: "Art. 603. O imposto sobre a renda, devido trimestralmente, no decorrer do ano-calendário, será determinado com base nos critérios do lucro arbitrado, quando (Lei nº 8.981, de 1995, art. 47; e Lei nº 9.430, de 1996, art. 1º): I - o contribuinte, obrigado à tributação com base no lucro real, não mantiver escrituração na forma das leis comerciais e fiscais ou deixar de elaborar as demonstrações financeiras exigidas pela legislação fiscal; II - o contribuinte não escriturar ou deixar de apresentar à autoridade tributária os livros ou os registros auxiliares de que trata o § 2º do art. 8º do Decreto-Lei nº 1.598, de 1977; III - a escrituração a que o contribuinte estiver obrigado revelar evidentes indícios de fraudes ou contiver vícios, erros ou deficiências que a tornem imprestável para: a) identificar a efetiva

O legislador, para reduzir os custos de escrituração, permite que algumas pessoas jurídicas utilizem uma base de cálculo fictícia, através da operação de multiplicação entre a receita bruta e um percentual estabelecido na legislação, conforme dispõe o art.591 e 592 do RIR. Tal operação dá ensejo ao lucro presumido, cuja base será multiplicada por alíquota progressiva, que ensejará o recolhimento trimestral, na linha do preconizado no art.588 do RIR.

Quanto à alíquota, para pessoa física, ela variará, no caso de rendimentos, entre 7,5% e 27,5%, conforme dispõe o art.1º, IX, da Lei nº 11.482/07. Por sua vez, em caso de ganho de capital (GCAP), a faixa de variação é de 15% a 22,5%, na forma do art.21, da Lei nº 8.981/95. Já em relação à pessoa jurídica, a alíquota será de 15%, observada a regra de que a parcela mensal que exceder ao montante de vinte mil reais terá uma alíquota de 10%, segundo dispõe o art.3º, da Lei nº 9.249/95.

Por último, situação relevante ocorre quando os fatos-decréscimos superam os fatos-acréscimos durante um período (prejuízos fiscais). Nesse caso, embora o Fisco restrinja o percentual de abatimento dos fatos-decréscimos, certo é que, por serem custos necessários para futuros lucros, e por estarem correlacionados ao mínimo existencial, o professor Queiroz opina pela não tributação. Nesse sentido:

> [...] Por essa razão, pontificam que a compensação do prejuízo fiscal precisa ser realizada para que não se acabe tributando o patrimônio em vez da *Renda*. Aquilo que se adquire (fatos-acréscimos) até o montante do prejuízo fiscal representa mera recomposição patrimonial (da riqueza velha) e não acréscimo patrimonial (riqueza nova) (QUEIROZ, 2021, p. 245).

Para melhor compreender a ponderação do autor, recorda-se que o patrimônio é o complexo de bens, direitos e obrigações em que o passivo (bens de terceiros), acrescido do patrimônio líquido[101] (passivo

---

movimentação financeira, inclusive bancária; ou b) determinar o lucro real; IV - o contribuinte deixar de apresentar à autoridade tributária os livros e os documentos da escrituração comercial e fiscal, ou o livro-caixa, na hipótese prevista no parágrafo único do art. 600; V - o contribuinte optar indevidamente pela tributação com base no lucro presumido; VI - o comissário ou o representante da pessoa jurídica estrangeira deixar de escriturar e apurar o lucro da sua atividade separadamente do lucro do comitente residente ou domiciliado no exterior, observado o disposto no art. 468; e VII - o contribuinte não mantiver, em boa ordem e de acordo com as normas contábeis recomendadas, livro-razão ou fichas utilizados para resumir e totalizar, por conta ou subconta, os lançamentos efetuados no livro diário."

[101] O patrimônio líquido é o capital social e representa o investimento dos sócios, que pode ter sido integralizado ou subscrito.

dos próprios sócios que investiram na sociedade), equivale ao ativo[102]. O retrato da situação estrutural da pessoa jurídica ou de uma entidade em determinado momento corresponde ao balanço patrimonial, sendo que a publicação desses dados é anual, podendo, no entanto, o prazo ser reduzido, conforme disciplina o art.175, da Lei n° 6.404/76.

Além do balanço patrimonial, há o Demonstrativo de Receitas do Exercício (DRE), que corresponde à evolução dos "fatos-acréscimos" e "fatos-decréscimos" em um período. Para compreender o funcionamento do DRE, analisando o RIR, subtrai-se da receita bruta[103]: (i) as devoluções; (ii) as vendas canceladas; (iii) os descontos incondicionais; (iv) os tributos sobre a receita bruta; e (v) os valores decorrentes do ajuste a valor presente de ativos realizáveis a longo prazo; obtendo-se, assim, a receita líquida.

A receita líquida reduzida do Custo da Mercadoria Vendida (CMV)[104] equivale ao lucro bruto[105], sendo que desta quantia se abatem os custos, as despesas operacionais e os encargos para formar o lucro operacional. Acrescenta-se a esse valor outras receitas e despesas que não possuem correlação com o negócio jurídico (receitas e despesas não operacionais, que, inclusive, são compostas por ganhos de capital), obtendo-se o lucro líquido[106]. O lucro que subsistir após a tributação e a eventual repartição entre os sócios ingressa na conta do patrimônio líquido da pessoa jurídica.

---

[102] O ativo e o passivo (bens de terceiros) se subdividem em circulante, cuja realização ocorre em até 1 ano, e não circulante, quando o espaço temporal: (i) supera 1 ano da data do reporte; ou (ii) se trata de negócio não usual com coligadas e pessoas que fazem parte da sociedade.

[103] "Art. 208. A receita bruta compreende (Decreto-Lei n° 1.598, de 1977, art. 12, caput): I - o produto da venda de bens nas operações de conta própria; II - o preço da prestação de serviços em geral; III - o resultado auferido nas operações de conta alheia; e IV - as receitas da atividade ou do objeto principal da pessoa jurídica não compreendidas no inciso I ao inciso III do caput."

[104] "Art.290 [...]
Parágrafo único. O lucro bruto corresponde à diferença entre a receita líquida, de que trata o § 1° do art. 208, e o custo dos bens e dos serviços vendidos, de que trata a Subseção III desta Seção (Lei n° 6.404, de 1976, art. 187, caput, inciso II)."

[105] "Art. 290. Será classificado como lucro bruto o resultado da atividade de venda de bens ou serviços que constitua objeto da pessoa jurídica."

[106] "Art. 259. O lucro líquido do período de apuração é a soma algébrica do lucro operacional, das demais receitas e despesas, e das participações, e deverá ser determinado em observância aos preceitos da lei comercial."

Explicada a integração entre balanço patrimonial e DRE, aduz-se que o *plus* jurídico compõe a renda, na qual eventual renda somente pode ser tributável após a compensação com os prejuízos fiscais, sob pena de estar se cobrando um crédito fiscal proveniente do capital social. Acerca do conceito de capital social, conforme dito anteriormente, trata-se de investimento do sócio decorrente de acumulação de riqueza prévia que apenas adentrou em seu patrimônio após a tributação da renda. Portanto, permitir a tributação do capital social, em verdade, equivale a uma dupla tributação de uma renda. Em que pese a correta construção doutrinária acima, o STJ[107] já resguardou o FISCO e limitou a compensação ao teto de 30%.

3.2.5. TRIBUTAÇÃO DO IR À LUZ DAS CRIPTOMOEDAS

Para fins de caráter metodológico na explanação do tema, tem-se que a forma de tributar a aquisição de criptomoeda dependerá do(a) (i) tipo de pessoa (física ou jurídica); (ii) atividade desempenhada; e (iii) propósito da utilização do ativo. Ainda assim, conforme já estabelecido por este trabalho, para qualificar as relações jurídico-tributárias das criptomoedas, adota-se a natureza jurídica de meio de pagamento. Diante desse axioma, inaugura-se a subsunção do fato gerador renda à hipótese de incidência do Imposto de Renda.

Antes, entretanto, de qualquer propositura sobre a forma de tributar a renda, compete aduzir que a Receita Federal, por meio do questionamento nº 619, aduziu que os ganhos obtidos por alienação de moedas "virtuais" devem ser tributados através do ganho de capital. Compartilha desse posicionamento o professor Ricardo Mariz de Oliveira, conforme trechos de sua doutrina:

> Todos esses fatores permitem-nos reduzir um juízo de identidade das moedas virtuais a uma aposta dos seus adquirentes, de que o sistema vai operar por si e sem proteção legal, e pode redundar em ganho ou perda do dinheiro empregado, pois não há possibilidade de resgate (não há a certificação de que algum Tesouro Nacional a pagará, ou mesmo alguma outra pessoa ou entidade), de modo que, uma vez adentrando no sistema, a pessoa fica presa a ele, somente podendo sair se encontrar outra pessoa disposta a ficar com a suas criptomoedas por alguma importância em alguma moeda legal, cuja importância será maior ou menor do que a que foi empregada para entrar, ou se houver compromisso de aquisição por algum intermediário.

---

[107] REsp nº 1.805.925 e AgInt-EDcl-REsp nº 1.725.911.

> Neste aspecto, em que se centra a maior aproximação com os jogos de azar em virtude de o capital utilizado para a aquisição das moedas virtuais pode variar para mais ou para menos ou mesmo ser pulverizado, é evidente que adquirente faz uma aposta na valorização da sua cotação, principalmente quando não pretenda utilizar o sistema para se esconder ocultando capital, recebimento ou pagamento. O resultado dessa aposta somente será conhecido com término total ou parcial da operação, ou seja, quando houver transferência ou emprego da moeda virtual junto a algum interessado (OLIVEIRA, 2020, p. 403-404).
>
> Portanto, podemos afirmar que é, sim, possível haver negócio jurídico em que o objeto seja uma moeda virtual. E tenha-se em mente que não se trata de dinheiro (moeda legal), que é meio de pagamento, mas, sim, de objeto de algum ato ou negócio jurídico, que é outra coisa.
>
> Isto é tão importante quanto as observações anteriores, pois dinheiro não pode ser objeto de compra e venda nem de dação em pagamento, e compra e venda se distingue de permuta porque naquela se vende algo contra pagamento em dinheiro, ao passo que na permuta se troca *res pro rem*, e não coisa por pecúnia, assim como a dação em pagamento extingue obrigação anterior por novo meio que não seja o original, fosse este dinheiro ou não. Destarte, se criptomoeda não é dinheiro, mas um bem (ou mesmo coisa), ela pode ser objeto de negócio jurídico, como a compra e venda ou a permuta, ou outro qualquer, como também pode ser empregada para dação em pagamento (OLIVEIRA, 2020, p. 410).

O que se observa da doutrina em comento é que o professor Ricardo Mariz de Oliveira acredita que a circulação de criptomoedas é uma permutação no patrimônio, em que se troca um bem pelo outro. Em que pese a visão autoral estar em conformidade com o posicionamento da Receita Federal, ousa-se, com a devida *vênia*, discordar parcialmente. Conforme explicado no capítulo 2, as criptomoedas são, primordialmente, destituídas de qualquer valor de uso, exceto serem meios de troca.

Diante disso, independentemente de haver legislação de direito privado regulando as criptomoedas como meio de pagamento (algo que existe – art. 3º, da Lei nº 14.478/2022), o direito tributário não se vincula aos institutos do direito civil, tendo em vista a sua parcial independência, conforme dispõe o art.109, do CTN. Assim, defende-se que em permutas de bens cuja finalidade do ativo trocado seja servir como instrumento de operacionalização de trocas, aplica-se a sistemática da tributação da renda por obtenção de receita.

Ademais, frisa-se que apenas o dinheiro papel possui curso forçado e, portanto, as demais modalidades de pagamento, mencionadas no tópico 3 do capítulo 2, podem ser recusadas em estabelecimentos comerciais, tal qual a moeda escritural decorrente do pagamento por cartão de crédito. Portanto, a principal função das criptomoedas deve ser operacionalizar trocas comerciais e, residualmente, serem vistas como investimento, ao contrário do que o autor prega (criptomoedas são exclusivamente um investimento).

Desse modo, por entender que esse ativo, em regra, é destituído de qualquer valor, exceto servir como operacionalizador das relações jurídicas, defende-se que o Imposto de Renda não seja calculado apenas sobre o ganho de capital na realização do ativo, uma vez que o lucro da atividade gera a mutação patrimonial pelo ingresso de receita. Para além dessa possibilidade, conforme será explicado durante este tópico, mantendo tal ativo no patrimônio, e havendo posterior transferência ou realização, por se tratar de um ativo de caráter especulativo, pode-se aplicar eventual ganho de capital sobre a diferença do valor de ingresso inicial.

A sistemática ora proposta, embora diferente do ponto de vista adotado pela Receita Federal, guarda similaridade com o percebimento de moeda estrangeira a título de pagamento. Isso porque a moeda estrangeira no Brasil, além de não ser a moeda legal e não possuir curso forçado, é destituída da unidade de valor adotada em nosso país e pode oscilar conforme políticas cambiárias internas e externas. Desse modo, conforme será desenvolvido abaixo, adota-se normatização similar.

Promovida essa breve introdução, adentra-se na análise de como se dá a tributação conforme as seguintes características: (i) tipo de pessoa (física ou jurídica); (ii) atividade desempenhada e (iii) propósito da utilização do ativo.

No que tange à pessoa física, inclusive mineradores, existem dois cenários bem delimitados, quais sejam, a obtenção de *plus* jurídico em razão de criptomoeda como contrapartida por atividade desempenhada e ganho pela venda desse ativo após valorização dele ao longo do tempo.

Em relação à primeira hipótese, observa-se o inciso IV ou o inciso X do art.47, do RIR[108] e o Anexo II, Quadro 3, Linha 1, "f", da Instrução

---

[108] "Art. 47. São também tributáveis:

[...]

IV - os rendimentos recebidos na forma de bens ou direitos, avaliados em dinheiro, pelo valor que tiverem na data da percepção;

[...]

X - os rendimentos derivados de atividades ou de transações ilícitas ou percebidos com infração à lei, independentemente das sanções cabíveis;"

Normativa RFB nº 2.060, de 2021[109]. Isso porque, no caso de ser lícita a retribuição em criptomoeda pela atividade prestada, entende-se que o pagamento se deu de forma equivalente a permuta, devendo tal quantia ser convertida para o valor da moeda brasileira na data de ingresso no patrimônio, conforme dispõe o inciso IV, do art.47, do RIR. Note-se que a razão pela qual deve haver a conversão da quantia recebida em criptomoedas para o Real é a necessidade de reforçar a confiabilidade no sistema monetário brasileiro, que serve tanto para o particular pagar tributo quanto o Estado promover pagamentos ao particular. Por sua vez, se a retribuição em criptomoeda for ilícita, como, por exemplo, o pagamento de salário em *bitcoins*, estar-se-á diante de uma violação à lei, cabendo, nesse caso, a aplicação do inciso X, do art.47, do RIR.

Além da tributação em razão da contraprestação pelo trabalho desempenhado, observa-se que eventual ganho de capital sobre as criptomoedas no momento da alienação (tanto para quem recebe como contraprestação, quanto para quem compra para investimento) também pode ser tributado, devendo, para tanto, aplicar-se o art.154, do RIR[110]. O dispositivo em tela versa sobre o GCAP, em que a base de cálculo é a diferença positiva entre o valor da alienação e o custo da aquisição, conforme dispõe o §3º do artigo em tela. Em relação à grandeza "valor da alienação", não subsistem controvérsias, todavia, sobre a importância "custo de aquisição", deve-se observar a possibilidade de as criptomoedas terem sido adquiridas em momentos diferentes,

---

[109] "Informar todos os rendimentos tributáveis, exceto os rendimentos de que trata a orientação prevista no item V, relativa ao Quadro 7, na fonte e na Declaração de Ajuste Anual, inclusive:

[...]

f) 25% (vinte e cinco por cento) dos rendimentos do trabalho assalariado recebidos, em moeda estrangeira, por servidores de autarquias ou repartições do governo brasileiro situadas no exterior, no caso de residentes no Brasil, convertidos em reais mediante a utilização do valor do dólar dos Estados Unidos da América fixado, para compra, pelo Banco Central do Brasil e divulgado pela Secretaria Especial da Receita Federal do Brasil (RFB), para o último dia útil da 1ª (primeira) quinzena do mês anterior ao do pagamento do rendimento."

[110] "Art. 154. O ganho de capital decorrente da alienação de bens ou direitos e da liquidação ou do resgate de aplicações financeiras, de propriedade de pessoa física, adquiridos, a qualquer título, em moeda estrangeira, será apurado de conformidade com o disposto neste artigo, mantidas as demais normas da legislação em vigor.

§ 1º O disposto neste artigo aplica-se, inclusive, à moeda estrangeira mantida em espécie."

por valores distintos. Nesse caso, observa-se os §§5º e 6º, do art.7º, da IN nº 118 de 2000, cuja norma é no sentido de que o custo médio da aquisição de todas as moedas será a base para analisar eventual ganho na venda[111].

Embora tais dispositivos estejam dentro do capítulo "moeda estrangeira mantida em espécie", pela similaridade do tema criptomoeda com moedas estrangeiras que servem como meio de pagamento, defende-se que essa diretriz também deve ser aplicada a tais ativos, uma vez ser idêntica a razão teleológica.

Questão interessante que surge da análise da amplitude do termo criptomoeda decorre do aparente conflito entre duas normas, quais sejam: (i) a alínea "a" do inciso I do art. 133, do RIR[112], que prevê a isenção do IR em ganhos de capitais auferidos em investimentos de pequeno valor, desde que o preço unitário seja de até R$ 35.000,00 por mês; e (ii) o inciso II, do §6º, do art.154, do RIR[113], que prevê a isenção de ganhos auferidos pela venda de moedas estrangeiras mantidas em espécie, cujo total de alienação equivalha até US$ 5.000,00 (cinco mil dólares) por ano. Acerca dessa antinomia, resolve-se pelo critério da especialidade, aduzindo que essa segunda hipótese versa apenas sobre moeda estrangeira em espécie. Portanto, nos demais casos de ativo

---

[111] "§ 5º Quando da alienação, o custo de aquisição da quantidade de moeda estrangeira alienada será o resultado da multiplicação do custo médio ponderado do estoque existente na data de cada alienação pela quantidade alienada.
§ 6º O custo médio ponderado do estoque será o resultado da divisão do valor total das aquisições em reais pela quantidade de moeda estrangeira existente."

[112] "Art.133 Fica isento do imposto sobre a renda o ganho de capital auferido na: I – alienação de bens e direitos: a) o ganho de capital auferido na alienação de bens e direitos de pequeno valor, nos termos e nas condições estabelecidos nos § 2º e § 3º do art. 133, cujo preço unitário de alienação, no mês em que esta for realizada, seja igual ou inferior a (Lei nº 9.250, de 1995, art. 22): 1. R$ 20.000,00 (vinte mil reais), na hipótese de alienação de ações negociadas no mercado de balcão; e 2. R$ 35.000,00 (trinta e cinco mil reais), nas demais hipóteses;"

[113] "Art.154 [...] § 6º Não incide imposto sobre a renda sobre o ganho auferido na alienação, na liquidação ou no resgate (Medida Provisória nº 2.158-35, de 2001, art. 24, § 6º): I - de bens localizados no exterior ou representativos de direitos no exterior, incluídas as aplicações financeiras, adquiridos, a qualquer título, na condição de não residente; e II - de moeda estrangeira mantida em espécie, cujo total de alienações, naquele ano-calendário, seja igual ou inferior ao equivalente a US$ 5.000,00 (cinco mil dólares dos Estados Unidos da América)."

financeiro, dentre eles as criptomoedas utilizadas como meio de pagamento, aplica-se o limite de R$ 35.000,00[114].

Ainda sobre o tema, é imprescindível destacar que a alíquota do ganho de capital é progressiva, na forma do art.21, da Lei nº 8.981/95, sendo que no caso de diversas alienações em um intervalo de dois exercícios financeiros, somam-se os ganhos para identificar a base de cálculo do tributo e apurar a alíquota aplicável, conforme prevê o §3º, desse dispositivo[115].

---

[114] Sobre o tema, observe a resposta nº 607, da Receita Federal, quando indagada sobre os ganhos obtidos com a alienação de moedas virtuais.
"Os ganhos obtidos com a alienação de moedas "virtuais" são tributados?
Os ganhos obtidos com a alienação de moedas virtuais (*bitcoins*, por exemplo) cujo total alienado no mês seja superior a R$ 35.000,00 são tributados, a título de ganho de capital, segundo alíquotas progressivas estabelecidas em função do lucro, e o recolhimento do imposto sobre a renda deve ser feito até o último dia útil do mês seguinte ao da transação. O contribuinte deverá guardar documentação que comprove a autenticidade das operações."

[115] "Art. 21. O ganho de capital percebido por pessoa física em decorrência da alienação de bens e direitos de qualquer natureza sujeita-se à incidência do imposto sobre a renda, com as seguintes alíquotas:
I - 15% (quinze por cento) sobre a parcela dos ganhos que não ultrapassar R$ 5.000.000,00 (cinco milhões de reais);
II - 17,5% (dezessete inteiros e cinco décimos por cento) sobre a parcela dos ganhos que exceder R$ 5.000.000,00 (cinco milhões de reais) e não ultrapassar R$ 10.000.000,00 (dez milhões de reais);
III - 20% (vinte por cento) sobre a parcela dos ganhos que exceder R$ 10.000.000,00 (dez milhões de reais) e não ultrapassar R$ 30.000.000,00 (trinta milhões de reais); e
IV - 22,5% (vinte e dois inteiros e cinco décimos por cento) sobre a parcela dos ganhos que ultrapassar R$ 30.000.000,00 (trinta milhões de reais)
§1º O imposto de que trata este artigo deverá ser pago até o último dia útil do mês subsequente ao da percepção dos ganhos.
§2º Os ganhos a que se refere este artigo serão apurados e tributados em separado e não integrarão a base de cálculo do Imposto de Renda na declaração de ajuste anual, e o imposto pago não poderá ser deduzido do devido na declaração.
§3º Na hipótese de alienação em partes do mesmo bem ou direito, a partir da segunda operação, desde que realizada até o final do ano-calendário seguinte ao da primeira operação, o ganho de capital deve ser somado aos ganhos auferidos nas operações anteriores, para fins da apuração do imposto na forma do caput, deduzindo-se o montante do imposto pago nas operações anteriores."

Outra possibilidade que deve ser investigada é o caso de acumulação de criptomoedas e a sua posterior troca por outro ativo idêntico. A Solução de Consulta nº 214/2021, da Cosit, estabelece que se deve observar a valorização do ativo entre a data de ingresso e data de alienação de cada operação, sendo devido, nesse momento, o Imposto de Renda por ganho de capital. Sobre o tema é importante afirmar que tal consulta afasta qualquer tipo de arguição no sentido de que apenas no último *cash-out* de moedas é que há a apuração do Imposto de Renda.

No que tange às pessoas jurídicas, inicia-se a análise apontando duas variáveis que influenciam a tributação, quais sejam, (i) tratar-se de pessoa jurídica cuja atividade principal é a operação de criptomoedas; (ii) quando a atividade principal da pessoa jurídica não for a operação de criptomoedas, observar se a presença de criptomoeda se perfaz na conta do ativo circulante ou do ativo não circulante.

Caso seja pessoa jurídica que opere negociação de criptomoedas, entende-se que elas se aproximam de instituição financeira[116], uma vez que, para além de um mero ambiente de aproximação e trocas, essas instituições praticam atos de custódia, processamento e liquidação desse ativo. Ademais, a depender da forma que tais pessoas jurídicas forem reguladas pela Autoridade Federal, pode-se, inclusive, servir de expansão da unidade divisional do ativo e do crédito.

Explica-se: cada *bitcoin* pode ser dividido em 100 milhões de unidades (denominadas de "*satoshis*"). Nesse caso, (i) além de as *Exchanges* serem um local de fracionamento da rede *bitcoin*, operando tais ativos sem registro na *blockchain* (mas sim na rede dessas pessoas jurídicas), o que propicia a possibilidade de subdivisão das unidades "*satoshis*" internamente; (ii) tais pessoas jurídicas podem operar até mesmo com alavancagem, vendendo mais unidades do que realmente possuem. Para que seja possível essa operação, que equivale a uma expansão de crédito, torna-se necessário confiabilidade dos *players* de que essas

---

[116] Conforme dito na conclusão parcial do capítulo 01, embora não haja normativa aduzindo que as *Exchanges* são instituições financeiras, observa-se que, além de elas serem controladas por uma entidade da administração pública federal, tal qual dispõe o parágrafo único da Lei nº 14.478/2022, as atividades desempenhadas por elas, como, por exemplo, intermediação, negociação ou custódia de criptoativos (Art.5, II, da IN 1.888/2019 e art.5º da Lei nº 14.478/2022), aproximam tais pessoas às instituições financeiras tradicionais. Nesses casos, as diretrizes conferidas às *Exchanges* serão similares às já previstas para instituições financeiras.

empresas custodiantes converterão as criptomoedas em moeda *fiat*, caso o custodiado deseje "monetizar" sua criptomoeda.

Diante do exposto acima, defende-se, nesse trabalho, que as *Exchanges* equivalem às instituições financeiras, pois gerenciam a economia popular, tal como, hoje, os bancos comerciais, bancos de investimento, bancos de câmbio, instituições de microcrédito fazem.

Aplicando o regramento de tributação das instituições financeiras às *Exchanges*, afirma-se ser vedada a utilização de base presumida, conforme dispõe o art.257, II, do RIR[117], que reproduz o art.14, da Lei nº 9.718/98. Nesse caso, após apurar-se os "fatos-acréscimos" e "fatos-decréscimos" que compõem a receita bruta (art.476, do RIR[118]),

---

[117] "Art. 257. Ficam obrigadas à apuração do lucro real as pessoas jurídicas:

[...]

II - cujas atividades sejam de bancos comerciais, bancos de investimentos, bancos de desenvolvimento, agências de fomento, caixas econômicas, sociedades de crédito, financiamento e investimento, sociedades de crédito imobiliário, sociedades corretoras de títulos, valores mobiliários e câmbio, sociedades de crédito ao microempreendedor e à empresa de pequeno porte, distribuidoras de títulos e valores mobiliários, empresas de arrendamento mercantil, cooperativas de crédito, empresas de seguros privados e de capitalização e entidades abertas de previdência complementar."

[118] "Art. 476. Para fins de determinação da base de cálculo do imposto sobre a renda das pessoas jurídicas, as instituições financeiras e as demais instituições autorizadas a funcionar pelo Banco Central do Brasil devem computar como receitas ou despesas incorridas nas operações realizadas em mercados de liquidação futura:

I - a diferença, apurada no último dia útil do mês, entre as variações das taxas, dos preços ou dos índices contratados (diferença de curvas), sendo o saldo apurado por ocasião da liquidação do contrato, da cessão ou do encerramento da posição, nas hipóteses de:

a) *swap* e termo; e

b) futuro e outros derivativos com ajustes financeiros diários ou periódicos de posições cujos ativos subjacentes aos contratos sejam taxas de juros *spot* ou aos instrumentos de renda fixa para os quais seja possível a apuração do critério previsto neste inciso;

II - o resultado da soma algébrica dos ajustes apurados mensalmente, na hipótese dos mercados referidos na alínea "b" do inciso I do caput cujos ativos subjacentes aos contratos sejam mercadorias, moedas, ativos de renda variável, taxas de juros a termo ou qualquer outro ativo ou variável econômica para os quais não seja possível adotar o critério previsto no referido inciso; e

III - o resultado apurado na liquidação do contrato, da cessão ou do encerramento da posição, na hipótese de opções e demais derivativos.

aplicam-se as deduções das parcelas, previstas no art.223, inciso I, do RIR[119], para obter o lucro operacional. Salienta-se ainda que eventual provisionamento de perda por financiamento de crédito ou outra operação financeira, deduzida da receita bruta para obter o lucro operacional, se recuperada, deve ser computada para fins de apuração do imposto de renda, na forma dos artigos 350, do RIR[120].

§ 1º O Poder Executivo federal disciplinará em regulamento o disposto neste artigo, e poderá, inclusive, determinar que o valor a ser reconhecido mensalmente, na hipótese de que trata a alínea "b" do inciso I do caput, seja calculado:

I - pela bolsa em que os contratos foram negociados ou registrados; e

II - enquanto não estiver disponível a informação de que trata o inciso I do caput, de acordo com os critérios estabelecidos pelo Banco Central do Brasil.

§ 2º Quando a operação for realizada no mercado de balcão, somente será admitido o reconhecimento de despesas ou de perdas se a operação houver sido registrada em sistema que disponha de critérios para aferir se os preços, na abertura ou no encerramento da posição, são consistentes com os preços de mercado;

§ 3º Na hipótese de operações de hedge realizadas em mercados de liquidação futura em bolsas no exterior, as receitas ou as despesas de que trata o caput serão apropriadas pelo resultado:

I - da soma algébrica dos ajustes apurados mensalmente, na hipótese de contratos sujeitos a ajustes de posições; e

II - auferido na liquidação do contrato, na hipótese dos demais derivativos.

§ 4º Os ajustes serão efetuados no Lalur."

[119] "Art. 223. As pessoas jurídicas de que trata a alínea "b" do inciso II do § 1º do art. 220 poderão deduzir da receita bruta:

I - na hipótese de instituições financeiras, sociedades corretoras de títulos, valores mobiliários e câmbio, e sociedades distribuidoras de títulos e valores mobiliários:

a) as despesas incorridas na captação de recursos de terceiros;

b) as despesas com obrigações por refinanciamentos, empréstimos e repasses de recursos de órgãos e instituições oficiais e do exterior;

c) as despesas de cessão de créditos;

d) as despesas de câmbio;

e) as perdas com títulos e aplicações financeiras de renda fixa; e

f) as perdas nas operações de renda variável realizadas em bolsa, no mercado de balcão organizado, autorizado pelo órgão competente, ou por meio de fundos de investimento, para a carteira própria das entidades de que trata este inciso;"

[120] "Art. 350. Deverá ser computado, para fins de determinação do lucro real, o montante dos créditos deduzidos que tenham sido recuperados, em qualquer época ou a qualquer título, inclusive nas hipóteses de novação da dívida ou do arresto dos bens recebidos em garantia real"

[....]

Quanto aos fatos-acréscimos de instituições financeiras que operam *Exchange*, há, ao menos, quatro fontes de receitas que ensejam à tributação da renda, dentre elas: (i) taxa pela aproximação de usuários que desejam operar a compra e venda de criptomoedas com segurança; (ii) custódia de criptomoedas; (iii) ágio nas operações de compra e venda cuja escrituração ocorra apenas na estrutura interna; (iv) operação de compra e venda de criptomoedas na rede *blockchain* utilizando moeda fiat, criptomoedas ou outros ativos.

Demonstrada a tributação das instituições financeiras cujo objeto social é a operação de criptomoedas, adentra-se na tributação de pessoas jurídicas cuja atividade principal é diversa e da qual a percepção de criptomoedas decorre de permuta de seus bens ou serviços, ou então compras para fins de diversificar os ativos[121]. No primeiro caso, converte-se o valor da criptomoeda para moeda nacional na data da operação e, em seguida, tributam-se os fatos-acréscimos da operação na linha "receitas operacionais". Além disso, no momento da realização do ativo, que nesse caso pode ser a utilização da criptomoeda para comprar outro bem ou troca da criptomoeda por moeda legal; havendo um ganho de capital, esse é incluído em "receitas não operacionais". De igual sorte, no caso de "compras para fins de diversificar os ativos", a realização do ativo também enseja a tributação na linha "receitas não operacionais"[122].

---

§ 2º Nas operações de crédito realizadas por instituições financeiras autorizadas a funcionar pelo Banco Central do Brasil, nas hipóteses de renegociação de dívida, o reconhecimento da receita para fins de incidência de imposto sobre a renda ocorrerá no momento do efetivo recebimento do crédito."

[121] Adverte-se que a Receita Federal, em um trabalho preliminar, na pergunta 447 do IR, apontou que criptomoedas deveriam ser tratadas como ativo financeiro. Acerca dessa decisão, ela ainda não está consolidada, todavia, foi a forma que o Fisco encontrou, momentaneamente, de ter acesso a informações de circulação desse ativo. Diante desse panorama, caso a criptomoeda seja registrada como ativo circulante, observa-se o custo de aquisição. A seu turno, se o escopo é o investimento, deve ser registrado, na data de ingresso no patrimônio, pelo valor justo, sendo que, eventuais valorizações são receitas excluídas temporariamente, e a tributação postergada para o momento de realização (art.98 e 100 da IN.1700/2017). Todavia, como a premissa desse trabalho é a de que criptomoedas são moedas estrangeiras, adota-se o CPC 02, bem como as suas consequências jurídicas.

[122] Corroborando a prognose exposta acima através dos Pronunciamentos Técnicos CPC 02 e CPC 32, observa-se que uma transação em moeda estrangeira deve ser reconhecida contabilmente pelo valor da moeda legal, mediante a aplicação da taxa de câmbio, na data da transação. Caso se trate de moeda cujo câmbio pouco varia,

Outro ponto relevante é a tributação em caso de *soft fork* e *hard fork*. Sobre o tema, antes de adentrar em uma análise tributária, aduz-se que o primeiro decorre de uma atualização no *software* que confirma as relações, no qual parcela dos mineradores não atualiza o sistema e referenda as negociações em blocos que não adentram na *blockchain*. Nesse caso, as operações transacionadas em um bloco não confirmado precisam de ratificação posterior. Por sua vez, os *hard forks* são alterações estruturais e significativas no protocolo da moeda, inserindo características diversas. Nesse caso, se parcela dos usuários ("nós") discordar dessa alteração, surge uma moeda paralela. Para ilustrar essa segunda hipótese, cita-se o caso do *hacker* que, em uma operação de *crowdfunding* promovida na rede da Ethereum, roubou 31% das moedas "*ether*". Diante dessa situação, foi feito um *hard fork* em que as transações foram apagadas, a falha do sistema corrigida e surgiu uma nova rede, sem prejuízo da anterior.

Conforme se observa, enquanto no caso do *soft fork* há um irrelevante tributário, no que tange aos *hard fork* há um acréscimo patrimonial que pode ser tributado. Sobre o tema, discute-se o momento em que pode haver tributação. Daniel de Paiva Gomes (2021), citando a OCDE, observa três possibilidades, quais sejam: (i) apenas no momento da realização do ativo; (ii) no momento de ingresso; (iii) depende da natureza jurídica do ativo, sendo que, caso se trate de (a) investimento, é no momento da realização do ativo; e em caso de (b) atividade prin-

---

é possível que seja escolhido um câmbio médio e se registre todas as operações do período por um mesmo valor. Se, todavia, for uma moeda flutuante, a adoção da taxa de câmbio média não é apropriada (item 21 e 22 do CPC 02). Ademais, em casos de variações cambiais advindas da liquidação de itens monetários ou da conversão de itens monetários por taxas diferentes daquelas pelas quais foram convertidas quando da mensuração inicial, deve ser reconhecido na demonstração do resultado o ganho/perda (item 28 do CPC 02).

Em sentido análogo, o item 62, "c" do CPC 32 dispõe que "os Pronunciamentos, Interpretações e Orientações do Comitê de Pronunciamentos Contábeis exigem ou permitem que itens específicos sejam reconhecidos em outros resultados abrangentes. Exemplos desses itens são: [...] diferenças de câmbio advindas da conversão de demonstrações contábeis de operação em moeda estrangeira [...]".

Para terminar, cita-se o CPC 03, que, ao tratar do fluxo de caixa e dos equivalentes (conversibilidade imediata e insignificante risco de mudança do valor), dispõe que os fluxos de caixa advindos de transações em moeda estrangeira devem ser registrados como moeda funcional, observando as taxas de câmbio na data do evento, sendo que ganhos e perdas resultantes de mudanças nas taxas de câmbio de moedas estrangeiras, enquanto não realizadas, não são novas receitas (item 25 e 28).

cipal, é no momento de ingresso. Além de elencar tais possibilidades, o autor se filia à primeira posição, aduzindo que, antes da realização, não há renda tributável, mas sim mera transferência patrimonial.

O entendimento de Daniel Gomes guarda total correlação com as premissas estabelecidas durante a obra do autor, uma vez que ele entende que a natureza jurídica é de intangível e, como tal, a tributação só poderá ocorrer na monetização do ativo através dos ganhos de proventos de qualquer natureza. Outrossim, como o autor adere-se à teoria da renda-produto, é imprescindível, segundo ele, que a riqueza auferida decorra de uma fonte e seja direcionada à outra. Assim, a entrada do intangível no patrimônio deve ser considerada insuscetível de tributação (GOMES, 2021).

Seguindo linha diversa, decorrente das premissas de que (i) trata-se de meio de pagamento, classificado ora como ativo circulante ora como investimento, a depender da data de previsão de realização do ativo (inferior ou superior a 12 meses); (ii) os fatos-acréscimos não precisam ter correlação específica com a fonte produtiva; e (iii) os *hard forks* são frutos do capital, defende-se, neste trabalho, a solução de que, na data de ingresso da criptomoeda ao patrimônio, observa-se o valor do bem, determinando o "fato-acréscimo" apto a ser adicionado na renda. Ademais, posteriormente, na realização do ativo, existe a tributação por ganho de capital, caso tenha havido a valorização do ativo. Sobre o tema, é imperioso promover a seguinte ponderação em caso de desvalorização da criptomoeda: (a) ou esse evento deve ser admitido para reduzir os "fatos-acréscimos" através dos "fatos-decréscimos"; ou (b) o Estado pode permitir que, no momento de ingresso desta nova criptomoeda no patrimônio, o usuário rejeite o produto, não havendo qualquer tributo. Isso porque se trata de um aparente ganho que pode, ao final, refletir uma perda.

Outra análise que precisa ser realizada consiste no *airdrop* de criptomoedas, ou seja, quando um emissor identificado promove "doações" de ativos para popularizar a criptomoeda e incentivar o seu uso. Nesse caso, pondera-se se esse "fato-acréscimo" pode ser adicionado ao signo "renda". Para responder tal indagação, defende-se aqui o uso do critério da especialidade. Em síntese, o "fato-acréscimo" é um elemento tributável no conceito de renda, mas, se a Constituição contempla um elemento idêntico (fato acréscimo) e faixa distinta (doação), tal acréscimo patrimonial é tributado por outro imposto, que, no caso em tela trata-se do ITCMD, uma vez que há transferência patrimonial. Nesse caso, ao realizar o ativo, observando-se a valorização entre o valor de ingresso e o valor de saída, haverá tributação por ganho de capital. Outrossim, sobre o tema, vale a mesma ressalva na hipótese de desvalorização do ativo: (a) ou esse evento deve ser admitido para reduzir os "fatos-acréscimos" através dos "fatos-decréscimos"; ou (b) o Estado pode permitir que, no momento de ingresso deste novo ativo no patrimônio, o usuário rejeite o produto, não havendo qualquer tributo. Isso porque se trata de um aparente ganho que pode, ao final, refletir uma perda.

Por fim, analisa-se o imposto de renda à luz dos mineradores, sendo que a retribuição pela atividade desempenhada pode se dar por recompensa a cada bloco fechado (*mining rewards*) ou remuneração pela atividade desempenhada (*mining fees*). Além de o tratamento nesses casos ser equivalentes, a controvérsia sobre este tópico é similar ao que foi visto acima, sendo que Daniel Gomes (2021)[123], por ter como premissa o fato de que é necessário identificar a fonte de produção da riqueza (renda produto), sustenta que, por inexistir relação de trabalho/emprego, o ganho é observado em "proventos de qualquer natureza" e, por conseguinte, o imposto decorre de ganho de capital no momento da venda. Reiterando a adoção de premissa diversa, qual seja, os "fatos-acréscimos" e os "fatos-decréscimos" compõem o sentido de renda independentemente da fonte, as manifestações de riqueza decorrentes da mineração devem ser tributadas. Contudo, os dispêndios para esse trabalho de resolução de cálculos devem ser deduzidos, uma vez que tais gastos são imprescindíveis para obtenção da contraprestação pela atividade de confirmação das relações de transferência de criptomoedas entre usuários e fechamento dos blocos e sua inserção na *blockchain*.

---

[123] Sobre o tema, transcreve-se trecho: "Os CSEI recebidos pelo validador após a mineração ou o *staking* não são produto do trabalho, na medida em que não existe qualquer participação ou relação com os usuários envolvidos na operação validada, já que tais usuários sequer têm conhecimento sobre quem é e qual a participação do validador, sendo evidente a ausência do caráter sinalagmático da prestação de serviços ou do trabalho.

Na verdade, os CSEl adquiridos de forma originária são entregues ao validador pelo próprio protocolo descentralizado de funcionamento da tecnologia, como verdadeira "recompensa" ou "prêmio" pelo esforço de disponibilizar seu *hardware* ou sua carteira (no caso de *staking*) para validação das operações, daí por que inviável qualquer tipo de tentativa de equiparação a uma prestação de serviços." (GOMES, 2021, p. 303).

3.3. TRIBUTAÇÃO EM RAZÃO DA DOAÇÃO (ITCMD)

O presente tópico tem por escopo analisar a incidência de ITCMD em caso de doação de criptomoedas por *airdrops*, conforme mencionado anteriormente. No que tange ao ITCMD, trata-se de imposto sobre doação e *causa mortis*, cujo patrimônio doado pode ser composto por bens imóveis ou móveis. Sobre o tema, frisa-se que, para os bens imóveis, o Ente tributante é aquele em que o bem estiver localizado. Por sua vez, em se tratando de bens móveis, a competência para tributar é do domicílio do doador.

Caso o doador seja domiciliado ou residente no exterior, lei complementar definirá qual será o ente para fins de tributação, conforme dispõe a alínea "a", inciso III, §1º, do art.155, da CRFB. Em que pese esse comando constitucional, até o presente momento não houve regulamentação.

Nesse diapasão, aduz-se que o *airdrop* de criptomoedas realizado no exterior, hoje, não é tributado pelo ITCMD, uma vez que inexiste lei disciplinando o tema[124]. Ademais, ainda que houvesse legislação nesse sentido, o controle sobre os bens circulantes fora do país precisaria de cooperação internacional para a fiscalização e a promoção da constrição patrimonial pela dívida tributária de determinado contribuinte com o Estado brasileiro.

Outrossim, o presente tributo também pode ser utilizado nas hipóteses em que há doações disfarçadas. Explica-se: as partes convencionam o preço de um serviço, de uma mercadoria, ou até mesmo de outra criptomoeda, em um valor díspar do equivalente àquele que a criptomoeda que está sendo doada possui no mercado. Nesse caso, por se estar diante de um ato de doação, é possível a tributação sobre a diferença entre o valor de mercado e o valor aplicado na transação.

---

[124] Sobre o tema, observar que na ADO 67, o STF estabeleceu o prazo de 12 meses, a contar da publicação do acórdão (15.08.2022) para que o Congresso Nacional edite lei complementar com normas gerais definidoras do Imposto sobre Transmissão Causa Mortis e Doação (ITCMD) nas doações e nas heranças instituídas no exterior.

3.4. INCIDÊNCIA DE CONTRIBUIÇÕES DECORRENTES DE GANHOS POR OPERAÇÕES COM CRIPTOMOEDAS: PIS/PASEP, COFINS E CSLL

Antes de adentrar nas contribuições que serão destacadas neste tópico, é imprescindível tecer cinco notas introdutórias, quais sejam: (i) são tributos cujos fatos geradores associam-se às grandezas já tributadas por impostos e/ou taxas; (ii) são instituídas com escopo de viabilizar alguma atividade específica do Governo Federal; (iii) possuem como fundamento de validade o art.149, da Constituição da República; (iv) ao contrário do disposto no inciso II, do art.4º, do CTN[125], a destinação legal do valor arrecadado é relevante para definição da natureza jurídica do tributo; (v) não exigem uma contraprestação do Estado.

Estruturando um arcabouço jurídico comum para as contribuições especiais, Leandro Paulsen e Andrei Pitten Velloso (2019) propõem requisitos de existência, validade e eficácia. Segundo os autores, para que este tributo cumpra o requisito de existência é necessário que a lei instituidora afete a receita a uma atividade constitucionalmente relevante[126], não sendo suficiente a destinação, por meio de lei orçamentária, da quantia arrecadada.

---

[125] Art. 4º do CTN: "A natureza jurídica específica do tributo é determinada pelo fato gerador da respectiva obrigação, sendo irrelevantes para qualificá-la:
I - a denominação e demais características formais adotadas pela lei;
II - a destinação legal do produto da sua arrecadação."

[126] "Pontuamos que, para fins de enquadramento conceitual, releva a afetação, e não a destinação da contribuição. É no momento da instituição que se deve averiguar a espécie tributária que foi criada, e não no do emprego dos recursos arrecadados. Tributo criado com as características de contribuição, contribuição é, mesmo que os seus recursos sejam totalmente desviados pela legislação orçamentária. E tributo não afetado quando da sua instituição jamais se qualificará como contribuição, a menos que sofra uma metamorfose jurídica, em razão de modificação que lhe dê feições diversas.
Repisamos que a vinculação meramente orçamentária não modifica a natureza jurídica do tributo. Se o legislador instituir tributo com hipótese de incidência não vinculada, sem afetar as suas receitas a qualquer finalidade específica, terá criado um imposto, não uma contribuição especial. Mesmo que a legislação orçamentária posteriormente afete os recursos angariados a finalidade específica, a sua natureza jurídica remanescerá inalterada: preceitos orçamentários não têm o condão de transformar impostos em contribuições. A legislação orçamentária terá simplesmente afetado a receita de imposto e, dessa forma, incorrido em inconstitucionali-

No que tange aos requisitos de validade, aduz-se que, além de a contribuição servir para financiar as atividades sociais, de intervenção no domínio econômico e de interesses das categorias profissionais ou econômicas, deve ainda ser analisado se (i) o tributo é meio hábil para alcançar o fim desejado; (ii) o fim é relevante e não seria alcançado de forma diversa; e se (iii) não há violação aos valores constitucionais do mínimo existencial e vedação ao confisco. Para além disso, é imprescindível que haja referibilidade por pertinência[127] entre quem contribui e quem usufrui da atuação estatal, conforme entendeu o Supremo Tribunal Federal no Recurso Extraordinário nº 446.249[128].

---

dade, por violar o preceito do art. 167, IV, da CF (que veda a afetação dos recursos angariados com impostos a órgão, fundo ou despesa)." (PAULSEN, 2019, p. 47).

[127] "Em suma, a referibilidade comporta duas acepções: (i) referibilidade como benefício econômico ou responsabilidade pela atividade estatal, que não é requisito de validade do gênero das contribuições especiais no nosso ordenamento jurídico; e (ii) referibilidade como pertinência entre a finalidade da contribuição e as atividades ou interesses dos obrigados tributários, que é sim pressuposto de instituição e cobrança válidas de todas as contribuições especiais, sejam elas sociais, interventivas ou corporativas." (PAULSEN, 2019, p. 60).

[128] Trata-se de recurso extraordinário interposto contra acórdão proferido pelo Tribunal Regional da 4ª Região que recebeu a seguinte ementa: "TRIBUTÁRIO. EXIGIBILIDADE DA CONTRIBUIÇÃO AO SESI/SENAI. EMPRESA DE TRANSPORTE RODOVIÁRIO. EXPRESSA DETERMINAÇÃO LEGAL. LEGALIDADE DO SEST/SENAT E DA LEI 8.076/93 E DECRETO 1.007/93" (fl. 575). Neste RE, interposto com base no art. 102, III, a, da Constituição, a parte recorrente alegou, em suma, a indispensabilidade de lei complementar para a instituição dos referidos tributos. É o breve relatório. Decido. A pretensão recursal não merece prosperar. O acórdão recorrido encontra-se em harmonia com o entendimento da Corte que, no julgamento do RE 396.266/SC, Rel. Min. Carlos Velloso, assentou a constitucionalidade da contribuição ao SEBRAE e a sua natureza jurídica de contribuição de intervenção no domínio econômico. Nesse sentido, por oportuno, o RE 401.823-AgR/SC, Rel. Min. Carlos Brito, conforme se vê da ementa a seguir transcrita: "AGRAVO REGIMENTAL. RECURSO EXTRAORDINÁRIO. CONTRIBUIÇÃO PARA O SEBRAE. CONTRIBUIÇÃO DE INTERVENÇÃO NO DOMÍNIO ECONÔMICO. EMPRESA PRESTADORA DE SERVIÇOS DE TRANSPORTE. SEST/SENAT. MICRO E PEQUENA EMPRESA. Esta colenda Corte, no julgamento do RE 396.266, Rel. Min. Carlos Velloso, consignou o entendimento de que **a contribuição para o SEBRAE configura contribuição de intervenção no domínio econômico. Logo, são insubsistentes as alegações da agravante no sentido de que empresa fora do âmbito de atuação do SEBRAE, por estar vinculada a outro serviço social (SEST/SENAT) ou mesmo por não estar enquadrada como pequena ou microempresa, não pode ser sujeito passivo da referida contribuição**. Precedente: RE 396.266, Rel. Min. Carlos Velloso. Agravo regimental a que se nega provimento." (DJ de 11/2/2005). "No mesmo sentido, ainda, menciono as seguintes decisões, en-

Quanto ao requisito de eficácia, afirma-se que esse subsiste enquanto a receita afetada é útil para os fins almejados previstos na lei que institui a contribuição. Nessa perspectiva, havendo desafetação total ou parcial da destinação do tributo, deve ser reconhecida a desnecessidade superveniente de manutenção do tributo, uma vez que o objetivo foi alcançado e o valor arrecadado está sendo destinado a outro fim. Em que pese a inteligência dessa construção, o STF interpretou a legitimidade delas no caso das desvinculações de receitas contempladas por emendas constitucionais[129]. Posicionamento diverso ocorre quando a

---

tre outras: RE 427.731-AgR/RS e RE 414.534-AgR-EDcl/RS, Rel. Min. Eros Grau; RE 500.315-AgR/DF, Rel. Min. Carlos Britto; RE 461.669-AgR/PR, Rel. Min. Sepúlveda Pertence; AI 596.552-AgR/MG, de minha relatoria; AI 655.354-AgR, Rel. Min. Celso de Mello. Ademais, a discussão acerca da legitimidade passiva das empresas prestadoras de serviço para a cobrança das referidas contribuições demanda a interpretação da legislação infraconstitucional aplicável à espécie. A ofensa à Constituição, se ocorrente, seria indireta. Incabível, portanto, o recurso extraordinário. Nesse sentido, menciono as seguintes decisões, entre outras: RE 535.655-ED/PR, Rel. Min. Sepúlveda Pertence; AI 613.469-AgR/SP, Rel. Min. Cármen Lúcia; AI 674.449-AgR/SP e AI 606.015-AgR-ED/SP, Rel. Min. Eros Grau. Isso posto, nego seguimento ao recurso (CPC, art. 557, caput). Publique-se. Brasília, 5 de outubro de 2009. Ministro RICARDO LEWANDOWSKI – Relator" (STF - RE: 446249 SC, Relator: Min. RICARDO LEWANDOWSKI, Data de Julgamento: 05/10/2009, Data de Publicação: DJe-199 DIVULG 21/10/2009 PUBLIC 22/10/2009).

[129] "Ementa: DIREITOS CONSTITUCIONAL E TRIBUTÁRIO. REPERCUSSÃO GERAL. DESVINCULAÇÃO DE RECEITAS DA UNIÃO – DRU. ART. 76 DO ATO DAS DISPOSIÇÕES CONSTITUCIONAIS TRANSITÓRIAS. AUSÊNCIA DE CORRELAÇÃO ENTRE A ALEGADA INCONSTITUCIONALIDADE DA DRU E O DIREITO À DESONERAÇÃO TRIBUTÁRIA PROPORCIONAL À DESVINCULAÇÃO. ILEGITIMIDADE PROCESSUAL. AUSÊNCIA DE DIREITO LÍQUIDO E CERTO. RECURSO EXTRAORDINÁRIO AO QUAL SE NEGA PROVIMENTO. 1. A questão nuclear deste recurso extraordinário não é se o art. 76 do ADCT ofenderia norma permanente da Constituição da República, mas se, eventual inconstitucionalidade, conduziria a ter a Recorrente direito à desoneração proporcional à desvinculação das contribuições sociais recolhidas. 2. Não é possível concluir que, eventual inconstitucionalidade da desvinculação parcial da receita das contribuições sociais, teria como consequência a devolução ao contribuinte do montante correspondente ao percentual desvinculado, pois a tributação não seria inconstitucional ou ilegal, única hipótese autorizadora da repetição do indébito tributário ou o reconhecimento de inexistência de relação jurídico-tributária. 3. Não tem legitimidade para a causa o contribuinte que pleiteia judicialmente a restituição ou o não recolhimento proporcional à desvinculação das receitas de contribuições sociais instituída pelo art. 76 do ADCT, tanto em sua forma originária quanto na forma das alterações promovidas pelas Emendas Constitucionais n. 27/2000, 42/2003, 56/2007, 59/2009 e 68/2011. Ausente direito líquido e certo para a impetração de

desvinculação decorre de lei. Nesse sentido, colaciona-se o voto do Ministro Carlos Velloso no Recurso Extraordinário nº 138.244, que antecipou uma possível invalidade, caso o produto da arrecadação fosse destinado a fim diverso ao financiamento da seguridade social:

> O que importa perquirir não é o fato de a União arrecadar a contribuição, mas se o produto da arrecadação é destinado ao financiamento da seguridade social (C.F., art. 195, I). A resposta está na própria Lei 7.689, de 15.12.88, que, no seu artigo 1º, dispõe, expressamente, que "fica instituída contribuição social sobre o lucro das pessoas jurídicas, destinada ao financiamento da seguridade social". De modo que, se o produto da arrecadação for desviado de sua exata finalidade, estará sendo descumprida a lei, certo que uma remota possibilidade do descumprimento da lei não seria capaz, evidentemente, de torná-la inconstitucional (VELLOSO, 1992, p. 459).[130]

O que se observa à luz do transcrito acima é que (i) se a lei orçamentária destinar o produto da arrecadação a finalidade diversa ao que a lei instituidora previu, subsiste uma invalidade; (ii) não advindo lei contendo previsão de destinação diversa, caso a autoridade administrativa desvincule de modo fático, não há qualquer inconstitucionalidade. Nesse mesmo sentido, colaciona-se a doutrina de Leandro Paulsen e Andrei Pitten Velloso que sintetiza o exposto até o momento:

> O desvio dos recursos angariados com as contribuições deve ser abordado à luz das suas particularidades.
> Os desvios impostos por emendas constitucionais somente poderiam ser rechaçados por ofensa a cláusulas pétreas, mas o Supremo Tribunal Federal jamais se sensibilizou com tal argumento.
> Já os desvios determinados ou autorizados pela legislação financeira (orçamentária ou não são visivelmente ilegítimos, haja vista atentarem contra o próprio fundamento angariados e, consequentemente, evidenciam a inobservância de requisito imprescindível à sua cobrança (requisito da necessidade).

---

mandados de segurança. 4. Negado provimento ao recurso extraordinário." (STF - RE: 566.077 SC, Relatora: Min. Carmen Lucia, Data de Julgamento: 13/11/2014, Data de Publicação: DJe-028 DIVULG 11/02/2015).

[130] "Art. 257. Ficam obrigadas à apuração do lucro real as pessoas jurídicas:
[...]
II - cujas atividades sejam de bancos comerciais, bancos de investimentos, bancos de desenvolvimento, agências de fomento, caixas econômicas, sociedades de crédito, financiamento e investimento, sociedades de crédito imobiliário, sociedades corretoras de títulos, valores mobiliários e câmbio, sociedades de crédito ao microempreendedor e à empresa de pequeno porte, distribuidoras de títulos e valores mobiliários, empresas de arrendamento mercantil, cooperativas de crédito, empresas de seguros privados e de capitalização e entidades abertas de previdência complementar."

Mas tais desvios não implicam, por si sós, a inconstitucionalidade das contribuições. Levam à sua ineficácia. Obstam a sua incidência desde o momento em que perpetrados, em parcela equivalente à desviada. E se os desvios abrangerem recursos já angariados, a ineficácia há de retroagir na exata medida da retroação dos desvios, ensejando o direito a que os contribuintes repitam ou compensem o que pagaram indevidamente, pela contribuição desnecessária e, consequentemente, carente de supedâneo constitucional. Por fim, desvios ocasionais e ilegais, verificados quando da execução do orçamento, não geram quaisquer efeitos na seara tributária (PAULSEN, 2019, p. 75-760).

Proposto um quadro geral sobre as contribuições, inicia-se a análise individual de cada tributo citado no título deste tópico, afirmando que a redação original da Constituição da República previa como fato gerador das contribuições previdenciárias, para os empregadores, a folha de salários, o faturamento e o lucro[131]. Com o advento da Emenda Constitucional nº 20, de 1998, o referido dispositivo passou por uma transformação, dispondo que o fato gerador das contribuições para seguridade social seria a folha de salários e os demais rendimentos do trabalho pagos ou creditados, a qualquer título, à pessoa física que lhe preste serviço, mesmo sem vínculo empregatício; a receita ou o faturamento; e o lucro.

À época da promulgação da Constituição da República, existiam três leis que versavam sobre as contribuições para seguridade social, e, que dispunham sobre a destinação da receita decorrente da contribuição sobre o faturamento, quais sejam: (i) Lei Complementar nº 07, de 1970, que versava sobre o PIS, cuja destinação era auxiliar a formação do patrimônio individual do segurado; (ii) Lei Complementar nº 08, de 1970, que, de forma similar, tratava de uma contribuição para auxiliar a instituição do patrimônio do servidor público; (iii) Decreto-Lei nº 1.940, de 1982, que contemplava a contribuição para custear investimentos de caráter assistencial em alimentação, habitação popular, saúde, educação, justiça e amparo ao pequeno agricultor.

Com o advento da Constituição da República de 1988, o art.239 destinou as receitas do PIS e PASEP, primordialmente, ao custeio do se-

---

[131] "Art. 195. A seguridade social será financiada por toda a sociedade, de forma direta e indireta, nos termos da lei, mediante recursos provenientes dos orçamentos da União, dos Estados, do Distrito Federal e dos Municípios, e das seguintes contribuições sociais:
I - dos empregadores, incidente sobre a folha de salários, o faturamento e o lucro;
II - dos trabalhadores;
III - sobre a receita de concursos de prognósticos."

guro-desemprego[132][133]. Por sua vez, o art.56, do ADCT, destinou parcela da arrecadação do Decreto-Lei nº 1.940/82 para o custeio da seguridade social enquanto não adviesse lei regulando o tema[134].

Exaurindo-se do ônus de elaborar lei que substituísse o Decreto-Lei nº 1.940/82, o legislador pátrio produziu a Lei Complementar nº 70, de 1991, que disciplinou a contribuição social sobre "a receita bruta das vendas de mercadorias, de mercadorias e serviços e de serviços de qualquer natureza". Acerca da referida normatização, vale trazer duas observações: (i) à época, havia dúvida se o modo de criar uma contribuição, cujo fato gerador já estava previsto na Constituição, seria por lei ordinária ou complementar, sendo que, por cautela, editou-se uma lei complementar materialmente ordinária; (ii) discutiu-se a amplitude do termo receita bruta, sendo que o Supremo Tribunal Federal, na Ação Declaratória de Constitucionalidade nº 01, ao analisar o disposto no art.1º, interpretou que o legislador, em verdade, trouxe o conceito de faturamento, uma vez que restringiu a amplitude do signo às operações realizadas na "atividade principal" da pessoa jurídica, e a expressão "receita bruta" engloba qualquer tipo de receita.

---

132 "Art. 239. A arrecadação decorrente das contribuições para o Programa de Integração Social, criado pela Lei Complementar n.º 7, de 7 de setembro de 1970, e para o Programa de Formação do Patrimônio do Servidor Público, criado pela Lei Complementar n.º 8, de 3 de dezembro de 1970, passa, a partir da promulgação desta Constituição, a financiar, nos termos que a lei dispuser, o programa do seguro-desemprego e o abono de que trata o § 3º deste artigo.
[...]
§ 3º Aos empregados que percebam de empregadores que contribuem para o Programa de Integração Social ou para o Programa de Formação do Patrimônio do Servidor Público, até dois salários mínimos de remuneração mensal, é assegurado o pagamento de um salário mínimo anual, computado neste valor o rendimento das contas individuais, no caso daqueles que já participavam dos referidos programas, até a data da promulgação desta Constituição."

133 A Emenda Constitucional nº 103, de 2019, permitiu que o dinheiro arrecadado do PIS/PASEP servisse para custear outras ações da seguridade social.

134 "Art. 56. Até que a lei disponha sobre o art. 195, I, a arrecadação decorrente de, no mínimo, cinco dos seis décimos percentuais correspondentes à alíquota da contribuição de que trata o Decreto-Lei nº 1.940, de 25 de maio de 1982, alterada pelo Decreto-Lei nº 2.049, de 1º de agosto de 1983, pelo Decreto nº 91.236, de 8 de maio de 1985, e pela Lei nº 7.611, de 8 de julho de 1987, passa a integrar a receita da seguridade social, ressalvados, exclusivamente no exercício de 1988, os compromissos assumidos com programas e projetos em andamento."

Conhecendo o entendimento dos Tribunais Superiores acerca da possibilidade de lei ordinária disciplinar as contribuições cujos fatos geradores encontravam-se na Constituição da República, o Presidente da República editou a Medida Provisória nº 1.676-38, de 1998, convertida na Lei nº 9.715, de 1998, que disciplinou as normas referentes ao PIS/PASEP. Em seguida, em 27 de outubro de 1998, foi editada a Lei nº 9.718, que estendeu a base de cálculo do PIS/PASEP e da COFINS para receita bruta (já não era mais faturamento). Ocorre, entretanto, que, por inexistir à época, previsão da materialidade "receita bruta" no inciso I, do art.195, da Constituição da República, tal aspecto material deveria vir por Lei Complementar, na forma do art.195, §4º, da Constituição.

Outra possibilidade de legitimar a cobrança sobre toda a receita bruta seria a ampliação do fato gerador do tributo, por intermédio de Emenda Constitucional. Tal medida foi concretizada em 15 de dezembro de 1998, através da Emenda Constitucional nº 20, sendo certo, todavia, que o vício inaugural da Lei nº 9.718/98, cujo efeito é a ampliação da materialidade do fato gerador "faturamento" para "receita bruta", na forma do art.3º, não foi convalidado, tendo em vista a nulidade *ab ovo* da norma. Portanto, até essa época era possível afirmar que toda e qualquer contribuição referente ao PIS/PASEP e COFINS incidiria sobre o faturamento apenas.

Demonstrada a evolução histórica entre 1988 e 1998, a partir de 2002, surgiu um novo cenário fático importante, qual seja, a edição de leis que dispunham sobre a não cumulatividade de tais contribuições: a Lei nº 10.637/2002, que disciplinava o PIS/PASEP não cumulativo; e a Lei nº 10.833/2003, que discorria sobre a COFINS não cumulativa. As duas legislações citadas possuem como fato gerador do tributo a receita bruta. Dessa forma, aduz-se que, para o regime não cumulativo, o aspecto material do tributo é a receita bruta, que engloba tanto as receitas da atividade como as receitas acessórias.

Por sua vez, acerca das contribuições no regime cumulativo, destaca-se que a Lei nº 12.973/2014 alterou o art.3º, da Lei nº 9.718/98, dispondo que se entende como faturamento a receita bruta de que trata o art.12, do Decreto-Lei nº 1.598, de 1977[135]. Analisando a legislação citada, observa-se que a receita bruta para o regime cumulativo

---

[135] "Art. 12. A receita bruta compreende:

I - o produto da venda de bens nas operações de conta própria;

II - o preço da prestação de serviços em geral;

III - o resultado auferido nas operações de conta alheia; e

é restrita à atividade principal da pessoa jurídica, conforme prevê expressamente o inciso IV (**as receitas da atividade ou objeto principal da pessoa jurídica** não compreendidas nos incisos I a III).

Acerca da edição dessa norma, frisa-se que a preocupação do legislador, nesse caso, foi reforçar o entendimento do Supremo Tribunal Federal, que já havia afastado a tese de que sociedades que não exploravam atividade de vendas e serviços, no regime cumulativo, não deveriam arcar com o PIS/PASEP e COFINS. Desse modo, em que pese a Constituição da República autorizar a opção pela receita bruta no regime cumulativo, ainda, hoje, se aplica o conceito de faturamento, como aspecto material do tributo, nesse regime.

Por último, antes de adentrar na regra matriz de incidência do tributo, frisa-se que o regime não cumulativo não é aplicável para algumas pessoas jurídicas, como, por exemplo, aquelas que são tributadas pelo SIMPLES ou pelo regime do lucro presumido ou arbitrado, e para as instituições financeiras, dentre elas, bancos comerciais e casas de câmbio, na forma do art.10, I, da Lei nº 10.833/03 e do art.8, I, da Lei nº 10.637/02. Desse modo, excepcionado o rol taxativo previsto nesses dispositivos, as pessoas jurídicas que recolherem imposto de renda pelo regime do lucro real, poderão utilizar a sistemática da não cumulatividade.

Quanto ao aspecto material do tributo, há de se reafirmar que, para o regime não cumulativo, adotou-se a grandeza "receita", sendo essa composta por fatos-acréscimos das atividades principais e acessórias da pessoa jurídica. Por sua vez, para o regime cumulativo, adotou-se a grandeza "faturamento", sendo que o art.3º, da Lei nº 9.718/98, a equipara a receita bruta nos termos do Decreto-Lei nº 1.598/77, que corresponde à receita decorrente da atividade principal[136].

IV - as receitas da atividade ou objeto principal da pessoa jurídica não compreendidas nos incisos I a III."

[136] "**Lei nº 9718/98**
Art.2º As contribuições para o **PIS/PASEP e a COFINS**, devidas pelas pessoas jurídicas de direito privado, **serão calculadas com base no seu faturamento**, observadas a legislação vigente e as alterações introduzidas por esta Lei.
Art.3º O faturamento a que se refere o art.2º compreende a receita bruta de que trata o art. 12 do Decreto-Lei no 1.598, de 26 de dezembro de 1977.
Decreto-Lei nº 1.598/77
Art. 12. A receita bruta compreende:
I - o produto da venda de bens nas operações de conta própria;

Em relação ao aspecto espacial, aduz-se que receita/faturamento é o que é obtido em todo o território nacional. No que tange ao aspecto temporal, afirma-se que a periodicidade é mensal. Acerca do aspecto pessoal, o sujeito ativo é a União, e o sujeito passivo é a pessoa jurídica.

Quanto ao aspecto quantitativo, ele se subdivide em base de cálculo e alíquota. No regime cumulativo, a alíquota do PIS/PASEP é de 0,65% e da COFINS, em regra, é de 3%, enquanto no regime não cumulativo, respectivamente, é de 1,65% e 7,6%. Por último, acerca da base de cálculo, há uma série de fatos-acréscimos que não devem ser con-

---

II - o preço da prestação de serviços em geral;

III - o resultado auferido nas operações de conta alheia; e

IV - as receitas da atividade ou objeto principal da pessoa jurídica não compreendidas nos incisos I a III

....

Lei nº 10.637/02

Art.1º A Contribuição para o PIS/Pasep, **com a incidência não cumulativa**, incide sobre o **total das receitas auferidas no mês pela pessoa jurídica**, independentemente de sua denominação ou classificação contábil.

§1º Para efeito do disposto neste artigo, o total das receitas compreende a receita bruta de que trata o art. 12 do Decreto-Lei no 1.598, de 26 de dezembro de 1977, **e todas as demais receitas auferidas pela pessoa jurídica com os respectivos valores decorrentes do ajuste a valor presente de que trata o inciso VIII do caput do art. 183 da Lei no 6.404, de 15 de dezembro de 1976.**

§2º A base de cálculo da Contribuição para o PIS/Pasep é o total das receitas auferidas pela pessoa jurídica, conforme definido no caput e no §1º

....

Lei nº 10.833/03

Art.1º A Contribuição para o Financiamento da Seguridade Social - Cofins, **com a incidência não cumulativa, incide sobre o total das receitas auferidas no mês pela pessoa jurídica**, independentemente de sua denominação ou classificação contábil.

§1º Para efeito do disposto neste artigo, o total das receitas compreende a receita bruta de que trata o art. 12 do Decreto-Lei no 1.598, de 26 de dezembro de 1977, **e todas as demais receitas auferidas pela pessoa jurídica com os seus respectivos valores decorrentes do ajuste a valor presente de que trata o inciso VIII do caput do art. 183 da Lei no 6.404, de 15 de dezembro de 1976.**

§ 2º A base de cálculo da Cofins é o **total das receitas auferidas pela pessoa jurídica**, conforme definido no caput e no §1º."

tabilizados no montante das receitas, por não representarem efetivamente ganhos[137].

---

[137] "**Lei nº 9718/98**

Art.3º [...]

§ 2º Para fins de determinação da base de cálculo das contribuições a que se refere o art. 2º, excluem-se da receita bruta:

I - as vendas canceladas e os descontos incondicionais concedidos;

II - as reversões de provisões e recuperações de créditos baixados como perda, que não representem ingresso de novas receitas, o resultado positivo da avaliação de investimento pelo valor do patrimônio líquido e os lucros e dividendos derivados de participações societárias, que tenham sido computados como receita bruta;

III - Revogado

IV - as receitas de que trata o inciso IV do caput do art. 187 da Lei no 6.404, de 15 de dezembro de 1976, decorrentes da venda de bens do ativo não circulante, classificado como investimento, imobilizado ou intangível; e

V-Revogado

VI - a receita reconhecida pela construção, recuperação, ampliação ou melhoramento da infraestrutura, cuja contrapartida seja ativo intangível representativo de direito de exploração, no caso de contratos de concessão de serviços públicos.

[...]

§ 4º Nas operações de câmbio, realizadas por instituição autorizada pelo Banco Central do Brasil, considera-se receita bruta a diferença positiva entre o preço de venda e o preço de compra da moeda estrangeira.

[...]

§6º Na determinação da base de cálculo das contribuições para o PIS/PASEP e COFINS, as pessoas jurídicas referidas no §1º do art. 22 da Lei no 8.212, de 1991, além das exclusões e deduções mencionadas no §5º, poderão excluir ou deduzir

I - no caso de bancos comerciais, bancos de investimentos, bancos de desenvolvimento, caixas econômicas, sociedades de crédito, financiamento e investimento, sociedades de crédito imobiliário, sociedades corretoras, distribuidoras de títulos e valores mobiliários, empresas de arrendamento mercantil e cooperativas de crédito

a) despesas incorridas nas operações de intermediação financeira;

b) despesas de obrigações por empréstimos, para repasse, de recursos de instituições de direito privado;

c) deságio na colocação de títulos;

d) perdas com títulos de renda fixa e variável, exceto com ações

e) perdas com ativos financeiros e mercadorias, em operações de hedge

....

Lei nº 10.637/02

Art.1º [...]

§3º Não integram a base de cálculo a que se refere este artigo, as receitas:

Para encerrar acerca desses tributos, propõe-se as seguintes conclusões:

I - decorrentes de saídas isentas da contribuição ou sujeitas à alíquota zero;

II - Revogado

III - auferidas pela pessoa jurídica revendedora, na revenda de mercadorias em relação às quais a contribuição seja exigida da empresa vendedora, na condição de substituta tributária;

IV- Revogado

V - referentes a:

a) vendas canceladas e aos descontos incondicionais concedidos;

b) reversões de provisões e recuperações de créditos baixados como perda, que não representem ingresso de novas receitas, o resultado positivo da avaliação de investimentos pelo valor do patrimônio líquido e os lucros e dividendos derivados de participações societárias, que tenham sido computados como receita;

VI - de que trata o inciso IV do caput do art. 187 da Lei nº 6.404, de 15 de dezembro de 1976, decorrentes da venda de bens do ativo não circulante, classificado como investimento, imobilizado ou intangível;

VII - decorrentes de transferência onerosa a outros contribuintes do Imposto sobre Operações relativas à Circulação de Mercadorias e sobre Prestações de Serviços de Transporte Interestadual e Intermunicipal e de Comunicação - ICMS de créditos de ICMS originados de operações de exportação, conforme o disposto no inciso II do § 1o do art. 25 da Lei Complementar no 87, de 13 de setembro de 1996.

VIII - financeiras decorrentes do ajuste a valor presente de que trata o inciso VIII do caput do art. 183 da Lei nº 6.404, de 15 de dezembro de 1976, referentes a receitas excluídas da base de cálculo da Contribuição para o PIS/Pasep;

IX - relativas aos ganhos decorrentes de avaliação de ativo e passivo com base no valor justo;

X - de subvenções para investimento, inclusive mediante isenção ou redução de impostos, concedidas como estímulo à implantação ou expansão de empreendimentos econômicos e de doações feitas pelo poder público;

XI - reconhecidas pela construção, recuperação, reforma, ampliação ou melhoramento da infraestrutura, cuja contrapartida seja ativo intangível representativo de direito de exploração, no caso de contratos de concessão de serviços públicos;

XII - relativas ao valor do imposto que deixar de ser pago em virtude das isenções e reduções de que tratam as alíneas "a", "b", "c" e "e" do § 1o do art. 19 do Decreto-Lei no 1.598, de 26 de dezembro de 1977; e XIII - relativas ao prêmio na emissão de debêntures.

....

Lei nº 10.833/03

Art.1º [...]

§ 3º Não integram a base de cálculo a que se refere este artigo as receitas:

I - isentas ou não alcançadas pela incidência da contribuição ou sujeitas à alíquota 0 (zero);

I. Pessoa jurídica que não explora atividade financeira de criptomoedas e está enquadrada no regime PIS/COFINS cumulativo: as receitas provenientes da venda desses ativos não serão inseridas na base de cálculo do PIS/PASEP e COFINS, uma vez que não se trata de atividade principal da pessoa jurídica;
II. Pessoa jurídica que não explora atividade financeira de criptomoedas e está enquadrada no regime PIS/COFINS não-cumulati-

---

II - de que trata o inciso IV do caput do art. 187 da Lei nº 6.404, de 15 de dezembro de 1976, decorrentes da venda de bens do ativo não circulante, classificado como investimento, imobilizado ou intangível;

III - auferidas pela pessoa jurídica revendedora, na revenda de mercadorias em relação às quais a contribuição seja exigida da empresa vendedora, na condição de substituta tributária;

IV- Revogado

V - referentes a:

a) vendas canceladas e aos descontos incondicionais concedidos;

b) reversões de provisões e recuperações de créditos baixados como perda que não representem ingresso de novas receitas, o resultado positivo da avaliação de investimentos pelo valor do patrimônio líquido e os lucros e dividendos derivados de participações societárias, que tenham sido computados como receita;

VI - decorrentes de transferência onerosa a outros contribuintes do Imposto sobre Operações relativas à Circulação de Mercadorias e sobre Prestações de Serviços de Transporte Interestadual e Intermunicipal e de Comunicação - ICMS de créditos de ICMS originados de operações de exportação, conforme o disposto no inciso II do § 1o do art. 25 da Lei Complementar no 87, de 13 de setembro de 1996.

VII - financeiras decorrentes do ajuste a valor presente de que trata o inciso VIII do caput do art. 183 da Lei nº 6.404, de 15 de dezembro de 1976, referentes a receitas excluídas da base de cálculo da Cofins;

VIII - relativas aos ganhos decorrentes de avaliação do ativo e passivo com base no valor justo;

IX - de subvenções para investimento, inclusive mediante isenção ou redução de impostos, concedidas como estímulo à implantação ou expansão de empreendimentos econômicos e de doações feitas pelo poder público;

X - reconhecidas pela construção, recuperação, reforma, ampliação ou melhoramento da infraestrutura, cuja contrapartida seja ativo intangível representativo de direito de exploração, no caso de contratos de concessão de serviços públicos;

XI - relativas ao valor do imposto que deixar de ser pago em virtude das isenções e reduções de que tratam as alíneas "a", "b", "c" e "e" do § 1o do art. 19 do Decreto-Lei no 1.598, de 26 de dezembro de 1977; e

XII - relativas ao prêmio na emissão de debêntures."

vo: eventuais ganhos acessórios por venda das criptomoedas com valorização deverão ser contabilizados na base de cálculo;

III. Pessoa jurídica que tem como objeto social operações com criptomoedas: por entender que existe uma equivalência com a atividade financeira, obrigatoriamente, a pessoa está inserida no regime do PIS/COFINS cumulativo, aplicando, nesse caso, o §6º do art.3º, da Lei nº 9.718/99, que prevê uma série de deduções possíveis à receita bruta. Ainda nesse desiderato, caso se classifiquem tais pessoas como operadoras de câmbio, aplica-se o §4º, do art.3º, da Lei nº 9.718/99, cuja previsão normativa é no sentido de que a receita bruta é a diferença positiva entre o preço da venda e o preço da compra da criptomoeda.

Salienta-se que nas hipóteses dos itens "i" e "ii", o percebimento de criptomoeda como contraprestação por uma atividade desempenhada gera a necessidade de declarar a entrada do bem, convertendo o valor da criptomoeda para moeda legal e calculando o ganho na base de cálculo de tais tributos. Posteriormente, no caso de venda de tais ativos, e, apenas no caso do item "ii" (regime não-cumulativo), eventuais ganhos serão acrescidos à base de cálculo do tributo. Isso porque os ganhos decorrentes da valorização do ativo não circulante não são tributáveis enquanto não ocorrer a venda, conforme dispõe o inciso VIII, do §3º, do art.1º da Lei nº 10.637/02, e o inciso VII, do §3º, do art.1º, da Lei nº10.833/03.

Em relação à CSLL, afirma-se que essa se trata de contribuição para financiar a seguridade social, tendo por base de cálculo o lucro líquido real (resultado operacional e outras receitas, deduzido de outras despesas) antes da provisão do imposto de renda. Desse modo, ressalta-se a similaridade entre as bases de cálculo do imposto de renda e da referida contribuição, conforme dispõe o art.2º, da Lei nº 7.689/88: "[a] base de cálculo da contribuição é o valor do resultado do exercício, antes da provisão para o imposto de renda." (BRASIL, 1988, s/p). Salienta-se que para as pessoas jurídicas que utilizam a sistemática do lucro presumido, a base de cálculo desse tributo pode ser de 32%, 38,4% ou 12% da receita bruta, nos termos do art.20, III, da Lei nº 9.249/95[138]. Por sua vez, a alíquota poderá ser de 20%, 15% ou 9%, a

---

[138] "Art. 20. A base de cálculo da Contribuição Social sobre o Lucro Líquido (CSLL) devida pelas pessoas jurídicas que efetuarem o pagamento mensal ou trimestral a que se referem os arts. 2º, 25 e 27 da Lei nº 9.430, de 27 de dezembro de 1996, corresponderá aos seguintes percentuais aplicados sobre a receita bruta definida pelo art. 12 do Decreto-Lei nº 1.598, de 26 de dezembro de 1977, auferida no

depender da atividade desempenhada, conforme prevê o art.3º, I, da Lei nº 7.689/88[139].

Ressalta-se que, quando o contribuinte for *Exchange*, que no presente trabalho assume a natureza jurídica equivalente à de instituição financeira, tal qual um banco, deve haver o recolhimento pelo lucro real, e a alíquota é de 20%, na forma do art.3º, II-A, da Lei nº 7.689/88, combinado com o art.1º, I, da Lei Complementar nº 105/00. É possível, no entanto, que se a *Exchange* atue apenas promovendo a troca de criptomoedas (não há, por exemplo, guarda delas), aplicar a alíquota de 15%, na forma do art.3, I, da Lei nº 7.689/88, combinado com o art.1º, III, da Lei Complementar nº 105/00.

---

período, deduzida das devoluções, das vendas canceladas e dos descontos incondicionais concedidos:

I - 32% (trinta e dois por cento) para a receita bruta decorrente das atividades previstas no inciso III do § 1º do art. 15 desta Lei

II - 38,4% (trinta e oito inteiros e quatro décimos por cento) para a receita bruta decorrente das atividades previstas no inciso IV do § 1º do art. 15 desta Lei; e

III - 12% (doze por cento) para as demais receitas brutas."

[139] "Art. 3ºA alíquota da contribuição é de:

I - 20% (vinte por cento) até o dia 31 de dezembro de 2021 e 15% (quinze por cento) a partir de 1º de janeiro de 2022, no caso das pessoas jurídicas de seguros privados, das de capitalização e das referidas nos incisos II, III, IV, V, VI, VII, IX e X do § 1º do art. 1º da Lei Complementar nº 105, de 10 de janeiro de 2001;

[...]

II-A - 25% (vinte e cinco por cento) até o dia 31 de dezembro de 2021 e 20% (vinte por cento) a partir de 1º de janeiro de 2022, no caso das pessoas jurídicas referidas no inciso I do § 1º do art. 1º da Lei Complementar nº 105, de 10 de janeiro de 2001; e

III - 9% (nove por cento), no caso das demais pessoas jurídicas.

Parágrafo único. As alíquotas da contribuição de que tratam os incisos I e II-A do caput serão de 16% (dezesseis por cento) e de 21% (vinte e um por cento), respectivamente, até 31 de dezembro de 2022. (Incluído Medida Provisória nº 1.115, de 2022)."

3.5. INCIDÊNCIA DE ISS E PIS/PASEP E COFINS NA CONFIRMAÇÃO DE OPERAÇÕES

3.5.6. ASPECTOS GERAIS DOS TRIBUTOS NA PRESTAÇÃO DE SERVIÇO

A Constituição da República Federativa do Brasil, ao delimitar as faixas de competência dos impostos sobre serviços, atribui aos estados a prerrogativa de instituir a tributação sobre os serviços de transporte e comunicação, e aos municípios os demais serviços, desde que haja previsão em Lei Complementar. Em sede de tributo municipal, o legislador pátrio dispõe sobre o fato gerador do ISSQN na Lei Complementar nº 116, de 2003, prevendo no art.1º, da referida legislação que: "[o] Imposto Sobre Serviços de Qualquer Natureza, de competência dos Municípios e do Distrito Federal, tem como fato gerador a prestação de serviços constantes da lista anexa, ainda que esses não se constituam como atividade preponderante do prestador." (BRASIL, 2003, s/p).

Analisando o dispositivo em comento, observa-se uma certa controvérsia sobre o fato gerador do tributo. Explica-se: a tese pró-contribuinte sustenta que a hipótese de incidência do tributo é a "prestação de serviços" constante na lista anexa da lei. Isso porque a expressão "prestar serviços" representa atividade em proveito alheio, sendo certo que tal atividade em proveito próprio não exterioriza riqueza. Dessa forma, a mera existência do serviço, sem que haja uma prestação, não configura fato gerador do tributo. Igualmente, também não existe fato gerador do tributo quando o trabalho realizado não é dotado de conteúdo econômico ou decorre de relação de subordinação. Assim, seguindo a doutrina de Aires Barreto, propõe-se como fato gerador da prestação de serviço aquele "consistente em desenvolver um esforço de pessoas em favor de terceiros, em regime de direito privado, mas sem subordinação, em caráter negocial (posto *in commercium*), visando a adimplir uma obrigação de fazer" (BARRETO, 2016, p. 10). Por sua vez, o Fisco defende que o fato gerador do tributo é simplesmente o "serviço" remunerado. Essa diferença teórica ganha relevância no caso de serviços prestados fora do país, cujo resultado se produza em território nacional, conforme será visto ainda neste tópico.

No que tange ao aspecto espacial, o art.3º, da LC nº 116/03, dispõe que a regra geral é o domicílio do prestador de serviços, todavia, "excepcionalmente", pode ser o local do tomador de serviços. Em relação ao aspecto temporal, considera-se ocorrido o fato gerador do tributo no momento da efetiva prestação do serviço, ou em uma de suas etapas. A *contrario sensu*, o simples instrumento contratual não materializa o serviço, conforme explica Aires Barreto:

> Há ainda aspecto a merecer advertência: aos Municípios não foi conferida competência para tributar contratos de prestação de serviços, mas, sim, para instituir imposto sobre o fato "prestar serviços". O ISS não é um tributo sobre atos jurídicos, mas sobre fatos, sobre o *facere* que alguém (o prestador) tenha concretamente desenvolvido em favor de terceiro (o tomador) (BARRETO, 2016, p. 8).

Acerca do contribuinte do tributo, trata-se do prestador do serviço, contudo, o art.6º, da Lei Complementar nº 116/03, permite que os municípios e o Distrito Federal, mediante lei, atribuam a responsabilidade pelo crédito tributário a terceira pessoa. Por último, no que tange ao aspecto quantitativo, a base de cálculo é o preço integral do serviço e a alíquota pode variar entre 2% e 5%.

Conforme se vislumbra da conjugação do critério material com o critério espacial do ISS, a tese favorável ao contribuinte sustenta que somente haverá a incidência do tributo quando a prestação do serviço ocorrer em território nacional, uma vez que o núcleo do fato gerador do tributo é a "prestação do serviço". Em sentido diverso, as Fazendas Públicas Municipais sustentam que a mera fruição do serviço é instrumento hábil à incidência do tributo, tendo em vista o núcleo do fato gerador tributário ser o "serviço" e a previsão contida no §1º, do art.1º, da LC nº 116/03[140].

Desenvolvendo o debate apontado acima, a tese favorável ao contribuinte sustenta que (*i*) como o núcleo do fato gerador é a "prestação do serviço"; (*ii*) e, que na Constituição inexiste um fato gerador para importação do serviço, é inconstitucional o §1º, do art.1º, da Lei Complementar nº 116/2003. A seu turno, as autoridades fazendárias municipais entendem que, se o fato gerador do tributo é meramente o

---

[140] "Lei Complementar nº 116, de 2003
Art. 1º O Imposto Sobre Serviços de Qualquer Natureza, de competência dos Municípios e do Distrito Federal, tem como fato gerador a prestação de serviços constantes da lista anexa, ainda que esses não se constituam como atividade preponderante do prestador.
§ 1º O imposto incide também sobre o serviço proveniente do exterior do País ou cuja prestação se tenha iniciado no exterior do País."

"serviço", pouco importa o local de sua prestação e, por conseguinte, haverá sua incidência no ingresso do país.

Resumida as teses conflitantes, é possível trazer ainda um argumento de reforço ao contribuinte. Para tanto, deve-se conjugar o art.2º, I e parágrafo único, da Lei Complementar nº 116/03 – (norma isentiva de ISS quando o serviço, embora prestado em território nacional, tenha seu resultado produzido no exterior) – com o §1º do art.1º da Lei nº 10.865/04, que institui o PIS-importação e a COFINS-importação[141].

Analisando os textos normativos acima, observa-se que a norma isentiva do ISS não incide quando o resultado da "prestação do serviço" se verificar no Brasil. Em outras palavras, se o serviço foi prestado no Brasil e o *resultado* verificado em território nacional, a exclusão do crédito não será aplicada (ou seja, haverá a exportação do tributo). Por

---

[141] "**Lei Complementar nº 116, de 2003**

Art. 1º O Imposto Sobre Serviços de Qualquer Natureza, de competência dos Municípios e do Distrito Federal, tem como fato gerador a prestação de serviços constantes da lista anexa, ainda que esses não se constituam como atividade preponderante do prestador.

§ 1º O imposto incide também sobre o serviço proveniente do exterior do País ou cuja prestação se tenha iniciado no exterior do País.

Art. 2 O imposto não incide sobre:

I – as exportações de serviços para o exterior do País;

[...]

Parágrafo único. Não se enquadram no disposto no inciso I os serviços desenvolvidos no Brasil, cujo **resultado** aqui se verifique, ainda que o pagamento seja feito por residente no exterior.

....

Lei nº 10.865, de 2004:

Art. 1º Ficam instituídas a Contribuição para os Programas de Integração Social e de Formação do Patrimônio do Servidor Público incidente na Importação de Produtos Estrangeiros ou Serviços - PIS/PASEP-Importação e a Contribuição Social para o Financiamento da Seguridade Social devida pelo Importador de Bens Estrangeiros ou Serviços do Exterior - COFINS-Importação, com base nos arts. 149, § 2º, inciso II, e 195, inciso IV, da Constituição Federal, observado o disposto no seu art. 195, § 6º.

§ 1º Os serviços a que se refere o caput deste artigo são os provenientes do exterior prestados por pessoa física ou pessoa jurídica residente ou domiciliada no exterior, nas seguintes hipóteses:

I - executados no País; ou

II - executados no exterior, cujo **resultado** se verifique no País." (grifos nossos)

sua vez, não há materialidade do fato gerador de ISS quando o resultado da prestação do serviço não for verificado no país.

No que tange à extensão do vocábulo "resultado", existe controvérsia se o legislador adotou o critério "resultado-consumação" ou "resultado-utilidade". A diferença entre os referidos critérios decorre do momento para aferição do resultado, sendo eles, respectivamente: finalização do serviço e utilidade do serviço.

A Receita Federal[142], quando indagada sobre a materialidade do PIS/PASEP importação e COFINS importação, manifestou que o Brasil aderiu à tese do resultado-consumação. Por conseguinte, se a prestação do serviço é encerrada fora do Brasil, há a incidência do PIS e COFINS importação, independentemente do local em que o serviço for útil.

Repetindo o entendimento "resultado-consumação" da Receita Federal para estudar a extensão da isenção prevista na Lei Complementar nº 116/03, a conclusão aferida é no sentido de que o término do serviço no Brasil (prestação de serviço), acompanhado de resultado-utilidade no exterior, enseja a não exportação do tributo, em razão da isenção.

Desse modo, se o Brasil apenas admite isentar quando o resultado-utilidade ocorre fora do território nacional, a tese pró-contribuinte conjuga as seguintes assertivas: (i) o núcleo do fato gerador do ISS é a "prestação do serviço"; (ii) o ISS só pode ser cobrado quando o resultado-utilidade ocorrer no Brasil; para concluir que: tendo a atividade prestação do serviço se consumado no exterior, não há "prestação de serviço" no Brasil, e, por conseguinte, não há o núcleo fato gerador "prestação de serviço" apto a ensejar a tributação do Imposto Sobre Serviços de Qualquer Natureza. Nesse caso, somente seria possível cobrar ISS de serviço iniciado fora do Brasil, cuja consumação ocorra em território nacional, quando for possível identificar as parcelas aqui prestadas e limitar a base de cálculo aos serviços prestados no Brasil.

Em que pese essa construção detalhista, a tese pró-contribuinte foi rechaçada pelo STF no RE nº 688.223. De forma cristalina, o Tribunal aduziu que, no mundo globalizado, não se exporta tributos, e a ausência de incidência de ISS provocaria um efeito maléfico ao mercado nacional, ocasionando um produto externo mais forte do que um produto interno. Diante dessa situação, em *obiter dictum*, é possível identificar que o STF contemplou a tese de que o núcleo do fato gerador de ISS é o "serviço", e não a "prestação do serviço", uma vez que, caso

---

[142] Consulta nº 31 de 2006; Consulta nº 64 de 2006; Consulta nº 220 de 2012.

fosse adotada teoria diversa, e, se a prestação tiver sido exaurida fora do país, as municipalidades não poderiam cobrar tal imposto. Sobre o tema, destaca-se trecho do voto do Ministro Relator Dias Toffoli:

> Como disse o Desembargador Relator, o software produz efeitos no Brasil, sendo que a tributação questionada não ocorre "porque o serviço entrou no País, e sim a partir do momento em que entrou no País". Não obstante a elaboração do programa tenha se dado no exterior, a operação tributada é o licenciamento ou a cessão do direito de uso do software, que concretiza o serviço.
> [...]
> Como se isso não fosse suficiente, anote-se que é plenamente válida a incidência do ISS sobre serviço proveniente do exterior do País ou sobre serviço cuja prestação se tenha iniciado no exterior do País, nos termos do art. 1º, § 1º, da LC nº 116/03.
> Esse dispositivo, em harmonia com o texto constitucional, prestigia o princípio da tributação no destino.
> A propósito, note-se que, a teor do art. 156, § 3º, da Constituição Federal, cumpre a lei complementar excluir da incidência do imposto em questão exportações de serviços para o exterior, justamente em atenção ao referido princípio.
> A ideia é que, a partir do mencionado preceito, a tributação dos bens ou serviços exportados ocorram no País em que são eles consumidos. Nessa toada, o país exportador deixa de tributá-los e o país importador exerce sobre os bens ou serviços importados a competência tributária pertinente. É disso que se trata no referido dispositivo constitucional e na disciplina presente na LC nº 116/03. [...] (TOFFOLI, 2022, s/p).

Para além, reiterando o que já foi exposto, aduz-se que o critério material da incidência do PIS/PASEP importação e COFINS importação na prestação de serviço decorre do pagamento pela importação de serviços do exterior. O aspecto espacial é a consumação do serviço em território estrangeiro e a posterior entrada em território nacional. O aspecto temporal é a data do pagamento, do crédito, da entrega, do emprego ou da remessa de valores pela prestação do serviço. Já o contribuinte é o tomador de serviços. Em relação à base de cálculo, além do valor da prestação de serviço antes da retenção do IR, acrescenta-se a ela o ISS (algo questionável em razão da parcial invalidade do §1º, do art.1º, da LCnº116/03) e o valor das próprias contribuições (cálculo do tributo é feito por dentro). No que tange à alíquota, essa é de 1,65% para o PIS/PASEP importação de serviços e 7,6% para COFINS-importação.

3.5.7. VIABILIDADE DE INCIDÊNCIA DOS TRIBUTOS

Este tópico tem por escopo analisar se a relação jurídica promovida pelos mineradores e/ou pelas *Exchanges* enseja o pagamento de ISS ou PIS/PASEP importação e COFINS importação. Desse modo, após a delimitação do aspecto material dos tributos, observa-se quatro situações que podem dar azo ao surgimento de fato jurídico tributário, quais sejam: (i) a recompensa paga ao minerador pelo sistema, cuja distribuição ocorre a cada bloco fechado (*mining rewards*); (ii) as parcelas destinadas aos mineradores para que estes confirmem a relação de compra e venda de criptomoedas (*mining fees*); (iii) a utilização da plataforma *Exchange* para aproximar o comprador e o vendedor, com a posterior confirmação da relação jurídica pelos mineradores; (iv) a utilização da plataforma *Exchange*, tal qual uma instituição financeira, para fins de armazenar as criptomoedas, promovendo a transferência de criptomoeda de uma conta para outra sem que tais valores sejam registrados na rede *blockchain*.

Em relação à recompensa paga a título de *mining rewards*, afirma-se pela não incidência de ISS ou PIS/PASEP e COFINS importação no Brasil, uma vez que além de não ser possível identificar o tomador do serviço, o que, por óbvio, afasta a prestação do serviço, haja vista a imprescindibilidade de haver um terceiro beneficiário do serviço, as recompensas decorrem do poder de *hashing*[143], sendo que os "prêmios" são concedidos a quem primeiro alcança a solução matemática que permite "fechar o cadeado". Em outras palavras, se existe prestação de serviço, ela ocorre com a confirmação das relações jurídicas por mineradores (*mining fees*), e a "retribuição" ao final é apenas um bônus concedido a quem finaliza o bloco.

Quanto à remuneração dos mineradores pela confirmação da relação jurídica (*mining fees*) essa, em regra, é feita sob um percentual do montante transferido entre dois usuários da rede *blockchain*. Analisando a atuação do minerador, de fato, parece existir a prestação de um serviço, uma vez que sem essa confirmação o negócio jurídico de compra e venda de criptomoedas não pode ser celebrado.

Sobre o tema, ressalta-se que a professora Tathiane Piscitelli, por entender que os *bitcoins* são dados de informação produzidos no setor de

---

[143] O *Hashing* refere-se a uma fórmula com algoritmos que observa um código de saída de tamanho fixo a partir de uma entrada, cuja finalidade é confirmar a relação de transferência do ativo.

informática, defende a incidência do ISS com fundamento no item 1.03 da lista anexa da LC nº 116/03 (PISCITELLI, 2018). Com a devida vênia que a autora merece, buscando seguir uma coerência com a premissa de que *bitcoins* são meios de pagamentos, podendo, inclusive, em alguns casos, serem equiparáveis à moeda estrangeira, entende-se pela aplicação do item 15, da lista do ISS, devendo, no entanto, o legislador dispor especificamente do serviço de confirmação na lista anexa.

Nesse diapasão, o exposto é plenamente aplicado quando os usuários que operam a transferência de *bitcoins* e o minerador que confirma a relação são considerados residentes no Brasil. Entretanto, quando uma das partes não é residente, deve-se analisar a possibilidade de incidência do ISS, desde que tal serviço seja especificado na lista em anexo da LC nº 116/03, ou do PIS/PASEP importação e COFINS importação de serviço à luz das seguintes situações:

i. Relação entre residentes no Brasil confirmada por não-residente: é possível a incidência de ISS e a incidência do PIS + COFINS importação;
ii. Relação entre não residentes confirmadas por um residente no Brasil: é possível a incidência do ISS, uma vez que o resultado-consumação ocorreu no Brasil, embora o resultado utilidade se dê no exterior. Todavia, nesse caso, há norma isentiva;
iii. Relação envolvendo um residente e um não residente confirmada por um residente no Brasil: incide ISS, uma vez que o resultado consumação ocorreu no Brasil;
iv. Relação entre um residente e um não residente confirmada por um não residente no Brasil, cujo país de residência equivale ao país do não residente que comercializou a criptomoeda: é possível a incidência de ISS e a incidência do PIS + COFINS importação;
v. Relação entre um residente e um não residente confirmada por um não residente no Brasil, cujo país de residência do minerador é um terceiro Estado: é possível a incidência de ISS e a incidência do PIS + COFINS importação.

Delimitada a forma de tributar cada serviço envolvendo minerador, urge aferir a existência de tratado que reduza a dupla incidência do tributo, uma vez que, se a legislação do não-residente for equivalente à legislação brasileira, existe, além dos tributos cobrados no Brasil, os tributos incidentes em outros países.

Para evitar a dupla tributação de serviços, aduz-se pela necessidade de tratados multilaterais entre os países, uma vez que o aspecto material "serviço" pode ocorrer em diversas localidades do mundo simultaneamente. Sobre o tema Marcos André Vinhas Catão afirma que tais convênios são escassos, sendo que a norma mais próxima que tenta restringir a pluralidade de tributos decorre dos princípios do GATS, qual seja, o princípio da não discriminação, corolário do princípio da nação mais favorecida. Nesse sentido:

> [...]
> Entre essas, encontra-se prescrito o princípio da "nação mais favorecida", que desdobra-se nas bordas do princípio da "não discriminação", disposto no art.3º do GATT, acima transcrito.
> Em síntese apertada, e como já podemos antecipar, tanto o princípio da não discriminação, quanto o princípio da nação mais favorecida, são vetores de conduta negativa em matéria de tributação. Impedem, por conseguinte que as partes contratantes, ou seja, os países, criem embaraços, de qualquer origem que seja, especialmente de índole fiscal, que possam redundar no favorecimento de uma empresa de um estado contratante em detrimento de empresas ou entidades de outro estado contratante. Cuidam esses artigos, assim, de estimular o comércio de serviços no âmbito internacional, estatuindo a igualdade de condições para os prestadores e contratantes de serviços, em prol da liberdade comercial.
> [...]
> No âmbito da imposição tributária, o GATS atua por meio de uma determinante regra de conduta. Essa pode ser traduzida pela proibição de se criarem quantitativamente ou qualitativamente, tributos não exigidos ou mais onerosos que os incidentes sobre a contratação de serviços no mercado interno (CATÃO, 2014, p. 250).

Quanto à utilização da plataforma *Exchange*, tal qual uma instituição financeira, para fins de armazenamento das criptomoedas, promovendo, ainda, a transferência de criptomoeda de uma conta para outra sem que tais valores sejam registrados na rede *blockchain*, aduz-se pela possibilidade de incidência do ISS, em razão do item 15.12 da lista anexa: "[c]ustódia em geral, inclusive de títulos e valores mobiliários." (BRASIL, 2003, s/p). No que tange à utilização da plataforma *Exchange* para aproximar o comprador e o vendedor, com a posterior confirmação da relação jurídica pelos mineradores, afirma-se pela possibilidade de incidência do ISS, à luz do item 10.02, da lista anexa de ISS – [a]genciamento, corretagem ou intermediação de títulos em geral, valores mobiliários e contratos quaisquer (BRASIL, 2003, s/p). Por sua vez, caso se entenda se tratar de um câmbio não convencional, afirma-se pela possibilidade de incidência do ISS, à luz do item 10.01, da lista anexa de ISS, qual seja: "[a]genciamento, corretagem ou intermediação de câmbio, de seguros, de cartões de crédito, de planos de saúde e de planos de previdência privada." (BRASIL, 2003, s/p).

Por fim, como se pretende buscar a transparência das informações, nesse primeiro momento, há a necessidade de gerar confiabilidade e vantagem financeira para que as operações ocorram dentro das *Exchanges*. De tal feita, sugere-se que as operações internas sejam menos tributadas do que as relações externas às *Exchanges* como forma de melhor se obter dados sobre as transações de contribuintes brasileiros que operam tal ativo. Nesse caso, como o custo de fiscalização das operações envolvendo mineradores é alto, e a coercitividade no pagamento do tributo difícil, conclui-se que, nesse momento, é melhor estimular que as *Exchanges* se tornem grandes bancos comerciais e que colaborem com o governo, atuando como fontes de retenção tributária no futuro. Para tanto, devem ser tomadas medidas políticas para que haja isenção para as operações de *bitcoins* dentro das *Exchanges*.

3.6. INCIDÊNCIA DE CIDE-ROYALTIES NAS OPERAÇÕES DE CONFIRMAÇÃO DAS TRANSAÇÕES COM CRIPTOMOEDAS: GANHO DE RENDA POR MINERADORES RESIDENTES FORA DO BRASIL

Antes de analisar a incidência da Contribuição de Intervenção no Domínio Econômico na remuneração dos mineradores residentes fora do país que operam confirmando a transferência de criptomoedas, vale trazer a história de tal tributo. Conforme dito, quando analisado o aspecto espacial do Imposto de Renda, o Brasil adotou o critério universal, que representa a possibilidade de o Estado tributar os rendimentos auferidos no país tanto por residentes quanto por não residentes, e os rendimentos obtidos fora do país por residentes. De igual sorte, outros países do mundo adotam critério similar, o que conduz à possibilidade de haver dupla tributação da renda. Para evitar que esse excesso de tributo seja um impeditivo para extensão das atividades comerciais, os Estados celebram Convênios contra a Dupla Tributação (CDI), sendo que, inexistindo tal tratado, a tributação da renda ocorrerá normalmente conforme as normas do direito brasileiro.

Entretanto, caso exista tratado internacional regulamentando os procedimentos para evitar a bitributação, será observado o disposto no documento. Como, em regra, os países signatários escolhem o modelo da OCDE, cujo critério para legitimar a cobrança do imposto de renda é o domicílio da pessoa[144], verifica-se a existência, ou não, de estabelecimento permanente no Brasil. Caso a resposta seja positiva, o tributo pode vir a ser cobrado em território nacional e, desse modo, o Brasil, através da criação de obrigações acessórias para promover atividade empresarial internamente, consegue proteger a sua renda.

Ainda assim, é possível que terceiro não residente, que opera fora do Brasil, seja contratado por residente brasileiro para prestar alguma atividade. Nesse caso, a legislação pátria sugere a retenção do tributo referente ao lucro operacional do prestador de serviço, na forma do art.741 e seguintes do RIR. Sobre o tema, discute-se a imperatividade de promover tal retenção, uma vez que, havendo CDI, o tributo já deve ser recolhido fora do país. Ao se manifestar sobre o tema, a Receita Federal Brasileira, por meio do Ato Declaratório Normativo COSIT nº 1, de 05 de janeiro de 2000[145], restringiu o conceito de lucro, previsto no art.7º da CM-OCDE, limitando-o ao "lucro real". Por conseguinte, as demais formas de lucro deveriam observar o art.21, da CM-OCDE (rendimentos não expressamente mencionados), cujo critério de divisão de competência tributária é a fonte da receita, atraindo, portanto, a apli-

---

[144] O critério fonte, local da produção da receita, pela CM-OCDE, somente é aplicado residualmente.

[145] "O COORDENADOR-GERAL SUBSTITUTO DO SISTEMA DE TRIBUTAÇÃO, no uso das atribuições que lhe confere o art. 199, inciso IV, do Regimento Interno aprovado pela Portaria MF No 227, de 3 de setembro de 1998, e tendo em vista o disposto nas Convenções celebradas pelo Brasil para Eliminar a Dupla Tributação da Renda e respectivas portarias regulando sua aplicação, no art. 98 da Lei No 5.172, de 25 de outubro de 1966 e nos arts. 685, inciso II, alínea 'a', e 997 do Decreto No 3.000, de 26 de março de 1999, declara, em caráter normativo, às Superintendências Regionais da Receita Federal, às Delegacias da Receita Federal de Julgamento e aos demais interessados que:

I - As remessas decorrentes de contratos de prestação de assistência técnica e de serviços técnicos sem transferência de tecnologia sujeitam-se à tributação de acordo com o art. 685, inciso II, alínea 'a', do Decreto No 3.000, de 1999.

II - Nas Convenções para Eliminar a Dupla Tributação da Renda das quais o Brasil é signatário, **esses rendimentos classificam-se no artigo Rendimentos não Expressamente Mencionados**, e, conseqüentemente, são tributados na forma do item I, o que se dará também na hipótese de a convenção não contemplar esse artigo.

III - Para fins do disposto no item I deste ato, consideram-se contratos de prestação de assistência técnica e de serviços técnicos sem transferência de tecnologia aqueles não sujeitos à averbação ou registro no Instituto Nacional da Propriedade Industrial - INPI e Banco Central do Brasil."

cação do art.741, do RIR. Todavia, tal tese não prevaleceu, conforme se observa no REsp nº 1.161.467 (Caso COPESUL)[146].

---

[146] "TRIBUTÁRIO. CONVENÇÕES INTERNACIONAIS CONTRA A BITRIBUTAÇÃO. BRASIL-ALEMANHA E BRASIL-CANADÁ. ARTS. VII E XXI. RENDIMENTOS AUFERIDOS POR EMPRESAS ESTRANGEIRAS PELA PRESTAÇÃO DE SERVIÇOS À EMPRESA BRASILEIRA. PRETENSÃO DA FAZENDA NACIONAL DE TRIBUTAR, NA FONTE, A REMESSA DE RENDIMENTOS. CONCEITO DE 'LUCRO DA EMPRESAESTRANGEIRA' NO ART. VII DAS DUAS CONVENÇÕES. EQUIVALÊNCIA A 'LUCRO OPERACIONAL'. PREVALÊNCIA DAS CONVENÇÕES SOBRE O ART. 7º DA LEI9.779/99. PRINCÍPIO DA ESPECIALIDADE. ART. 98 DO CTN. CORRETAINTERPRETAÇÃO. 1. A autora, ora recorrida, contratou empresas estrangeiras para a prestação de serviços a serem realizados no exterior sem transferência de tecnologia. Em face do que dispõe o art. VII das Convenções Brasil-Alemanha e Brasil-Canadá, segundo o qual 'os lucros de uma empresa de um Estado Contratante só são tributáveis nesse Estado, a não ser que a empresa exerça sua atividade em outro Estado Contratante por meio de um estabelecimento permanente aí situado', deixou de recolher o imposto de renda na fonte. 2. Em razão do não recolhimento, foi autuada pela Receita Federal à consideração de que a renda enviada ao exterior como contraprestação por serviços prestados não se enquadra no conceito de 'lucro da empresa estrangeira', previsto no art. VII das duas Convenções, pois o lucro perfectibiliza-se, apenas, ao fim do exercício financeiro, após as adições e deduções determinadas pela legislação de regência. Assim, concluiu que a renda deveria ser tributada no Brasil — o que impunha à tomadora dos serviços a sua retenção na fonte —, já que se trataria de rendimento não expressamente mencionado nas duas Convenções, nos termos do art. XXI, verbis: 'Os rendimentos de um residente de um Estado Contratante provenientes do outro Estado Contratante e não tratados nos artigos precedentes da presente Convenção são tributáveis nesse outro Estado'. 3. Segundo os arts. VII e XXI das Convenções contra a Bitributação celebrados entre Brasil-Alemanha e Brasil-Canadá, os rendimentos não expressamente mencionados na Convenção serão tributáveis no Estado de onde se originam. Já os expressamente mencionados, dentre eles o 'lucro da empresa estrangeira', serão tributáveis no Estado de destino, onde domiciliado aquele que recebe a renda. 4<u>. O termo 'lucro da empresa estrangeira', contido no art. VII das duas Convenções, não se limita ao 'lucro real', do contrário, não haveria materialidade possível sobre a qual incidir o dispositivo, porque todo e qualquer pagamento ou remuneração remetido ao estrangeiro está — e estará sempre — sujeito a adições e subtrações ao longo do exercício financeiro. 5. A tributação do rendimento somente no Estado de destino permite que lá sejam realizados os ajustes necessários à apuração do lucro efetivamente tributável. Caso se admita a retenção antecipada — e portanto, definitiva — do tributo na fonte pagadora, como pretende a Fazenda Nacional, serão inviáveis os referidos ajustes, afastando-se a possibilidade de compensação se apurado lucro real negativo no final do exercício financeiro. 6. Portanto, 'lucro da empresa estrangeira' deve ser interpretado não como 'lucro real', mas como 'lucro operacional', previsto nos arts. 6º, 11 e 12 do Decreto-lei n.º 1.598/77 como 'o resultado das atividades, principais ou acessórias, que constituam objeto da pessoa jurídica', aí incluído, obviamente, o rendimento pago</u>

Em razão de o STJ ter rechaçado essa construção da Receita Federal, a Procuradoria da Fazenda Nacional, por meio do Parecer nº 2.363/2013, elaborou um novo arcabouço jurídico para justificar a tributação da remessa de dinheiro para o exterior no caso de prestadores de serviços. De forma detalhada, a Receita Federal aduziu que a prestação de serviços poderia estar incluída na cláusula 14 (profissões ou serviços independentes) ou na cláusula 12 (*royalties*), sendo possível a tributação na fonte se o tratado internacional para evitar a bitributação autorizar[147], conforme dispõe o Ato Declaratório Interpretativo RFB nº 5, de 16 de junho de 2014[148].

como contrapartida de serviços prestados. 7. A antinomia supostamente existente entre a norma da convenção e o direito tributário interno resolve-se pela regra da especialidade, ainda que a normatização interna seja posterior à internacional. 8. O art. 98 do CTN deve ser interpretado à luz do princípio *lex specialis derrogat generalis*, não havendo, propriamente, revogação ou derrogação da norma interna pelo regramento internacional, mas apenas suspensão de eficácia que atinge, tão só, as situações envolvendo os sujeitos e os elementos de estraneidade descritos na norma da convenção. 9. A norma interna perde a sua aplicabilidade naquele caso específico, mas não perde a sua existência ou validade em relação ao sistema normativo interno. Ocorre uma 'revogação funcional', na expressão cunhada por HELENO TORRES, o que torna as normas internas relativamente inaplicáveis àquelas situações previstas no tratado internacional, envolvendo determinadas pessoas, situações e relações jurídicas específicas, mas não acarreta a revogação, *stricto sensu*, da norma para as demais situações jurídicas a envolver elementos não relacionadas aos Estados contratantes. 10. No caso, o art. VII das Convenções Brasil-Alemanha e Brasil-Canadá deve prevalecer sobre a regra inserta no art. 7º da Lei 9.779/99, já que a norma internacional é especial e se aplica, exclusivamente, para evitar a bitributação entre o Brasil e os dois outros países signatários. Às demais relações jurídicas não abarcadas pelas Convenções, aplica-se, integralmente e sem ressalvas, a norma interna, que determina a tributação pela fonte pagadora a ser realizada no Brasil. 11. Recurso especial não provido."
(STJ - REsp: 1161467 RS 2009/0198051-2, Relator: Ministro CASTRO MEIRA, Data de Julgamento: 17/05/2012, T2 - SEGUNDA TURMA, Data de Publicação: DJe 01/06/2012) (grifos nossos).

147 Os tratados com a Áustria, Finlândia, França, Japão e Suécia vedam essa equiparação.

148 "O SECRETÁRIO DA RECEITA FEDERAL DO BRASIL, no uso das atribuições que lhe conferem os incisos III e XVI do art. 1º e os incisos III e XXVI do art. 280 do Regimento Interno da Secretaria da Receita Federal do Brasil, aprovado pela Portaria MF nº 203, de 14 de maio de 2012, e tendo em vista o disposto nos Acordos ou Convenções para Evitar a Dupla Tributação da Renda celebrados pelo Brasil,
DECLARA:
Art. 1º O tratamento tributário a ser dispensado aos rendimentos pagos, creditados, entregues, empregados ou remetidos por fonte situada no Brasil a pessoa física ou

Conforme se observa deste Ato Declaratório, a Secretaria da Receita Federal interpretou o conceito de *royalties* alargando a sua abrangência como forma de incluir pagamentos independentemente da transferência de tecnologia.

Para entender a construção do argumento, recorda-se que o art.12 da Convenção Modelo da OCDE dispõe que o critério de tributação da renda proveniente da cessão de direito autoral sobre uma obra literária, artística ou científica, ou o uso de uma patente referente a uma marca ou um desenho ou de um modelo, de um plano, de uma fórmula ou de um processo secreto, ou por informações respeitantes a uma experiência adquirida no setor industrial, comercial ou científico é o país de domicílio do prestador do serviço.

Contextualizado o campo de incidência do art.12, da CM-OCDE, frisa-se que a estratégia adotada pelo Brasil foi, inicialmente, negociar o percentual da divisão da tributação dos *royalties* à luz do que dispõe a referida cláusula. Ou seja, o Brasil, de forma legítima, pactuou com outros signatários que parcela das receitas obtidas com os *royalties* seria tributada na fonte a título de imposto de renda. Ressalta-se que, em regra, nos acordos internacionais, estipula-se que o país fonte pode tributar 15% da renda decorrente dos *royalties* e o país de destino 10%.

Concomitantemente, através da Lei nº 10.168/00, o Brasil aprovou a redução do percentual do Imposto de Renda de 25% para 15%, e a criação da CIDE-*royalties* nos seguintes termos: (i) a base de cálcu-

---

jurídica residente no **exterior pela prestação de serviços técnicos e de assistência técnica, com ou sem transferência de tecnologia**, com base em acordo ou convenção para evitar a dupla tributação da renda celebrado pelo Brasil será aquele previsto no respectivo Acordo ou Convenção:

I - no artigo que trata de royalties, **quando o respectivo protocolo contiver previsão de que os serviços técnicos e de assistência técnica recebam igual tratamento**, na hipótese em que o Acordo ou a Convenção autorize a tributação no Brasil;

II - no artigo que trata de profissões independentes ou de serviços profissionais ou pessoais independentes, nos casos da prestação de serviços técnicos e de assistência técnica relacionados com a qualificação técnica de uma pessoa ou grupo de pessoas, na hipótese em que o Acordo ou a Convenção autorize a tributação no Brasil, ressalvado o disposto no inciso I; ou

III - no artigo que trata de lucros das empresas, ressalvado o disposto nos incisos I e II.

Art. 2º Publique-se no Diário Oficial da União.

Art. 3º Revogue-se o Ato Declaratório (Normativo) Cosit nº 1, de 5 de janeiro de 2000." (grifos nossos).

lo equivalente a receitas decorrentes de *royalties* remetido para fora do país; e (ii) a alíquota 10%. Por último, por intermédio da MP nº 2.159-70/01, o Brasil expandiu o conceito de *royalties* para incluir os serviços técnicos e de assistência administrativa, que não deveriam ser remunerados por *royalties* (aspecto material).

Para sustentar essa possibilidade, a Receita Federal advogou a tese no sentido de que (i) não existe conceito universal para as atividades remuneradas por *royalties*; (ii) os países podem celebrar protocolos adicionais, dispondo de "cláusulas de equiparação", nas quais os *royalties* não precisavam propiciar transferência de tecnologia; (iii) é possível adotar a legislação local por ausência de delimitação da definição de *royalties* nos acordos internacionais.

A grande crítica à adoção dessa sistemática é o fato de que serviços técnicos e de assistências administrativas não possuem a natureza de *royalties*, mas sim de "receita do prestador de serviço", devendo ser tributados como "lucro", na forma da cláusula nº 07 da CM-OCDE. Isso porque, para fins de definição do vocábulo *royalties* existe um mínimo necessário, qual seja, "transferência de tecnologia". Portanto, nesses casos, o acordo celebrado para permitir a parcial tributação no Brasil não seria validado internacionalmente, conduzindo a uma dupla tributação.

Detalhando a controvérsia exposta acima, socorre-se às lições do professor Marcus Livio Gomes:

> Uma vez expostas as características mais centrais da questão sobre "onde deve ser tributada a renda oriunda da prestação de serviços digitais por empresas estrangeiras?", conclui-se preliminarmente que os casos devem ser divididos em alguns grupos de tributação: (i) quando não há Tratado celebrado; (ii) quando há Tratado celebrado, mas não há equiparação de serviços técnicos e de assistência técnica a disciplina dos royalties; e (iii) quando há Tratado celebrado e a mencionada equiparação.
> No primeiro caso, ainda que possa remanescer alguma dúvida sobre a qualificação da remuneração como lucro da empresa estrangeira ou *royalty*, o resultado será aproximadamente o mesmo, visto que poderá atingir o percentual de 25% de IRRF (art. 7º da Lei n.º 9.779/99 e art. 746 do RIR/18), como entendeu a Receita Federal no caso da Solução de Consulta Cosit n.º 7/2017, ou o percentual de 15% de IRRF (art. 3º da MP n.º 2.159-70 e art. 765 do RIR/18) e de 10% da CIDE (art. 2º, §2º, da Lei n.º 10.168/00).
> [...]
> Já no segundo caso, o assunto se divide em três subgrupos: (i) quando há transferência de tecnologia, aplica-se o percentual de 15% de IRRF (art. 3º da MP n.º 2.159-70 e art. 765 do RIR/18) e de 10% da CIDE (art. 2º, §2º, da Lei n.º 10.168/00); (ii) quando não há transferência de tecnologia, mas há con-

figuração de estabelecimento permanente, aplica-se e 25% de IRRF (art. 7º da Lei n.º 9.779/99 e art. 746 do RIR/18); e (iii) quando não há transferência e inexiste configuração de estabelecimento permanente, aplica-se o art. 7 do CM-OCDE, com a tributação apenas no Estado da Residência.

Por fim, no terceiro caso, o tema também se divide em três subgrupos: (i) quando há transferência de tecnologia, aplica-se o percentual de 15% de IRRF (art. 3º da MP n.º 2.159-70 e art. 765 do RIR/18) e de 10% da CIDE (art. 2º, §2º, da Lei n.º 10.168/00); (ii) quando não há transferência de tecnologia, mas há configuração de estabelecimento permanente, remanesce a mesma dúvida do primeiro caso, qual seja aplicação de 25% de IRRF (art. 7º da Lei n.º 9.779/99 e art. 746 do RIR/18), como entendeu a Receita Federal no caso da Solução de Consulta Cosit n.º 7/2017, ou o percentual de 15% de IRRF (art. 3º da MP n.º 2.159-70 e art. 765 do RIR/18) e de 10% da CIDE (art. 2º, §2º, da Lei n.º 10.168/00); e (iii) quando não há transferência e inexiste configuração de estabelecimento permanente, remanesce a dúvida sobre a possibilidade de se aplicar o entendimento do ADI RFB n.º 5/2014, com aplicação do percentual de 15% de IRRF (art. 3º da MP n.º 2.159-70 e art. 765 do RIR/18) e de 10% da CIDE (art. 2º, §2º, da Lei n.º 10.168/00) ou de se aplicar o art. 7 da CM-OCDE, com a tributação apenas no Estado da Residência (GOMES; LIMA, 2020, p. 143-173).

Devido a inúmeros questionamentos sobre a possibilidade de se incluir a receita por prestação de serviços, sem que haja transferência de tecnologia, no conceito de *royalties*, diversos recursos[149] foram interpostos ao Superior Tribunal de Justiça. Dentre eles, cita-se o REsp nº 1.759.081, no qual o STJ analisou o caso da ENGECORPS.

Resumidamente, a ENGECORPS, pessoa jurídica domiciliada no Brasil, impetrou mandado de segurança questionando a tributação sobre as remessas efetuadas à Espanha como contraprestação a serviços de "coordenação e gestão", de "elaboração de estudos" de engenharia e de "serviços de engenharia". A tese do contribuinte é no sentido de que tais serviços não geram a transferência de tecnologia e, portanto, a tributação em razão do lucro se dá na forma da Cláusula nº 07 do Tratado, cujo critério de definição de competência tributária é o domicílio da pessoa jurídica prestadora do serviço (Espanha).

A Receita Federal, inicialmente, alegou que o conceito de lucro, da cláusula 07 da CM-OCDE, era o "lucro real" e que, portanto, o lucro auferido pela prestação do serviço deveria ser enquadrado como "rendimentos não expressamente mencionados", previstos na cláusula 21 da CM-OCDE (tese essa consubstanciada no Ato Declaratório Normativo nº 01, de 2000). A Fazenda Pública, ao longo do processo (fase de apelação), aprimorou sua

---

[149] REsp nº 1.762.749; REsp nº 1.890.708; REsp nº 1.852.630; REsp nº 1.618.897.

defesa, dispondo que os *royalties* independeriam da transferência de tecnologia, conforme previsto no Ato Declaratório Normativo nº 05, de 2014.

Após o Tribunal Regional Federal filiar-se ao entendimento do contribuinte, a Procuradoria da Fazenda Nacional interpôs recurso especial, sendo que o STJ, ao apreciar o tema, estabeleceu algumas conclusões: (i) a ENGECORPS contratou um serviço de engenharia, sendo esse caracterizado como um serviço independente e, portanto, plenamente possível a tributação da receita auferida no país da fonte (autoridade tributária brasileira), conforme acordo estabelecido entre as partes[150]; (ii) a cláusula 07 da CM-OCDE somente é aplicável se as cláusulas 12 e 14 não forem aplicadas antes (assemelhar-se-ia a uma cláusula residual)[151]; (iii) em relação aos *royalties*, o Tribunal previu a irrelevância da absorção da tecnologia, para fins da CIDE-*royalties*, sendo necessário, apenas, o "fornecimento de tecnologia"[152]; (iv) é possível que os tratados sejam acompanhados de protocolos que estendem a classificação de *royalties*

---

[150] "[...]Dito de outra forma, a aplicação de ambos os precedentes citados [COPESUL e ALCATEL] sempre carece de ressalvas, **posto que neles somente foi analisada e declarada a ilegalidade do Ato Declaratório Normativo COSIT Nº 1, de 05 de janeiro de 2000, não tendo sido examinada a questão à luz do Ato Declaratório Interpretativo RFB nº 5, de 16 de junho de 2014, que revogou o entendimento anterior e alterou o enquadramento de tais verbas para 'royalties' (art. 22, do modelo OCDE), 'serviços profissionais independentes' (art. 14, do modelo OCDE) ou 'lucro das empresas' (art. 7º, do modelo OCDE),** a ser aferido conforme o disposto em cada tratado, em prestígio ao Princípio da Tributação Singular. [...]" (MARQUES, 2021, s/p, grifos nossos).

[151] "[...] Com efeito, em casos que tais, diante das possibilidades existentes na convenção, é preciso verificar previamente se a situação é de 'serviços profissionais independentes' (art. 14, do modelo OCDE) previstos no tratado ou se, embutido no contrato de 'prestação de serviços sem transferência de tecnologia', está o pagamento de 'royalties' (art. 12, do modelo OCDE). Somente após vencidas essas duas etapas é que se poderia estabelecer o enquadramento residual na condição de 'lucros das empresas' (art. 7, do modelo OCDE). Isto porque a convenção assinada baseada no modelo de tratado da OCDE contém disposições específicas para cada uma dessas hipóteses, como será visto. [...]" (MARQUES, 2021, s/p).

[152] "[...] Quanto ao pagamento de 'royalties' consoante precedentes deste Superior Tribunal de Justiça, havendo ou não transferência de tecnologia, os programas de computador (softwares) são obras intelectuais protegidas por direitos autorais (art. 7º, XII, da Lei n. 9.610/98) e, para a legislação tributária, são classificados como royalties os rendimentos de qualquer espécie decorrentes do uso, fruição ou exploração desses direitos (art. 22, 'd', da Lei n. 4.506/64). Nos precedentes considerou-se também que **o art. 2º, §1º, da Lei n. 10.168/2000 expressamente não exigiu a entrega dos dados técnicos necessários à 'absorção da tecnologia' para caracterizar o fato**

para qualquer espécie de pagamento recebido em razão da prestação de assistência técnica e de serviços técnicos[153] (os tratados em que não há tal ampliação são: Áustria, Finlândia, França, Japão e Suécia); (v) além dos critérios tradicionais de divisão de competência tributária, deve-se evitar o hibridismo (situações nas quais não há tributação em nenhum país, por força da qualificação dessas receitas por autoridades tributárias distintas)[154]. Acerca desse último caso, o Tribunal ordenou que o processo regressasse às instâncias inferiores para analisar a forma de tributação da Espanha, evitando, assim, uma dupla não tributação.

Para além dessas demandas julgadas pelo STJ, o STF analisará a constitucionalidade das CIDE-*Royalties* (tema nº 914). Em apertada síntese, discute-se a validade do tributo nas hipóteses em que a materialidade da contribuição extrapola as hipóteses de transferência de tecnologia (*royalties*), uma vez que em outras circunstâncias (remessa financeira para o exterior) inexiste referibilidade entre o aspecto material do tributo e a finalidade (financiamento do Programa de Estímulo à Interação Universidade-Empresa para o Apoio à Inovação). Nesse caso, em razão dos impactos tributários que dificultam a posição dessas pessoas no mercado internacional, os contribuintes pleiteiam a declaração de inconstitucionalidade do tributo.

---

gerador da exação, contentando-se com a existência do mero 'fornecimento de tecnologia' em suas mais variadas formas. [...]" (MARQUES, 2021, s/p).

[153] "[...] Outro ponto de relevo é que os tratados podem vir acompanhados de protocolos que estabelecem a ampliação do conceito de 'royalties' a qualquer espécie de pagamento recebido em razão da prestação de assistência técnica e de serviços técnicos. Desse modo, haver ou não transferência de tecnologia é desinfluente para a aferição da norma tributária aplicável, já que irrelevante para a conceituação de 'royalties'. [...]" (MARQUES, 2021, s/p).

[154] "Também para preservar a correta incidência do imposto, há que se averiguar se a empresa CONTRIBUINTE não está fazendo uso de hibridismo, ou seja, se a classificação dos rendimentos em questão é idêntica no país da fonte e no da residência pois, caso contrário, a empresa CONTRIBUINTE poderá estar utilizando o tratado de forma abusiva com o fim de se furtar à tributação, sofrendo a menor carga tributária entre os países, diferindo o pagamento do tributo por longo prazo, deduzindo duplamente o valor que somente foi pago uma vez ou obtendo isenções simultâneas em ambos os países. O hibridismo (*Hybrid mismatch arrangements*), por prejudicar a concorrência, a eficiência econômica, a transparência e a justiça fiscais, é prática rechaçada pela Organização para a Cooperação e Desenvolvimento Econômico - OCDE, integrando a Ação '2' do plano BEPS (in Action Plan on Base Erosion and Profit Shifting, OECD Publishing. 2013, p. 15)." (MARQUES, 2021, s/p).

Diante do que foi apresentado ao longo deste tópico, e definindo a atuação dos mineradores possivelmente como "serviços técnicos, e de assistência administrativa, na confirmação das operações sem transferência de tecnologia", ressalvado alguns países[155], por estar vigente/válida a norma instituidora da CIDE-*royalties*, afirma-se que: (i) o aspecto material é a remessa da receita de *royalties* para os residentes e domiciliados no exterior; (ii) o aspecto espacial é a receita qualificada em território nacional como *royalties*; (iii) o aspecto temporal é o momento da remessa do valor; (iv) o contribuinte é o responsável por realizar o envio dos *royalties*; e (v) o aspecto quantitativo se subdivide em base de cálculo (valor remetido ao exterior) e alíquota (10%).

3.7. INCIDÊNCIA DO IOF - CÂMBIO

3.7.8. ASPECTOS GERAIS DO TRIBUTO

Caso se entenda que as criptomoedas são um meio de pagamento por terem natureza jurídica de câmbio não convencional, convém analisar a tributação em razão do IOF-câmbio. Quanto a esse imposto, cumpre mencionar que a materialidade do fato gerador do IOF-câmbio se encontra no art.63, II, do CTN, sendo que o Decreto nº 6.306/07, de forma similar, em seu art.11, reproduz dispositivo retro, dispondo que "o fato gerador do IOF é a entrega de moeda nacional ou estrangeira, ou de documento que a represente, ou sua colocação à disposição do interessado, em montante equivalente à moeda estrangeira ou nacional entregue ou posta à disposição por este" (BRASIL, 2007, s/p). Por sua vez, o parágrafo único, do referido dispositivo, dispõe que "ocorre o fato gerador e torna-se devido o IOF no ato da liquidação da operação de câmbio." (BRASIL, 2007, s/p). Tal hipótese consagra a natureza real do contrato.

Analisando o dispositivo em comento, encontram-se três fatos geradores do tributo, quais sejam a: (i) entrega de moeda nacional ou documento que a represente; (ii) entrega de moeda estrangeira ou documento que a represente; (iii) colocação à disposição de documento que representa a moeda estrangeira ou nacional. Esse último caso versa sobre aquisição de *travelers checks* e cartões pré-pagos.

Acerca do aspecto material do tributo, aduz-se pela não incidência do fato gerador enquanto os recursos, em moeda estrangeira, estiverem em

---

[155] Áustria, Finlândia, França, Japão e Suécia.

instituição financeira fora do país[156]. Isso porque, além de não haver liquidação do contrato de câmbio, hipótese condicionante para a incidência do fato gerador, certo é que o país teria coercitividade reduzida para implementar a executoriedade de expropriação do patrimônio para satisfação do crédito (exercer sua soberania). Tal construção conduz coerentemente a assertiva de que o aspecto espacial do tributo é o território nacional.

Em relação ao critério temporal, conforme já exposto acima, o Decreto nº 6.306/2007 consagra o ato de liquidação da operação de câmbio. Tal norma executiva possui suporte legal, no inciso II, do art.63,

---

[156] Solução de Cosit nº 231 de 2019: "Não incide IOF quando da manutenção de recursos em moeda estrangeira em instituição financeira fora do país, relativos aos recebimentos de exportações brasileiras de mercadorias e de serviços para o exterior, realizadas por pessoas físicas ou jurídicas. Nesta situação, não há liquidação de contrato de câmbio e, portanto, não se verifica a ocorrência do fato gerador do imposto conforme definido no art. 63, II do Código Tributário Nacional (CTN) e no art. 11 do Decreto 6.306, de 2007.
OPERAÇÕES DE CÂMBIO RELATIVAS AO INGRESSO NO PAÍS DE RECEITAS DE EXPORTAÇÃO DE BENS E SERVIÇOS. ALÍQUOTA ZERO.
a) No caso de operações de câmbio relativas ao ingresso no país de receitas de exportação de bens e serviços, há a incidência do IOF, à alíquota zero, conforme expressa previsão no art. 15-B, I, do Decreto nº 6.306, de 2007. b) No entanto, para a incidência da alíquota zero devem ser observados a forma e os prazos estabelecidos pelo Conselho Monetário Nacional -CMN e pelo Banco Central do Brasil - BCB, independentemente de os recursos terem sido inicialmente recebidos em conta mantida no exterior, conforme autoriza a legislação pátria. c) Nos termos da legislação vigente (art. 16-A da Resolução CMN nº 3.568, de 2008, e do art. 99 da Circular BCB nº 3.691, de 2013), para que se caracterize como operação de câmbio relativa a ingresso no país de receitas de exportação de bens e serviços, na forma do art. 15-B, I, do Decreto nº 6.306, de 2007:
c.1) O contrato de câmbio de exportação deverá ser celebrado para liquidação pronta ou futura, prévia ou posteriormente ao embarque da mercadoria ou da prestação do serviço, observado o prazo máximo de 750 (setecentos e cinquenta) dias entre a contratação e a liquidação, bem como o seguinte:
I - no caso de contratação prévia, o prazo máximo entre a contratação de câmbio e o embarque da mercadoria ou da prestação do serviço é de 360 (trezentos e sessenta) dias;
II - o prazo máximo para liquidação do contrato de câmbio é o último dia útil do 12º mês subsequente ao do embarque da mercadoria ou da prestação do serviço.
c.2) Para os contratos de câmbio de exportação, no caso de requerimento de recuperação judicial, ajuizamento de pedido de falência do exportador ou em outra situação em que fique documentalmente comprovada a incapacidade do exportador para embarcar a mercadoria ou para prestar o serviço por fatores alheios à sua vontade, o embarque da mercadoria ou a prestação do serviço pode ocorrer até 1.500 (mil e quinhentos) dias a partir da data de contratação da operação de câmbio, desde que o prazo entre a contratação e a liquidação do contrato de câmbio não ultrapasse 1.500 (mil e quinhentos) dias."

do CTN, cuja disposição é no sentido de que o fato gerador ocorre com a "[...] entrega de moeda nacional ou estrangeira [...]" (BRASIL, 2007, s/p). Desse modo, os contratos de adiantamento de câmbio não são tidos como hipóteses de incidência do fato gerador de IOF-câmbio, uma vez que, nesse momento, a liquidação ainda não ocorreu.

Ainda à luz do aspecto temporal do tributo, tem-se que na hipótese de conversão de um empréstimo externo, contraído em moeda estrangeira, em investimento estrangeiro direto, como, por exemplo, aquisição parcial de empresa brasileira por multinacional cedente de empréstimo por inadimplência da tomadora de crédito, incide o tributo no ato da liquidação dos respectivos contratos de câmbio.[157]

---

[157] Nesse sentido, observa-se a Solução COSIT nº 261, de 2014: "EMENTA: CAPITALIZAÇÃO DE EMPRÉSTIMO EXTERNO. MOEDA ESTRANGEIRA. OPERAÇÕES SIMULTÂNEAS DE CÂMBIO. COMPRA E VENDA. IOF-CÂMBIO. INCIDÊNCIA. Na hipótese de conversão de um empréstimo externo, contraído em moeda estrangeira, em investimento estrangeiro direto (IED), haverá incidência do IOF sobre as correspondentes operações simultâneas de câmbio, de compra e de venda de moeda estrangeira, determinadas pela regulamentação cambial, ocorrendo o fato gerador da obrigação tributária no ato da liquidação dos respectivos contratos de câmbio. EMPRÉSTIMO EXTERNO. PRAZO SUPERIOR AO PRAZO MÉDIO MÍNIMO EXIGIDO. INGRESSO DE RECURSOS. OPERAÇÃO DE CÂMBIO. ALÍQUOTA ZERO. APLICABILIDADE. À operação de câmbio contratada nos termos do inciso XXII do art. 15-A do Decreto nº 6.306, de 2007, com a redação dada pelo Decreto nº 7.698, de 2012, para ingresso de recursos no País, referente a empréstimo externo com prazo superior ao prazo médio mínimo exigido nesse inciso XXII, é aplicável a alíquota zero do IOF estabelecida pelo inciso IX do mesmo artigo, com a redação dada pelo Decreto nº 7.456, de 2011. EMPRÉSTIMO EXTERNO. HIPÓTESE DE LIQUIDAÇÃO ANTECIPADA. IOF DEVIDO. ACRÉSCIMO DE JUROS MORATÓRIOS E MULTA. No caso de conversão em IED de empréstimo externo contratado com prazo superior ao prazo médio mínimo previsto no inciso XXII do art. 15-A do Decreto nº 6.306, de 2007, com a redação dada pelo Decreto nº 7.698, de 2012, ocorrendo a conversão em prazo inferior ao prazo médio mínimo originalmente exigido, fica caracterizada a liquidação antecipada do referido empréstimo, na forma estabelecida pelo § 2º do mesmo art. 15-A, sujeitando-se o contribuinte ao pagamento do IOF sobre o valor do empréstimo antecipadamente liquidado à alíquota de 6% (seis por cento), acrescido de juros moratórios e multa, desde a data da operação original, e sem prejuízo das demais penalidades previstas. EMPRÉSTIMO EXTERNO. SAÍDA DE RECURSOS. OPERAÇÕES SIMULTÂNEAS DE CÂMBIO. ALÍQUOTA ZERO. APLICABILIDADE. Na operação simultânea de câmbio referente à saída de recursos para a quitação do empréstimo, em face da conversão de empréstimo externo em IED, é aplicável a alíquota zero do IOF estabelecida pelo inciso IX do art. 15-A do Decreto nº 6.306, de 2007, com a redação dada pelo Decreto nº 7.456, de 2011. EMPRÉSTIMO EXTERNO. CONVERSÃO EM INVESTIMENTO ESTRANGEIRO DIRETO. INGRESSO DE RECURSOS. OPERAÇÕES SIMULTÂNEAS DE CÂMBIO. ALÍQUOTA ZERO. APLICABILIDADE. Na operação simultânea de câmbio referente à entrada de recursos financeiros destinados à integralização de capital social, em face da

[158] Em sentido equivalente, é cediço que o crédito adquirido no exte-

---

conversão de empréstimo externo em IED, é aplicável a alíquota zero do IOF estabelecida pelo inciso XIX do art. 15-A do Decreto n° 6.306, de 2007, com a redação dada pelo Decreto nº 7.456, de 2011. DISPOSITIVOS LEGAIS: Lei nº 8.894/1994, arts. 5º a 7º; Decreto nº 6.306/2007 - Regulamento do IOF, com alterações posteriores, arts. 1º, 2º, caput e § 3º, 11 e 15-A, caput, incisos IX, XIX, XXII, e § 2º; Resolução CMN/Bacen nº 3.844/2010, arts. 1º, 7º, 10 e 12; Regulamento Anexo I à Resolução CMN/Bacen nº 3.844/2010, arts. 1º, 2º, 3º e 5º; Circular Bacen nº 3.689/2013, arts. 18, 23, 28, 30, 33, 37, 38 e 109; Circular Bacen nº 3.691/2013, arts. 9º, 30, 41, 55, 214 a 216."

[158] "CONSTITUCIONAL E TRIBUTÁRIO. MANDADO DE SEGURANÇA. AGRAVO RETIDO. REITERAÇÃO. INOCORRÊNCIA. OPERAÇÕES SIMULTÂNEAS DE CAMBIO. INCIDÊNCIA DE IOF. OCORRÊNCIA. 1. Agravo retido não conhecido, uma vez que a parte deixou de reiterá-lo expressamente (...). 2. O art. 153, V, da Constituição conferiu à União a competência tributária para a instituição do IOF sobre operações de câmbio, tendo o Código Tributário Nacional, recepcionado pela nova ordem constitucional como Lei Complementar, definido, em seu art. 63, II, o fato gerador da exação em comento como sendo as operações de câmbio, a sua efetivação pela entrega de moeda nacional ou estrangeira, ou de documento que a represente, ou sua colocação à disposição do interessado em montante equivalente à moeda estrangeira ou nacional entregue ou posta à disposição por este. 4. No caso vertente, a impetrante, na qualidade de devedora, celebrou com empresa estrangeira (credora) operações de empréstimo, cujos recursos foram utilizados para reforço de seu capital de giro. Contudo, em razão de dificuldades financeiras, a devedora, com a devida concordância do credor, converteu os aludidos investimentos em aplicações na própria empresa devedora, ou seja, houve a conversão do referido crédito em participação da empresa estrangeira em seu capital social. 5. Dessa forma, alega a impetrante que, por se tratar de compra e venda fictícia de moeda estrangeira, não estaria configurado o fato gerador do IOF-Câmbio, nos termos do disposto no art. 15, XVII, do Decreto nº 6.306/2007, segundo o qual, na operação de compra de moeda estrangeira por instituição autorizada a operar no mercado de câmbio, contratada simultaneamente com uma operação de venda, exclusivamente quando requeridas em disposição regulamentar: zero. 6. Contudo, é possível vislumbrar, na conversão da dívida da apelante em investimento estrangeiro direto em seu capital social, a existência de uma verdadeira operação de câmbio, ainda que simbólica, a ensejar a incidência de IOF, com perfeita subsunção ao fato gerador previsto no art. 63, II, do Código Tributário Nacional, inexistindo qualquer relevância na finalidade para a qual a operação foi celebrada. 7. Conforme dispunha o item 35 do Regulamento do Mercado de Câmbio e Capitais Internacionais (RMCCI), instituído pelo Banco Central do Brasil por meio da Circular n.º 3.280/2005, as operações simultâneas de câmbio ou de transferência internacionais em reais são consideradas, para todos os efeitos, operações efetivas, devendo ser adotados os procedimentos operacionais previstos na regulamentação e comprovado o recolhimento dos tributos incidentes nas operações. 8. Agravo retido não conhecido. Apelação improvida." (TRF3, Apelação Cível 0023468-26.2008.4.03.6100/, 6a Turma, Rel. Des. Consuelo Yoshida, julg. 30/06/2016, publ. e-DJF3 Judicial 1 - 12/07/2016).

rior em moeda estrangeira, quando convertido em títulos da dívida pública americana[159] e vendido em moeda local no Brasil, após o Decreto nº 995, de 1993, incide IOF-câmbio[160][161][162].

---

[159] *T-Bonds* (prazo de resgate acima de 10 anos), *T-Notes* (prazo de resgate entre 1 e 10 anos) e *T-Bills* (prazo de resgate até 12 meses).

[160] Sobre o tema, nos Acórdãos nº 202-15948 e 201-77174, o CARF entendeu pela legitimidade do planejamento tributário.

[161] "IMPOSTO SOBRE OPERAÇÕES FINANCEIRAS 'IOF' INCIDENTE SOBRE OPERAÇÕES DE CÂMBIO. EMPRÉSTIMO REALIZADO NO EXTERIOR. *SWAP* DE MOEDAS. DECRETO Nº 995, DE 25 DE NOVEMBRO DE 1993. DECRETO Nº 1.071, DE 02 DE MARÇO DE 1994. O empréstimo de recursos obtidos no exterior se realiza através de operações de câmbio, onde o tomador do empréstimo vende a moeda estrangeira no mercado financeiro ou diretamente ao Banco Central e, nessa operação incide IOF, pois a hipótese de incidência é a disponibilidade de moeda nacional ou estrangeira, seja pela efetiva entrega ou colocação à disposição do interessado, ou de documento que a represente. A base de cálculo da exação é o respectivo montante em moeda nacional, recebido quando da liquidação da operação cambial, nos termos do artigo 64 do CTN. As alíquotas é que sofreram alterações ao longo do tempo, mas com respaldo no parágrafo 1º do artigo 153 da Constituição Federal e no Código Tributário Nacional (artigos 63 a 67). Antes da edição do Decreto nº 995/93, o IOF não era cobrado nesse tipo de operação, porém nada obstava que viesse a ser exigido, uma vez que, pela redação do CTN, já era possível exigi-lo desde que a situação fática se enquadrasse na hipótese de incidência da exação: operações de câmbio. No caso em tela, a autorização do BACEN nº 63-1-93/00309 é datada de 17 de dezembro de 1993 e operação de câmbio foi concluída em 27 de janeiro de 1994, época em que vigente o Decreto nº 995, de 25 de novembro de 1993. Nesse período, o imposto não era devido apenas na liquidação de operações de câmbio referentes ao ingresso do valor em moeda estrangeira nas operações amparadas em autorização prévia emitida pelo Banco Central do Brasil e na liquidação de operações que já tivessem sido objeto de contratação de câmbio anteriormente à data de vigência desse Decreto, a teor do parágrafo único do artigo 2º do citado decreto. Também o Decreto nº 1.071, de 02 de março de 1994, é absolutamente claro no sentido de amparar a isenção somente nos casos em que a autorização prévia foi emitida pelo Banco Central do Brasil até 25 de novembro de 1993 (data da entrada em vigor do Decreto nº 995/93)." (TRF-4 - AMS: 62881 PR 95.04.62881-8, Relator: VILSON DARÓS, Data de Julgamento: 16/11/2000, SEGUNDA TURMA, Data de Publicação: DJ 21/02/2001 p. 181).

[162] Acórdão nº 3401004.436 do CARF: "A operação de aquisição de títulos do Tesouro norteamericano ('*Treasury Bills*' ou '*TBills*') seguida da revenda a empresa brasileira com pagamento em reais, em negócio realizado às margens do Sistema Financeira Nacional e do controle do Banco Central do Brasil, configura o fato gerador do IOF sobre operações de câmbio, a teor do art. 63 do Código Tributário Nacional e art. 11 do Decreto nº 2.219/97, por envolver documento representativo de moeda estrangeira. SIMULAÇÃO NEGOCIAL. FRAUDE. MULTA QUALIFICADA. CABIMENTO.

Acerca do critério pessoal, o sujeito ativo é a União, enquanto o sujeito passivo é quem busca a operação cambial, seja para converter a moeda nacional em moeda estrangeira ou vice-versa. Acerca da responsabilidade tributária, o art.13, do Decreto nº 6.306/07, dispõe que as instituições autorizadas a operar em câmbio respondem pelo recolhimento do crédito. Sobre o tema, o CARF, no Acórdão nº 3401-005.363[163], entendeu que a contratação de operação de câmbio fraudulenta, objetivando a remessa irregular de recursos ao exterior, caracteriza interesse comum no fato gerador da obrigação principal.

No que tange ao critério quantitativo, esse se subdivide em base de cálculo e alíquota. Quanto à base de cálculo, o art.14 do Decreto nº 6.306/07 prevê que "[...] é o montante em moeda nacional, recebido, entregue ou posto à disposição, correspondente ao valor, em moeda estrangeira, da operação de câmbio" (BRASIL, 2007, s/p). Tal texto possui certa imprecisão, pois parece desconsiderar a parcela que já ficou

---

A simulação de negócios jurídicos com títulos representativos de moeda estrangeira ('TBills') objetivando a dissimulação de operação de câmbio caracteriza fraude, tal qual descrita no art. 73 da Lei nº 4.502/64, por pretender modificar características essenciais do fato gerador e evadirse ou diferir o recolhimento do tributo devido — IOFCâmbio —, ensejando a imposição da multa qualificada, nos moldes do art. 44 da Lei nº 9.430/96. INOVAÇÃO OU ALTERAÇÃO DOS CRITÉRIOS JURÍDICOS DO LANÇAMENTO. SIMULAÇÃO. DESCONSIDERAÇÃO DO NEGÓCIO JURÍDICO. INOCORRÊNCIA. Não se verifica inovação da acusação fiscal ou mesmo modificação dos critérios jurídicos do lançamento a referência, em julgamento e voto, à ocorrência de negócio jurídico simulado, quando o relatório de autuação destaca textualmente a realização de operações com títulos da dívida norteamericana ('TBills') como artifício para acobertamento do negócio almejado, *in casu*, operação de câmbio. Recurso voluntário negado."

[163] "OPERAÇÃO CAMBIAL FRAUDULENTA. IMPORTAÇÕES INEXISTENTES. INCIDÊNCIA. OPERAÇÃO LAVA JATO. OPERAÇÃO BIDONE. Incide o IOF sobre remessas ao exterior de valores decorrentes de operações cambiais fraudulentas baseadas em operações de importação inexistentes, não se aplicando a isenção prevista em lei. AUTO DE INFRAÇÃO. TERMO DE SUJEIÇÃO PASSIVA. NULIDADE. INOCORRÊNCIA. Somente ensejam a nulidade os atos e termos lavrados por pessoa incompetente e os despachos e decisões proferidos por autoridade incompetente ou com preterição do direito de defesa. DECADÊNCIA. LANÇAMENTO POR HOMOLOGAÇÃO. FRAUDE, DOLO OU SIMULAÇÃO. INOCORRÊNCIA. Começa a fluir o prazo decadencial no primeiro dia do exercício seguinte àquele em que poderia ser lançado, quanto aos tributos sujeitos a lançamento por homologação, quando comprovada a ocorrência de dolo, fraude ou simulação. SOLIDARIEDADE. OPERAÇÕES DE CÂMBIO. FRAUDE. INTERESSE COMUM. FATO GERADOR. CARACTERIZAÇÃO. Caracteriza interesse comum na situação que constitua o fato gerador da obrigação principal, a contratação de operações de câmbio fraudulentas, objetivando a remessa irregular de recursos ao exterior.".

retida a título de tributo. Desse modo, mais auspiciosa é a definição conferida pelo art.5º, da Lei nº 8.894/94, cuja previsão é no sentido de que o tributo é calculado "[...] sobre o valor de liquidação da operação cambial" (BRASIL, 1994, s/p).

Por último, em relação à alíquota, tanto o art.5º, da Lei nº 8.894/94, quanto o art.15, do Decreto nº 6.306/07, preveem que a alíquota máxima é de 25%. Por sua vez, o art.15-B, do referido ato executivo, reduz a alíquota para 0,38%, todavia, dispõe de forma diversa em alguns casos, aplicando a alíquota de 0%, 1,10%, 6% e 6,38%.

3.7.9. VIABILIDADE DE INCIDÊNCIA DO TRIBUTO: ANÁLISE DO ASPECTO MATERIAL

Conforme explicado anteriormente, o aspecto material do respectivo imposto é a entrega de moeda nacional ou de moeda estrangeira para que haja a sua conversibilidade. Desse modo, observa-se a incidência do referido tributo tanto sob a ótica de os *bitcoins* serem uma moeda nacional quanto uma moeda estrangeira.

Em relação a tais ativos serem considerados moedas nacionais, Maurício Barros (2020) e Daniel Paiva Gomes (2021) negam tal possibilidade, promovendo uma análise da expressão "moeda" tanto sob uma perspectiva econômica quanto jurídica. Quanto à perspectiva econômica, os autores citam que para ser considerada moeda, o instrumento deve ser apto a ser um meio de troca, uma unidade de medida e possuir reserva de valor[164], sendo certo que a troca por outra mercadoria é um mero instrumento de permuta. Tal conclusão é baseada no fato de que (i) como meios de troca, os *bitcoins* não são universalmente aceitos; (ii) como unidade de medida, o valor relativo é de difícil mensuração e compreensão, devendo haver prévia conversão para moeda real; e (iii) em si próprio têm um elevado grau de especulação, não estando calcado na confiabilidade depositada nos governos soberanos emissores de moeda.

No que concerne às ponderações dos autores, concorda-se parcialmente, ressalvando, no entanto que a doutrina de Marcelo de Castro Cunha Filho, a qual alude a outros trabalhos de direito monetário, prevê que

> [a] moeda de mercado tem sua utilização conformada também por aspectos sociais e culturais como, por exemplo, gênero, faixa etária, simbolismo etc. [portanto] a moeda de mercado pode não apresentar as quatro funções men-

---

[164] Todos esses itens foram trabalhados no capítulo anterior, portanto, não serão detalhadamente repetidos neste momento.

cionadas devido ao fato de ela não representar apenas um artefato voltado para o cálculo racional das trocas de mercado (CUNHA FILHO, 2021, p. 95-96).

Nesse diapasão, a primeira crítica ao posicionamento de Daniel Gomes é a aparente adesão a uma teoria do tudo ou nada nos elementos econômicos que compõem a moeda. Como corolário dessa manifestação, nota-se que nenhuma moeda estadista é um meio de troca universalmente aceito. Em verdade, a sua amplitude é para um grupo específico de pessoas, que, dentro de um país decorre do aspecto jurídico, a ser posteriormente analisado[165]. Ademais, exigir um valor intrínseco para que determinado bem seja denominado moeda se coaduna com a escola austríaca, cuja doutrina é no sentido de que a moeda é uma mercadoria, ou com a teoria da moeda estadista fraca, algo que, hoje, parece ultrapassado, e contradiz a exigência jurídica imposta pelo autor. Acerca de não ser reserva de valor, é imprescindível recordar que a moeda escritural também não é criada pelo governo, e ainda assim, atualmente, é o instrumento mais utilizado para efetuar pagamento. De sorte idêntica, o caráter especulativo é inerente a todas as moedas e, portanto, isso não pode ser argumento para afastar esse elemento intrínseco da moeda[166].

A crítica do autor plenamente cabível é sobre a unidade de valor, uma vez que essa representa um meio de comunicação, equivalente a um idioma de unidades reais de trabalho. Em outras palavras, o fato de ser necessária a conversão, de fato, gera certa dúvida nas operações.

Quanto ao aspecto jurídico, o autor constrói seu entendimento afirmando que, para ser considerada moeda, essa deve ser legal e de curso forçado(GOMES, 2021). Em torno do tema reside a grande divergência, uma vez que tais características decorrem da teoria estadista da confiabilidade, criada por Knapp. Em outras palavras, Daniel Gomes impõe os atributos da confiabilidade da teoria estadista para caracterizar um objeto como moeda. Ocorre, todavia que, atualmente, na prática, a principal moeda brasileira é a escritural, que tem conversibilidade,

---

[165] É importante fazer a ressalva que o próprio autor pondera isso ao citar o caso de Robson Crusoé, que encontra moedas brasileiras de ouro e prata e não observa qualquer utilidade para elas em alto mar.

[166] O autor conclui de forma similar ao aduzir que "além da questão do lastro, cumpre-nos ainda destacar que o mero fato de existir especulação envolta no mercado de criptomoedas não é circunstância que, por si só, nos impeça de qualificar as criptomoedas futuramente como moedas, sob o prisma econômico, desde que preenchidos os três atributos retromencionados. Isso se deve a uma afirmação muito simples: todas as moedas estão imersas em especulação." (GOMES, 2021, p. 152).

através da monetização, para a moeda legal, o que gera a confiabilidade do sistema. Ressalta-se que os estabelecimentos não são obrigados a receber dinheiro sem ser em espécie (moeda legal de curso forçado), contudo, se admitirem, haverá, por conseguinte, o surgimento do poder liberatório da obrigação.

Demonstrada a impossibilidade de as criptomoedas atuais serem consideradas moedas nacionais à luz da unidade monetária, questiona-se a possibilidade de enquadrá-las como moedas estrangeiras, sendo certo que a resposta para tal indagação, caso se adote a posição da Autoridade Tributária Italiana e, haja alteração normativa da Lei nº 14.478/2022, é em sentido positivo. Ocorre, entretanto, que, como as condicionantes anteriores não foram satisfeitas, esse trabalho, por ora, rechaça a referida tese.

Sobre o tema, inaugura-se a análise da expressão "estrangeira", para a qual Daniel Gomes ressalta duas possibilidades de interpretação. A primeira delas, em sentido amplo, entende que qualquer instrumento utilizado como moeda e não produzido dentro do Estado é estrangeiro. Por sua vez, a segunda interpretação defende ser imperativa a emissão da moeda por um Estado Nacional para ser considerada estrangeira, haja vista a necessidade de reciprocidade na construção da moeda com os ditames brasileiros. Nessa esteira, cita-se a controvérsia, na perspectiva do autor:

> Apesar de inexistir no ordenamento jurídico pátrio um conceito formalizado de «moeda estrangeira», poderíamos adotar (hoje) uma definição residual (ou por exclusão), para concluir que moeda estrangeira é toda e qualquer moeda que não é qualificada como moeda nacional pelo Brasil, tendo por fundamento normativo de validade um ordenamento jurídico e um ente soberano alienígenas.
> É dizer, o conceito de moeda estrangeira referir-se-ia à moeda que possui fundamento de validade distinto daquele tomado como referência no âmbito interno, de modo que a definição de moeda estrangeira engloba apenas as moedas emitidas por um país e que possuam curso legal e curso forçado dentro daquele respectivo território.
> No caso brasileiro, a moeda nacional é o Real, o que permitiria concluir, em um primeiro momento, que as moedas dos demais países seriam, inexoravelmente, moedas estrangeiras. Ocorre que, como veremos a seguir, essa definição de moeda estrangeira é insuficiente, haja vista que, para que algo seja considerado moeda estrangeira, além de possuir fundamento de validade em um ordenamento alienígena, deve ser expressamente reconhecido como tal pelo Banco Central do Brasil (GOMES, 2021, p. 164-165).

Ainda nessa linha, a primeira observação a ser feita é no sentido de que os fatos geradores dos tributos, semanticamente, não ficam congelados ao momento da edição da Constituição, mas sim, possuem seu significado constantemente reinterpretados com base nos fatos sociais e históricos vivenciados pela geração presente. Essa revisão permanente decorre, também, da mutação constitucional de um signo, cujos limites são a literalidade do texto e as cláusulas pétreas, as quais, igualmente, podem sofrer um processo de revisão desde que não afronte os valores estruturantes da Constituição. Sem retornar a discussão de interpretação denotativa e conotativa, este trabalho, conforme já foi dito, adere à teoria de que qualquer palavra possui certo grau de indeterminação, cabendo ao intérprete a sua análise com base nos fatos sociais vivenciados naquele momento. Portanto, caso em algum momento passe a interpretar que esse câmbio não convencional pode ser visto como moeda estrangeira (algo que hoje não é), seria possível argumentar a incidência do tributo.

O segundo ponto a ser mencionado é que tanto Daniel Gomes (2021) como Maurício Barros (2020) sustentam que compete ao BACEN definir o rol de moedas estrangeiras. Para tanto, utilizam os incisos V e XXXI, do art.4º, e o inciso VII, do art.10, todos da Lei nº 4.595/94[167].

A leitura atenta desse dispositivo, no entanto, permite concluir que nenhum dos incisos conferiu ao BACEN a atribuição, magistral, de apontar quais são as moedas estrangeiras admitidas no mundo. Em verdade, tais previsões normativas apenas solicitam que tal Agência Executiva promova as normas aptas a controlar o fluxo de capitais estrangeiros, obedecendo a normas criadas pelo Conselho Monetário Nacional, que tem como uma de suas funções regulamentar as operações de câmbio e de valores mobiliários como forma de equilibrar as taxas de câmbio e a balança de pagamentos.

É imprescindível afirmar que, mesmo se essa Agência Reguladora restringisse tal previsão por circular normativa, não se pode interpretar a Constituição com base em normas legais ou regulamentares, em

---

[167] "Art. 4º Compete ao Conselho Monetário Nacional, segundo diretrizes estabelecidas pelo Presidente da República:

V- Fixar as diretrizes e normas da política cambial, inclusive quanto a compra e venda de ouro e quaisquer operações em Direitos Especiais de Saque e em moeda estrangeira;

XXXI - Baixar normas que regulem as operações de câmbio, inclusive swaps, fixando limites, taxas, prazos e outras condições.

Art. 10. Compete privativamente ao Banco Central da República do Brasil:

VII - Efetuar o controle dos capitais estrangeiros, nos termos da lei;"

especial quando o círculo de atribuições de uma autarquia extrapola seus limites e adentra em seara alheia à sua função (matéria tributária). Coadunando com o exposto, aduz-se que o art.109, do CTN, dispõe que os princípios gerais de direito privado podem ser utilizados para a pesquisa de definição, conteúdo e alcance do instituto não tributário, todavia, não pode definir os respectivos efeitos tributários desse instituto.

Outro argumento utilizado para obstar a incidência do fato gerador de IOF-câmbio são os arts.40 e 41, da Circular nº 3.691, de 2013, cuja previsão é no sentido de que o contrato necessita ser celebrado por instrumento específico firmado entre vendedor/comprador de moeda, na forma do anexo I da circular, devendo tal instrumento ser registrado no Sistema de Câmbio. Segundo os autores (GOMES, 2021; BARROS, 2020), se o contrato não for registrado, a configuração de câmbio não resta realizada e, portanto, não há fato gerador do tributo.

Em que pese o esforço dos autores para afastar a tributação, certo é que o ato de não cumprir a solenidade imposta em lei ou ato infralegal não afasta a ocorrência do fato gerador, sob pena de se ignorar o inciso I, do art.118, do CTN: "[a] definição legal do fato gerador é interpretada abstraindo-se: I - da validade jurídica dos atos efetivamente praticados pelos contribuintes, responsáveis, ou terceiros, bem como da natureza do seu objeto ou dos seus efeitos" (BRASIL, 1966, s/p). Portanto, a ocorrência do fato gerador de operação de câmbio não depende das formalidades do ato. Isso é facilmente visualizado quando se pensa em uma casa adquirida por fraude. Nesse caso, embora o negócio possa ser desfeito, os efeitos tributários são mantidos. De igual modo, se um traficante aufere renda com a venda de substâncias entorpecentes, há a incidência do fato gerador, em razão do princípio *pecunia non olet*.

Demonstrada a ocorrência do fato gerador do tributo independentemente do ato solene, avança-se para um ponto importante, qual seja, a dificuldade de se realizar a fiscalização quando a operação ocorre fora de uma *Exchange*. Justamente por isso, afirma-se que, para fins de obtenção do crédito tributário, o art.12, do Decreto nº 6.306/07, é menos relevante que o art.13 do mesmo ato normativo, cuja norma é no sentido de atribuir responsabilidade tributária para as instituições financeiras que operam com câmbio. Portanto, malgrado o fato gerador do IOF-câmbio possa ocorrer a cada operação de compra e venda de *bitcoins*, racionalmente é difícil/custoso associar as chaves públicas às pessoas brasileiras, verificando em quais hipóteses há a incidência do tributo (tal qual ocorre com a compra e venda de dólar entre pessoas naturais). Assim, sugere-se a concentração das operações de fiscalização em *Exchanges* para apurar o fato gerador do tributo. Entretanto, dessa conclusão surgem duas questões que dificultam a cobrança de tal imposto, quais sejam: (i) o custo operacional pode aumentar de tal modo que não compense a utilização de tais plataformas nacionais para operar a compra e venda de criptomoedas; (ii) o Brasil, para ingressar na OCDE, precisará zerar a alíquota desse imposto. Desse modo, para a obtenção de dados sobre as transações de contribuintes brasileiros que operam tal moeda, inclusive, com remessa para o exterior, é preferível, desde logo, incentivar que *Exchanges* operem com alíquotas de IOF-câmbio zeradas.

Diante do exposto neste tópico, caso se entenda que as criptomoedas têm natureza jurídica de moeda estrangeira, algo que esse trabalho, por ora, não se filia, conclui-se pela incidência do IOF-câmbio, contudo, ressalta-se que tal imposto, para fins de obtenção de dados, deve ter alíquota zerada. Outrossim, em razão da incidência do fato gerador do IOF-câmbio, automaticamente não é possível cobrar ICMS, pois esse tributo versa sobre a circulação de mercadorias não financeiras.

3.8. INCIDÊNCIA DO IOF – VALORES MOBILIÁRIOS

3.8.10. ASPECTOS GERAIS DO TRIBUTO

Inicialmente, salienta-se que a materialidade do fato gerador do IOF-valores mobiliários encontra-se no art.63, IV, do CTN, sendo que o Decreto nº 6.306/07, de forma similar, em seu art.25, reproduz dispositivo retro dispondo que "o fato gerador do IOF é a aquisição, cessão, resgate, repactuação ou pagamento para liquidação de títulos e valores mobiliários" (BRASIL, 2007, s/p), sendo que o §1º dispõe "ocorre o fato gerador e torna-se devido o IOF no ato da liquidação das operações de que trata este artigo" (BRASIL, 2007, s/p). Por sua vez, o §2º estende o fato gerador a qualquer operação, independentemente da constituição do beneficiário e da existência de sua personalidade jurídica[168].

---

[168] "§2º Aplica-se o disposto neste artigo a qualquer operação, independentemente da qualidade ou da forma jurídica de constituição do beneficiário da operação ou do seu titular, estando abrangidos, entre outros, fundos de investimentos e carteiras de títulos e valores mobiliários, fundos ou programas, ainda que sem personalidade jurídica, e entidades de previdência privada."

Em relação ao critério temporal, conforme exposto acima, o Decreto nº 6.306/2007 consagra o ato de liquidação das operações com valores mobiliários. Tal norma executiva possui suporte legal no inciso IV, do art.63, do CTN, cuja disposição é no sentido de que o fato gerador ocorrerá pela "[...] a emissão, transmissão, pagamento ou resgate destes, [...]" (BRASIL, 2007, s/p), bem como no art.35, do Regulamento do IOF: "O IOF será cobrado na data da liquidação financeira da operação" (BRASIL, 2007, s/p).

Acerca do critério pessoal, o sujeito ativo é a União, enquanto o sujeito passivo é o adquirente dos títulos ou valores mobiliários e, excepcionalmente, as instituições financeiras quando no momento da liquidação o valor a ser pago for inferior a 95% do valor inicial da operação. Quanto à responsabilidade tributária, o art.27, do Decreto nº 6.306/07, dispõe que as instituições financeiras autorizadas a operar no mercado mobiliário são as responsáveis pelo recolhimento do tributo.

No que tange ao critério quantitativo, esse se subdivide em base de cálculo e alíquota. Acerca da base de cálculo, o art.28, II, do Decreto nº 6.306/07 prevê que esse "é o valor [...] II - da operação de financiamento realizada em bolsas de valores, de mercadorias, de futuros e assemelhadas [...]" (BRASIL, 2007, s/p).

Por último, em relação à alíquota, o art.1º, da Lei nº 8.894/94, prevê que o seu percentual máximo é de 1,5% ao dia, enquanto o art.29, do Decreto nº 6.306/07, limita em 1,25% ao dia.

3.8.11. VIABILIDADE DE INCIDÊNCIA DO TRIBUTO: ANÁLISE DO ASPECTO MATERIAL E A CRIAÇÃO DE ATIVOS EM OFERTAS PÚBLICAS

Antes de analisar a definição de valores mobiliários, convém recordar que eles decorrem de um desdobramento dos títulos de crédito e da moeda. Explica-se: a Europa, no século XIV e XV, tinha como moeda circulante o ouro e a prata, sendo que o deslocamento de tais metais, além de ser demasiadamente custoso, tornava-se perigoso em razão de saqueadores. Ademais, a utilização de tais medidas dificultava as compras em larga escala, pois era necessário o pagamento à vista de mercadorias que seriam vendidas a longo prazo. Diante desse cenário, os títulos de crédito passaram a ser utilizados como representativos de uma quantia, assemelhando-se ao papel-moeda indexado ao ouro e prata, cuja premissa era a autonomia das obrigações (desvinculação da causa) e a possibilidade de endosso (transmissão do título ao próximo da fila ou ao portador). Frisa-se que, igual aos títulos de créditos mais famosos, letra de câmbio e nota promissória, o papel-moeda, em um primeiro momento, representava os metais preciosos e, posteriormente, o dólar, sendo certo, entretanto, que, com o tempo, tal vinculação se exauriu, restando apenas a confiabilidade no papel emitido pelo Estado[169].

A evolução dos títulos de crédito foi a construção jurídica de contratos de investimento coletivo, como, por exemplo, a Companhia das Índias Orientais, em que cada membro da sociedade participava do investimento na exploração da mercancia e tinha direito a voto nas escolhas e remuneração pelo lucro, conforme seu quinhão. Com o transcorrer do tempo, novos instrumentos de investimento foram criados, servindo como meio de coalizão de recursos para explorar atividades que necessitavam de grandes investimentos. Nesse cenário, pela possibilidade de se utilizar a economia popular para fins de gerar riqueza, tornou-se imprescindível um controle estatal através da regulação, como forma de conferir aos investidores certa garantia de que seu dinheiro não estaria sendo usado para fins diversos ao anunciado, independentemente da lucratividade ou não da operação (risco do negócio).

Desta feita, muito embora haja diferença de princípio entre os títulos de crédito[170] e os valores mobiliários[171], certo é que tais figuras se aproximam por terem um berço comum, qual seja, instrumentos financeiros aptos a propiciarem o direito creditício, cuja finalidade pode ser a substituição da moeda por instrumento representativo da dívida, sem que haja oferta pública (títulos de crédito), ou um contrato de investimento coletivo (valores mobiliários). Acerca dessa diferença é que se observa a atuação estatal regulatória, uma vez que apenas no segundo caso isso ocorrerá. Nesse sentido, cita-se Ary Oswaldo Mattos Filho:

> Assim, nada impede que exista um mesmo título que possa se comportar como título de crédito ou como valor mobiliário — claro está que não ao mesmo tempo ou ao sabor da conveniência do emitente ou do credor. Se o papel for emitido somente enquanto documentação de dívida, se não for objeto de oferta pública por parte do emitente aos tomadores, pertencerá ao

---

[169] O tema já foi estudado anteriormente, no capítulo 2.

[170] A origem da doutrina sobre eles é a letra de câmbio e as principais características são a autonomia e a cartularidade. Todavia, hoje, há títulos de crédito não cartulares e causais.

[171] A marca deles é se tratarem de títulos causais (obrigações decorrem de contrato) e, atualmente, não cartulares (os títulos são contábeis).

mundo dos títulos de crédito. Entretanto, se a ele se agregar a expectativa de lucro, transformando-o por tal em um contrato de investimento, então estaremos no domínio da legislação concernente aos valores mobiliários.

Assim, são valores mobiliários aqueles definidos por lei — como as ações, as debêntures, os demais certificados emitidos por sociedades por ações ou as cotas lançadas publicamente pelos fundos de investimento — e outros que venham a ser assim categorizados por preceito de igual hierarquia legal. Essa lista pode crescer, na medida em que agora não mais se trata de uma lista taxativa, mas de uma definição sujeita a várias interpretações, como foi a chegada dos contratos de investimento coletivo ao mundo dos valores mobiliários (MATTOS FILHO, 2015, p. 44-45).

Conforme exposto acima, para elencar um título como valor mobiliário, a legislação regulatória pode dispor de três formas, quais sejam: (i) elaborar um rol taxativo de valores mobiliários; (ii) definir o que são valores mobiliários; (iii) fazer a conjugação dos outros dois métodos, ou seja, adotar lista de títulos e contemplar uma cláusula aberta de inserção de outros títulos analisados casuisticamente, a depender do conteúdo do contrato[172].

Sobre o tema, aduz-se que o Brasil adotou o terceiro modelo, cuja consequência é a estabilização, através da presunção de que determinados documentos apontados na lei já são valores mobiliários, e a possibilidade de esse rol ser estendido, em razão de o conteúdo material do contrato representar um investimento coletivo. Nesse sentido, cita-se o inciso IX, do art.2º, da Lei nº 6.385, de 1976, que aponta que:

---

[172] Nesse sentido, Mattos Filho aponta que: "Em geral, são três as modalidades que os países adotam para delimitar o campo de atuação da regulação estatal: ou as legislações elencam de maneira mais ou menos aberta os valores mobiliários que estão sob sua supervisão; ou partem para definir o que seja 'valor mobiliário'; ou adotam, como o Brasil, uma lista à qual são agregados novos componentes com o passar do tempo. Claro está que, quanto mais internacionalizado for o mercado de valores mobiliários, maior será a tendência de se adotar o critério legal das economias centrais, na medida em que as melhores empresas dos vários países tendem a buscar recursos nos grandes centros financeiros do mundo. Nesta caminhada, os ofertantes de valores mobiliários necessitam se adequar aos critérios mais rígidos desses países, fazendo com que ocorra uma crescente homogeneização das normas legais das economias periféricas em direção das regras seguidas nas economias mais fortes. Essa é uma das razões de o conceito de valor mobiliário estatuído pelo direito norte-americano vir se impondo, de forma crescente, como paradigma que tem servido como modelo para as legislações de vários países. De outro lado, é de se ter em mente que, com o fortalecimento da Comunidade Europeia, o Direito dos Valores Mobiliários vem cada vez mais se tornando homogêneo, mercê das várias diretivas que Bruxelas emite periodicamente" (MATTOS FILHO, 2015, p. 53).

"quando ofertados publicamente, quaisquer outros títulos ou contratos de investimento coletivo, que gerem direito de participação, de parceria ou de remuneração, inclusive resultante de prestação de serviços, cujos rendimentos advêm do esforço do empreendedor ou de terceiros" (BRASIL, 1976, s/p).

Acerca dessa segunda possibilidade, a doutrina brasileira alimenta-se da evolução jurisprudencial dos Estados Unidos, sendo possível afirmar que, neste país, inicialmente, competia aos estados a competência para legislar, fiscalizar e punir quem atuasse violando as normas do mercado de capitais. Entretanto, com a crise de 1929, União Federal do Estados Unidos passou a editar normas sobre o tema, sem, contudo, revogar expressamente as normas dos estados.

Para compreender corretamente o que é valor mobiliário, bem como contratos de investimentos coletivos, após a análise de casos paradigmáticos da Suprema Corte dos Estados Unidos[173], em especial, Howey,

---

173 Além dos casos citados no corpo do texto, mencionam-se outros abaixo:

i. **Joiner Leasing Corporation:** no Texas, um proprietário de terra arrendou seu terreno a um exímio perfurador para que este abrisse um poço teste e, caso fosse encontrado petróleo na propriedade, toda ela seria vendida. Esse acordo foi financiado pela *Joiner Leasing Corporation*, que, para mitigar eventuais perdas, realizou contrato de investimento com terceiros para que esses adquirissem participações em eventual lucro. Ao analisar o caso, tanto a SEC quanto a Suprema Corte firmaram entendimento no sentido de que a *Joiner Leasing Corporation* estava realizando oferta de valores mobiliários sem prévio registro e aplicou punição, uma vez que o escopo era a ampla distribuição e a indução econômica de oferta e de publicidade;

ii. **Howey Company:** tratava-se de uma companhia que havia adquirido um terreno para plantar laranjas, sendo que tal propriedade foi dividida em lotes, em que uma parte era da própria adquirente e outra destinada a pessoas que poderiam comprar o terreno e, simultaneamente, contratar o serviço de plantação. Em outras palavras, a companhia ficou com um quinhão da propriedade e, na parte destinada à venda, promoveu um contrato complexo, no qual vendia a propriedade, mas explorava o plantio das laranjas.

A SEC, ao analisar o caso, entendeu que se tratava de um contrato de investimento, e não de um negócio imobiliário. De igual sorte, o voto condutor na Suprema Corte previu que a nomenclatura conferida ao negócio pouco importa, pois o escopo da SEC era proteger a economia popular. Ademais, a análise fática concluiu que os adquirentes, em regra, não possuíam o menor conhecimento sobre o plantio e não tinham o desejo de cultivar as terras, tornando-as produtivas.

Diante dessa narrativa, a Suprema Corte declarou que os contratos de investimento se diferenciavam dos títulos emitidos como garantia de pagamento uma

Reyes e Edwards, aduz-se que, para fins de caracterização de determinado título como valor mobiliário, abstrai-se o nome jurídico confe-

>
> vez que: (i) tratava-se de investimento em dinheiro; (ii) em um empreendimento comum; (iii) realizado com a expectativa de lucros; (iv) cuja geração de lucro dependia exclusivamente do esforço de terceiros;
>
> iii. ***United Benefit***: no caso em tela, a companhia realizou a divulgação de operações de venda de seguro, por prêmios mensais, na qual o dinheiro captado seria utilizado para a aquisição de ações de outras pessoas jurídicas, cujo investimento retornaria e o lucro seria dividido posteriormente entre os adquirentes de tais títulos. Ocorre que este contrato previa a impossibilidade de se retirar o dinheiro investido antes de 10 anos, sob pena de se perder parte do valor investido. Ao analisar o caso, a SEC firmou entendimento no sentido de que se tratava de um contrato de investimento, sendo caracterizado como uma apólice de seguro apenas se o dinheiro não fosse retirado em 10 anos. De forma diversa, caso o investimento fosse retirado anteriormente, seria contrato de investimento. Por último, a Suprema Corte, ao julgar essa demanda, aduziu que a *United* estimulava o investimento, estando, portanto, sujeita ao poder regulatório da SEC, uma vez que a sua atuação corresponderia a uma orientação de investimentos;
>
> iv. ***Alexander Tcherepnin***: o presente processo versa sobre uma associação de captação de recursos e investimentos denominada *City Savings*, cujo escopo era captar recursos para emprestá-los a terceiros que pretendiam adquirir propriedades. Em outras palavras, nesse contrato o administrador buscava aproximar poupadores e investidores, reduzindo o lucro do intermediador, para permitir a redução de juros pagos pelos tomadores de empréstimo e majoração do retorno do capital investido. Ademais, os poupadores teriam direito a voto sobre os negócios a serem realizados. Em razão de os investidores não terem obtido os ganhos prometidos, propuseram demanda afirmando a nulidade do contrato, por não haver registro do fundo na SEC. Como argumento adverso, a *City Savings* alegou que não se tratava de fundos mobiliários, mas sim de poupança e de empréstimo, não estando, portanto, sujeito a este órgão fiscalizador. A Suprema Corte entendeu que estes seriam valores mobiliários, levando em consideração a substância econômica do ato, e não a forma apresentada do negócio. Ademais, utilizou da fórmula de *Howey*;
>
> v. ***Forman***: o caso em tela versava sobre uma cooperativa instituída na cidade de Nova Iorque para construir moradias destinadas às pessoas de baixa renda com incentivos fiscais. Para viabilizar o empreendimento, a *United Housing Foundation*, entidade sem fins lucrativos, criou a *Riverbay Corporation*, proprietária e administradora dos imóveis, e a *Community Services Inc.*, agente de vendas do projeto. A *Riverbay* emitia ações que eram adquiridas pelos interessados em um dos imóveis, sendo que a finalidade da compra era permitir ao adquirente a participação nas deliberações sobre o imóvel adquirido e a sua ocupação após o término da construção. Pouco tempo depois, tal empresa informou que somente pequena parcela do investimento contratado seria feita por venda de ações, devendo a parte remanescente ser custeada pela *New York Private Housing*, que atuaria como uma financiadora do imóvel.

Ocorre, no entanto, que a *Riverbay* teve novos gastos, e isso propiciou o aumento dos valores obtidos junto à *New York Private Housing*, com a consequente majoração do pagamento mensal feito pelos beneficiários para quitação do débito hipotecário.

Esse acréscimo propiciou a propositura de ação, afirmando que os adquirentes da ação foram enganados por pressuporem que a *Community Services Inc.* suportaria os gastos com a inflação. Outrossim, também teriam incorrido nesse erro pela falta de informações relevantes. Outros pontos arguidos foram no sentido de que (i) o empreendimento previa um lucro superior decorrente de incentivos fiscais; (ii) haveria a construção de lojas para reduzir os custos operacionais; (iii) o valor do imóvel deveria ser abaixo do valor de mercado.

Apreciada a questão na esfera distrital, entendeu-se que a simples nomenclatura de ação não seria suficiente para trazer a regulação da SEC, pois não havia uma oferta concreta de investimento com o escopo do lucro. No entanto, a Corte de Apelação alterou a decisão, arguindo que, em razão de o título negociável ser uma ação, instrumento típico de valor mobiliário, havia uma presunção de ser fiscalizado pela SEC. Por fim, a Suprema Corte, em sua maioria, afastou o aspecto formal e concluiu que os investidores foram atraídos só pela possibilidade de adquirir uma residência. Ademais, o boletim de subscrição não tinha o intuito de atrair investimentos;

vi. **Teamsters**: o sindicato dos motoristas de carga contratou um fundo de pensão, cujas principais características eram: (i) a contribuição somente poderia ser feita pelo sindicato (excluía o empregado); (ii) esse valor não poderia ser destinado diretamente ao empregado; e (iii) o empregado, para fazer jus ao benefício, deveria ter trabalhado continuamente por 20 anos na atividade. No momento de sua aposentadoria, determinado membro da categoria teve negado o pedido pelo fato de não ter prestado continuamente o serviço. Diante dessa situação alegou que o fundo de pensão, em verdade, era um contrato de investimento, e que não havia passado por autorização da SEC.

Em decisão unânime, a Suprema Corte alegou que em razão de: (i) o plano ser obrigatório e inconversível em outro tipo de remuneração; (ii) não ter havido redução do salário; (iii) a contribuição ser em nome do sindicato; e (iv) a principal barreira para determinado empregado obter sua pensão ser o preenchimento das condições estabelecidas pelo fundo, como, por exemplo, o tempo de trabalho (e não a saúde financeira do fundo); não se tratava de valor mobiliário e, portanto, por não se tratar de contrato de investimento, não haveria que se falar em supervisão pela SEC;

vii. **Marine Bank**: o caso em tela versava sobre um casal que possuía participação societária reduzida na pessoa jurídica *Columbus Packing Company*, que era devedora da instituição financeira *Marine Bank*. O referido casal possuía capital para comprar ações e a *Marine Bank* incentivou que o aporte fosse realizado na *Columbus Packing Company*, através de certificado de depósito bancário. Obedecida a recomendação, tal sociedade honraria os débitos com a instituição financeira e o casal se tornaria credor da sociedade. Ocorre, entretanto, que logo após a aquisição de tais títulos, a *Columbus Packing Company* entrou em processo de falência, e o casal alegou ter sido enganado pela *Marine Bank*, que não informou a real situação da pessoa jurídica. Ademais, o aporte financeiro representaria um contrato de investimento, atraindo, portanto, a competência da SEC para analisar o protocolo de informações sobre o negócio realizado.

A Corte de Apelação reconheceu que o casal estava certo, utilizando, como paradigma, o caso *Tcherepin*. Por sua vez, a Suprema Corte reformou a decisão, dispondo que a CDB era regulada por uma instituição federal própria e que não tinha ocorrido a oferta pública de investimentos, mas sim, uma oferta específica. Desse modo, pela conotação do título, não seria possível afirmar se tratar de valor mobiliário, uma vez que o investimento não foi destinado ao público;

viii. **Landreth Timber**: o caso em tela versava sobre empresa familiar que decide vender seu fundo de comércio, utilizando-se, para tanto, de corretores. À época, era notório o fato de que a empresa estava financeiramente comprometida em razão de um incêndio que afetou seus equipamentos de serraria. Ainda assim, duas pessoas constituíram uma sociedade de propósito específico e adquiriram as ações da referida pessoa jurídica, tendo ocorrido a negociação para que um dos antigos sócios continuasse na qualidade de consultor para ajudar nas operações diárias da companhia. Após a compra verificou-se que as máquinas de serragem, muito embora tivessem sido reconstruídas, ainda possuíam defeitos. Dessa forma, os compradores solicitaram anulação do negócio pelo fato de as ações não terem sido vendidas com o registro prévio junto à SEC. Em defesa, os réus alegaram a venda do fundo comercial.

A Corte Distrital entendeu que a operação não envolvia valor mobiliário, mas sim, a compra e venda de um estabelecimento, afastando, portanto, a legislação federal de proteção do mercado mobiliário. Por sua vez, a Corte de Apelação entendeu se tratar de matéria federal com base nos precedentes estabelecidos em *Forman e Howey*.

Diante dessa divergência, a Suprema Corte foi instada a adentrar no mérito, dispondo que (i) independentemente do nome dado ao negócio, observa-se a estrutura negocial, e a existência de contrato de investimento; (ii) conforme compreendido no caso *Forman*, malgrado o termo "ação" conduza a uma presunção de proteção pela SEC, certo é que se ficar claro que o intuito da operação não é um investimento, pode-se afastar a atuação deste Órgão; (iii) no caso em análise, os alienantes do fundo empresarial demonstraram que não tinham a intenção de administrar a serraria, no entanto, tal intuito não seria incompatível com a venda das ações ou a alienação do estabelecimento. Portanto, em verdade, havia uma expectativa de que os sócios originais continuassem explorando a atividade, o que conduzia à assertiva de que se tratava de valor mobiliário, sendo apreciado pela SEC;

ix. **Reves**: para melhorar a capitalização de recursos, fazendeiros de Arkansas e Oklahoma anunciaram nota promissória prometendo uma rentabilidade por juros mensais superior às instituições financeiras locais, sendo esses pagos a qualquer tempo. Em razão de não estarem honrando com seus compromissos, os credores defenderam uma responsabilidade solidária da empresa que fazia os aspectos contábeis da cooperativa, por informar dados falsos. Na Corte Distrital a demanda foi julgada procedente, tendo em vista o precedente do caso *Howey*. Em sede recursal, a Corte de Apelação reviu o posicionamento *a quo*,

rido à oferta pública de investimento, analisando-se a substância econômica dela, bem como a imprescindibilidade de proteção de quem empresta o dinheiro. Nesse desiderato, colaciona a doutrina de Ary Oswaldo Mattos Filho, que define valor mobiliário à luz da jurisprudência dos EUA:

> Assim, partindo de C. M. Joiner Leasing e de Howey até chegarmos à decisão proferida em Edwards, podemos resumir, naquilo que interessa para a análise do direito brasileiro, que um contrato de investimento é um valor mobiliário quando contém as seguintes características:
> i. o aporte sempre é feito como uma contribuição fracionária;
> ii. o aporte se destina a um investimento comum;

---

sob o argumento de que (i) por ser possível o vencimento antes de 9 meses (tempo esse necessário para ser considerado contrato de investimento), o ativo em questão não teria natureza de valor mobiliário; (ii) havia lei que excluía da apreciação da SEC alguns títulos e, por existir familiaridade entre eles e essa nota promissória utilizada, a SEC não atuaria no presente caso.

Ao analisar essa demanda, a Suprema Corte reformou o julgado da Corte de Apelação, aduzindo que, se pudesse acrescer ao rol da lei outros títulos, a referida legislação se tornaria de pouca valia. Ademais, o Órgão Colegiado dispôs sobre a imprescindibilidade de se estabelecer alguns critérios para excluir um título da definição de valor mobiliário, dentre eles: a (i) motivação do ato negocial, sendo que se for facilitar uma negociação, não pode ser visto como valor mobiliário, entretanto, caso tenha sido usado para levantar recursos, fica caracterizada a tentativa de investimento coletivo; (ii) expectativa dos adquirentes do título, sendo tal característica observada pela publicidade da oferta pública.

Desse modo, firmou-se entendimento no sentido de que o teste de semelhança familiar conduziria à assertiva de se tratar de valor mobiliário e, portanto, sujeito à análise da SEC;

x. *Edwards:* empreendedor presidente de uma empresa realizou a venda de telefones, sem que, contudo, esses tivessem saído de sua empresa (*leasing back*), com taxa de retorno anual e fixo de 14% sobre o valor da venda.

A Corte Distrital concluiu que o contrato de arrendamento mercantil com o retorno da propriedade se caracterizava como um contrato de investimento, estando, como consequência, dentro do campo da legislação federal. Por sua vez, a Corte de Apelação aduziu que, para ser caracterizado um contrato de investimento, era imprescindível o incremento de capital ou a participação nos ganhos, algo incompatível com o estabelecimento de retornos pré-fixados. A Suprema Corte se posicionou no sentido de que o preestabelecimento da taxa de retorno não excluía o contrato de investimento. Assim, para além do lucro pela renda variável, ressaltado em *Howey*, deveria ser observado que qualquer lucro poderia ser visto como valor mobiliário. Dessa forma, o Tribunal estendeu os efeitos do julgado anterior para qualquer ganho financeiro, como forma de evitar fraude.

iii. sempre há uma expectativa de lucro sobre o investimento comum;
iv. a forma deve sempre estar coadunada com a realidade econômica do contrato de investimento (caracterização do empreendimento);
v. o investimento é um contrato de risco;
vi. o investidor não tem controle sobre o investimento;
vii. o investidor não possui a capacidade ou vontade para administrar o empreendimento comum;
viii. a oferta de investimento é pública (MATTOS FILHO, 2015, p. 116-117).

Exposto o modelo adotado pelos Estados Unidos através de sua evolução histórica jurisdicional, aduz-se que o conceito de valor mobiliário, no Brasil, é equivalente ao dos Estados Unidos, contudo, sua evolução decorreu das legislações, em especial, da Lei nº 10.303/01, que ao acrescentar o inciso IX ao art.2º, contemplou uma cláusula geral para identificar os valores mobiliários, através da ideia de contrato de investimento coletivo. Apenas a título ilustrativo, cita-se o Processo Administrativo Sancionador CVM nº RJ 2.017/3.090, julgado em maio de 2019, de relatoria do Diretor Carlos Rebello, em que se apurava o empreendimento imobiliário *Parking Stock*, de propriedade da *Greyfade*.

No caso em análise[174], a referida companhia adquiriu do Centro Empresarial Parque Cidade imóvel utilizado para fins de estacionamento,

---

[174] "Trata-se de Processo Administrativo Sancionador ('PAS') instaurado pela Superintendência de Registro de Valores Mobiliários ("er") em face de Greyfade Brasil Administração e Participações Ltda. ('*Greyfade*') e de seu administrador Aminadabe Firmino da Silva (conjuntamente à *Greyfade*, 'Acusados'), para apurar suposta realização de oferta de valores mobiliários sem a obtenção do registro previsto no art. 19 da Lei nº 6.385/76 e no art. 2º da Instrução CVM nº 400/03. [...]

A partir dos documentos acostados aos autos verifica-se que a captação de recursos junto a investidores e a exploração do Empreendimento organizavam-se a partir de 'Contrato de Constituição de Sociedade em Conta de Participação' ('SCP'), celebrado entre a *Greyfade*, na qualidade de Sócia Ostensiva, a quem cabia, exclusivamente, o 'desenvolvimento das atividades sociais' — leia-se, a gestão do Parking Stock —, e o investidor, na qualidade de Sócio Participante, responsável pelo aporte dos recursos necessários à aquisição do ativo imobiliário, que, em contrapartida, o assegurava o 'direito a receber a sua fração ideal sobre os resultados obtidos com a exploração da locação' das vagas de garagem, ou, ainda, a sua participação no resultado de eventual venda de tais vagas.

Cumpre avaliar, portanto, se as características do investimento descrito permitem o seu enquadramento como contrato de investimento coletivo, espécie de valor mobiliário cujo conceito, reconhecidamente amplo, foi inserido no rol de valores mobiliários do art. 2º da Lei nº 6.385/76 a partir da reforma promovida pela Lei nº 10.303/01. Nos termos do inciso IX do referido dispositivo, são valores mobiliários 'quando ofertados publicamente, quaisquer outros títulos ou contratos de investi-

contendo 1.594 vagas. A forma de obter recursos para tal aquisição foi a estruturação do negócio por meio de Sociedade em Conta de Participação, na qual os investidores (sócios ocultos) – financiaram a compra do estabelecimento pela *Greyfade* (sócio ostensivo), com a promessa de que perceberiam um retorno estimado de 18,9% ao ano. A CVM, apurando o caso, entendeu que se tratava de um contrato coletivo de investimento, com oferta ao público, e cujo retorno dependeria unicamente do sócio ostensivo.

Reconhecida a natureza de contrato de investimento coletivo, o julgado analisou o Comunicado ao Mercado de que os empreendimentos imobiliários poderiam ser considerados como valores mobiliários. Para tanto, citando a Deliberação CVM nº 734/15, cujo destinatário único era o CONDOR Hotel, ficou determinado que o reconhecimento de tais contratos como ofertas públicas irregulares seria observado casuisticamente, uma vez que, só a partir de 12 de dezembro de 2013, o mercado foi alertado de que esse tipo de negócio tinha caráter de contrato de investimento e deveria ser registrado na CVM.

---

mento coletivo, que gerem direito de participação, de parceira ou de remuneração, inclusive resultante de prestação de serviços, cujos rendimentos advêm do esforço do empreendedor ou de terceiros'.

A partir de tal previsão, inspirada no conceito de *investment contract* do direito norte-americano, extraem-se quatro principais requisitos para a caracterização desta espécie de valor mobiliário, quais sejam: (i) a sua oferta pública; (ii) a formalização por meio de título ou contrato de investimento coletivo; (iii) o direito de participação, parceria ou de remuneração conferido ao investidor em relação ao emissor; e (iv) a origem de tais rendimentos nos esforços do emissor ou de terceiros.

Examinando os documentos relativos ao Empreendimento, notadamente a minuta de Contrato de Constituição de SCP acostada aos autos, à luz de tais requisitos, entendo restar suficientemente caracterizada a sua natureza de contrato de investimento coletivo, haja vista que as disposições do referido instrumento conferem ao investidor que esteja disposto a aportar recursos no Empreendimento o direito de participar nos resultados decorrentes de sua exploração, que competirá, única e exclusivamente, à *Greyfade*, na qualidade de sócia ostensiva, ou à sociedade responsável por administrar a locação das vagas da garagem. Dito de outro modo, a remuneração devida ao investidor, titular de quotas da SCP, teria origem nos esforços da *Greyfade* ou de terceiro por ela contratado." (CVM, 2019, p. 3-5).

Diante desses fatos, o relator entendeu por não punir os acusados[175]. Entretanto, prevaleceu o voto do Diretor Gustavo Gonzales[176], que

---

[175] "Antes de analisar a conduta destes Acusados, forçoso reconhecer que, não obstante as características específicas do Projeto Parking Stock, estamos diante de empreendimento imobiliário, o que impõe considerações adicionais na resolução do presente caso, haja vista o entendimento manifestado pela CVM ao longo dos últimos anos sobre a oferta irregular de CICs deste segmento.

Muito embora a caracterização de determinada espécie de contrato de investimento coletivo como valor mobiliário não dependa de prévia manifestação da CVM nesse sentido para que o seu ofertante esteja sujeito às regras de registro previstas na regulamentação, no que diz respeito a empreendimentos do setor imobiliário, em vista de suas circunstâncias particulares, reconheceu-se que não teria sido imediata e nem espontânea a assimilação pelo mercado de que determinados contratos de investimento neste segmento, se ofertados publicamente, poderiam se enquadrar no conceito de valor mobiliário e dependeriam de prévio registro junto a esta autarquia.

Por esta razão, para fins de *enforcement* e apuração de responsabilidades, concluiu-se que ofertas públicas de CICs relativas a empreendimentos imobiliários conduzidas anteriormente a 12.12.2013, data da publicação pela CVM de Alerta ao Mercado dirigido a incorporadores, corretores de imóveis e demais participantes do mercado imobiliário, não seriam objeto de sua atuação sancionadora.

[...]

Observadas as limitações na adoção destes parâmetros para a análise do presente caso, haja vista que a Deliberação CVM nº 734/2015 dizia respeito especificamente a empreendimentos condohoteleiros, entendo que, mesmo em se tratando de oferta pública conduzida após a divulgação do Alerta ao Mercado, a conduta dos agentes deve ser analisada 'à luz das circunstâncias específicas do caso concreto'.

[...]

Ao contrário dos empreendimentos condohoteleiros, em relação aos quais a CVM se manifestou novamente por meio da Deliberação CVM nº 734/2015, que consolidou o entendimento sobre o tema, contribuindo para a sua total assimilação pelo mercado, em relação ao Projeto Parking Stock, entendo que o ofício encaminhado pela área técnica é fundamental para dar conhecimento ao ofertante de que o contrato de investimento por ele ofertado está sujeito à regulamentação desta autarquia, o que, como exposto, só veio a acontecer quase 3 (três) anos após os fatos objeto de análise e após a retirada do ar do website do Empreendimento.

Por esta razão e considerando a ausência de outros elementos a comprovar o histórico dos fatos envolvendo a oferta ora em análise, entendo não haver fundamento para a responsabilização dos Acusados" (CVM, 2019, p. 5-15).

[176] "Por esse motivo, discordo da afirmação do Diretor Relator de que o ofício encaminhado pela área técnica era fundamental para dar conhecimento ao ofertante de que o contrato de investimento por ele ofertado estava sujeito à regulamentação desta autarquia. Parece-me que, dessa forma, desloca-se para a CVM o dever, de ap-

aplicou sanção por compreender que entendimento em sentido diverso retiraria do agente econômico a análise do conteúdo econômico do seu negócio, transferindo responsabilidade exclusiva à CVM, que só poderia aplicar pena depois de alertar a natureza de contrato coletivo. Independentemente do resultado, neste julgado, o que mais deve ser ressaltado é o fato de ter sido aplicado o teste de Howey:

> A partir de tal previsão, inspirada no conceito de *investment contract* do direito norte-americano, extraem-se quatro principais requisitos para a caracterização desta espécie de valor mobiliário, quais sejam: (i) a sua oferta pública; (ii) a formalização por meio de título ou contrato de investimento coletivo; (iii) o direito de participação, parceria ou de remuneração conferido ao investidor em relação ao emissor; e (iv) a origem de tais rendimentos nos esforços do emissor ou de terceiros (REBELLO SOBRINHO, 2019, p. 7).

Explicada a materialidade do referido imposto, aduz-se que a simples comercialização de criptomoedas não é apta a ensejar o referido tributo. Todavia, no caso de ativos digitais, em que há oferta pública de investimento após projeto, delimitando o escopo do produto a ser desenvolvido, é possível a incidência do IOF-Valores mobiliários. A título de exemplo, cita-se os casos das *Initial Coin Offering* (ICO) e das *Security Token Offering* (STO).

---

rioristicamente, e independentemente de provocação, verificar se os investimentos ofertados ao público investidor constituem contratos de investimento coletivo e alertar o ofertante, quando, na verdade, essa análise cabe aos agentes econômicos. A caracterização de determinado produto como um contrato de investimento coletivo não depende de prévia manifestação da CVM, mas da sua subsunção aos requisitos do chamado *Howey Test*.

Na minha visão, o caso dos chamados condohotéis é excepcional, pois a própria CVM em suas manifestações iniciais alimentou a dúvida que existia no mercado. Essa particularidade justifica que o Colegiado venha, nos casos que envolvem oferta irregular de CIC hoteleiro, reconhecendo que a análise da reprovabilidade da conduta deve atentar para certos marcos temporais específicos. Ademais, em razão das especificidades daquele mercado, as penas cominadas têm sido fixadas a partir de um valor base próximo ao que vinha sendo praticado nos inúmeros termos de compromisso já celebrados, ajustados para refletir certas variáveis, tais como a quantidade de unidades efetivamente vendidas.

Não me parece razoável que aquele regime, excepcional, seja interpretado de forma expansiva, abarcando todo e qualquer CIC que tenha um componente imobiliário. O caso em tela envolve a oferta de cotas de uma SCP constituída para explorar um estacionamento. Ora, o fato de a sociedade ter adquirido vagas e divulgado que o investimento tinha lastro imobiliário não justifica, no meu sentir, que se aplique os marcos temporais que têm sido utilizados nos casos de empreendimentos hoteleiros." (GONZALES, 2019, p. 2-4).

Muito embora não seja o propósito deste trabalho discorrer sobre a *tokenização* de ativos e o meio pelo qual haverá disponibilização deles, vale ressaltar que, em caso de ofertas públicas no Brasil, aplica-se a legislação local, em especial, as normas da CVM. Ademais, caso a oferta pública seja feita em outros países, também é necessário respeitar as normas desses outros territórios. Tal exigibilidade é perceptível na análise dos pareceres nº 32[177] e 33[178], de 2005, da CVM, que dispõem sobre requisitos que, se não cumpridos, atraem a possibilidade de fiscalização por parte da CVM de contratos de investimento no exterior.

De forma recíproca, caso as ofertas públicas de investimentos iniciadas no Brasil não excluam a participação de residentes e domiciliados em outros países, os respectivos órgãos que apuram as transações en-

---

[177] O parecer nº 33, de 2005, por versar sobre intermediadores não será abordado.

[178] "PARECER DE ORIENTAÇÃO CVM Nº 32, DE 30.09.2005.

O uso da Internet como meio para divulgar a oferta de valores mobiliários caracteriza tal oferta, via de regra, como pública, nos termos do inciso III do § 3º do art. 19 da Lei nº 6.385/76, uma vez que a Internet permite o acesso indiscriminado às informações divulgadas por seu intermédio. Esse entendimento já consta, inclusive, do art. 3º, IV, da Instrução 400/05.

Dessa forma, salvo se medidas preventivas forem tomadas, ou situações especiais forem verificadas, faz-se necessário o prévio registro de tais ofertas perante a Comissão de Valores Mobiliários, nos termos do caput do artigo 19 da Lei nº 6.385/76.

Dentre as medidas preventivas e as situações especiais que podem ser levadas em consideração para a descaracterização da oferta de distribuição de valores mobiliários feita por intermédio da Internet como pública estão as seguintes:

a. medidas efetivas tomadas pelo patrocinador da página da Internet — *information provider* — para impedir que o público em geral tenha acesso ao conteúdo da página;

b. inexistência de divulgação da página ao público pelo patrocinador da página da internet por meio de correio eletrônico não solicitado, em mecanismos de busca, salas de discussão, por propaganda em páginas na Internet ou revistas, etc.; e

c. existência de indicação direta ou indireta, mas suficientemente clara, de que a página não foi criada para o público em geral.

Não é necessária a coexistência de todos os fatores elencados acima para descaracterizar como pública a oferta de valores mobiliários realizada por intermédio da Internet. Outros fatores, que não os mencionados expressamente acima, podem ser necessários para que se considere a oferta como pública.

A Comissão de Valores Mobiliários apurará a configuração como pública da oferta de valores mobiliários feita por intermédio da Internet, a partir da análise do caso concreto." (CVM, 2005, p. 1-2).

volvendo contratos de investimento podem atuar. Nesse sentido, José Alexandre Tavares Guerreiro e Gabriel Saad Kik Buschinelli, explicam o caso de ICOs que excluíram a participação de residentes e domiciliados nos Estados Unidos e Canadá:

> Note se que não há impossibilidade técnica de se restringir oportunidades de investimento a residentes de determinados países, como demonstra a experiência de ICOs realizados para evitar que haja incidência do regramento dos Estados Unidos e do Canadá, e que, propositadamente, restringiram a aquisição de criptoativos por residentes daqueles países. Sinal igualmente contundente quanto à possibilidade técnica de limitar o alcance de ofertas de ativos digitais é o fato de a China ter banido o investimento em *ICOs* (GUERREIRO; BUSCHINELLI, 2021, p. 466).

Acerca da formalização por meio de título ou contrato de investimento, aduz-se que os títulos, em regra, são a formalização dos contratos de investimento, cujo registro é escritural em plataformas que resguardam o direito do investidor. Nesse caso, trata-se de um *smart contract*, sobre o qual os participantes do processo anuem com os termos e transferem o investimento, tanto em moeda *fiat* como em criptomoedas, para o ofertante.

No que tange à expectativa de lucro por parte do investidor, aduz-se que não é possível caracterizar, como valor mobiliário, uma aquisição de um bem/direito que possa ser útil no futuro, ou que haja ganho por conta de sua valorização (julgado Forman). Em sentido similar, a CVM teve a oportunidade de fixar tese no processo nº 19957.009524/2017-41[179], conforme menciona José Alexandre Tavares Guerreiro e Gabriel Saad Kik Buschinelli (2021).

---

[179] "(i) O conceito de contrato de investimento coletivo impõe ao julgador o dever de analisar a realidade econômica da transação. A forma jurídica, portanto, desempenha um papel secundário nessa análise.

(ii) Consequentemente, o fato de a propriedade ser dividida em frações de tempo — que é, justamente, o que se alcança com a multipropriedade — é a princípio indiferente para o exame em tela.

(iii) A simples aquisição de uma unidade imobiliária, seja no regime geral, seja no regime de multipropriedade, com o objetivo de investimento não é suficiente para atrair o regime mobiliário. Essa surge quando, dentre outros elementos, a perspectiva de lucro está associada aos esforços do empreendedor ou de outro terceiro.

(iv) De outro lado, o simples fato de o investidor ser demandado a tomar certas medidas não é necessariamente suficiente para afastar aquele regime. O contrato de investimento coletivo pode ser caracterizado mesmo quando os esforços de terceiros

Diante do exposto, conclui-se esse tópico afirmando a incidência de IOF-valores mobiliários em razão da *Initial Coin Offering (ICO)* ou *Security token offering*, cuja pretensão é a criação de uma moeda ou de um ativo que gere direito aos investidores, tal como uma ação.

---

não são exclusivos, contanto que esses sejam, ao final, preponderantes e decisivos para a expectativa de rentabilidade.

(v) O *pool* de locação é um dos típicos arranjos que atrai o regime dos valores mobiliários para negócios envolvendo investimentos em imóveis. No entanto, nem toda combinação entre a oferta de uma unidade imobiliária e de adesão a um *pool* hoteleiro caracterizará um contrato de investimento coletivo.

(vi) Quando a aquisição do imóvel ou da fração temporal é condicionada à celebração de contrato por meio do qual aquela unidade ou fração é colocada em um pool obrigatório de locação, se está diante de uma oferta de contratos de investimento coletivo.

(vii) Quando a venda de imóveis e a adesão ao pool de locação não são indissociáveis — e essa indissociabilidade precisa ser analisada não só sob o aspecto jurídico, mas também sob o econômico — outros elementos devem ser considerados para verificar se a oferta envolveu ou não um contrato de investimento coletivo. Deve-se, em especial, atentar para a motivação dos investidores em adquirir os imóveis e a ênfase dada pelo vendedor na promoção do investimento.

(viii) Além do *pool* de locação, outros contratos ou circunstâncias podem caracterizar o produto, visto de forma integrada, como um contrato de investimento coletivo." (GONZALES, 2019, p. 17).

4. CONSIDERAÇÕES FINAIS

No capítulo introdutório deste trabalho, ao delimitar a amplitude da pesquisa, observou-se que as criptomoedas são um ativo no qual a chave pública, embora seja facilmente visualizada, não identifica a pessoa no mundo que é sua titular. Constatando essa opacidade, afirmou-se que a falta de reconhecimento entre a pessoa física e o algoritmo que compõe a chave pública permite a circulação de riqueza sem a respectiva tributação. Diante desse panorama, indagou-se: "como lidar com a circulação de riquezas quando o ativo transferível, por chave pública, não propicia a identificação do registro da pessoa?". Como desdobramento dessa dúvida, outra averiguação se tornou necessária, qual seja: "como tributar esses ativos?".

A resposta para a primeira pergunta foi objeto de uma análise no capítulo 1, no qual se discutiu a extrafiscalidade como método indutor de comportamento humano. Sobre o tema, vale recordar que o art.145, §1º, da CRFB, consagra a igualdade material no custeio do Estado, devendo, portanto, a indução de condutas pela tributação ser algo excepcional. Nesse diapasão, o critério utilizado para aferir a legitimidade no que tange à renúncia de receitas é o cotejo entre a política pública (norma econômica) e a renúncia de parcela do tributo (norma fiscal), com a promoção da igualdade (capacidade contributiva) e da liberdade.

Dentro desse cenário, evitando a evasão do tributo, optou-se, em um primeiro momento, por incentivar o surgimento da figura do intermediador, uma vez que a concentração das informações na fonte torna mais simples a observância, pela Receita Federal, da circulação das criptomoedas e a apuração de fatos geradores tributários.

Nessa perspectiva, defendeu-se a possibilidade de gastos tributários como forma de estímulo à diminuição de tarifas praticadas no mercado, propiciando um incentivo ao usuário para que esse opere as atividades de armazenamento de criptoativos dentro de uma corretora, o que ocasionará maior rastreabilidade da circulação desses ativos.

Ainda nesse primeiro capítulo, outras análises, de menor ênfase, foram promovidas. A primeira delas é o efeito de uma intervenção do Estado nas relações particulares, utilizando, para tanto, a doutrina da análise econômica do direito. Ademais, afirmou-se que um dos problemas da regulação de novas tecnologias é o justo limite temporal para intervenção do Estado na atividade do particular, uma vez que a regulação prematura interrompe o avanço da inovação e a regulação tardia se torna ineficaz.

Na esteira da necessidade de regulação da tecnologia sem que haja a morte desta, sugeriu-se a regulação tributária do ativo, sendo que para essa ser efetiva é imprescindível descobrir a natureza jurídica das criptomoedas.

Buscando responder a essa indagação, o capítulo 2, inicialmente, relatou o grau de regulação que as criptomoedas hoje possuem no Estado brasileiro. Em seguida, ingressou-se na análise da expressão "moeda" e os elementos que a compõe, quais sejam: (i) meio geral de viabilizar trocas; (ii) reserva de valor; (iii) unidade monetária; e (iv) instrumento de pagamento.

Dentro dessa perspectiva, afirmou-se que a unidade monetária é o elemento de comunicação que viabiliza a interação entre as pessoas, estabelecendo relações de magnitude entre os bens/serviços fornecidos no mercado. Por sua vez, tais unidades são "lidas" pelos instrumentos de pagamentos, que podem ser qualificados como um instrumento determinado pelo Estado, que gerencia as trocas indiretas entre as partes, em que o padrão monetário deve ser preservado para que se mantenha a confiança na moeda. Nesses casos, a moeda se torna um instrumento fundamental para o funcionamento do sistema político e jurídico, transmitindo confiabilidade às relações entre cidadão e Estado. Conforme explorado no respectivo capítulo, além da moeda legal, existem outros instrumentos que promovem o efeito liberatório, como, por exemplo, a moeda escritural privadae as criptomoedas.

Ao final do capítulo 2, trabalhou-se a possibilidade de alguns criptoativos serem utilizados como meios de pagamento. Para aferir tal viabilidade, além do estudo dos graus de indeterminação dos signos, utilizou-se da doutrina comparada para obter a natureza jurídica de tais ativos.

A conclusão apurada foi no sentido de que as criptomoedas podem ser qualificadas como meios de pagamento, sendo certo ainda que, em razão do precedente da Corte de Justiça Europeia, alguns países, como, por exemplo, a Itália, passaram a admitir a natureza jurídica de moeda estrangeira para qualificar tais ativos como meios de pagamento.

Conforme mencionado na parte final do referido capítulo, muito embora, um dia, talvez, seja possível equiparar tais ativos a moedas estrangeiras, respeitando as diretrizes dos órgãos reguladores pátrios, em especial o BACEN, opta-se por alcançar um nível de consenso, qual seja: as criptomoedas são meios de pagamento. Diante dessa premissa, ingressou-se no último capítulo, qual seja, análise tributária do auferimento de receita e circulação da criptomoeda.

O capítulo 3, cerne do trabalho, procurou apontar as relações jurídicas que compõem a circulação das criptomoedas, observando, inclusive, a presença ou não do minerador. Conforme visto ao longo do trabalho e repisado abaixo, é possível o surgimento de *Exchanges* que atuem apenas custodiando esses ativos. Nesses casos, observa-se a possibilidade de surgimento de relações internas que vão para além do mero armazenamento das criptomoedas, podendo, inclusive, servir de parametrização para a concessão de créditos.

De toda forma, esse trabalho focou em analisar os efeitos tributários da obtenção de renda ou proveito de qualquer natureza nas seguintes operações:

i. A Chave Pública 1 deseja contratar um serviço ou adquirir um produto de outrem (Chave Pública 2) e efetua o pagamento com criptomoeda. Nessa hipótese, o ativo utilizado é um meio de pagamento;

ii. O minerador confirma a relação de transferência de criptomoedas entre a Chave Pública 1 e a Chave Pública 2, sendo remunerado pelo serviço prestado e por eventuais recompensas do sistema quando se fecha um bloco;

iii. A *Exchange* intermedeia usuários que querem promover a compra e venda de criptomoedas, utilizando a plataforma para fins de aproximação;

iv. A *Exchange*, que se comporta como banco comercial, armazena as criptomoedas internamente e promove a transferência de uma conta para outra, sem que tais valores sejam registrados na rede *blockchain;*

v. A Chave Pública 1 deseja alienar suas criptomoedas para Chave Pública 2 e o pagamento é feito em moeda *fiat* ou em outra criptomoeda. Nesse caso, a criptomoeda alienada assemelha-se a uma mercadoria[180] tal qual a compra e venda de câmbio, inclusive, para fins especulativos.

Como o desdobramento de cada tributo tem muitas especificidades, opta-se, nesse momento, por citar as principais conclusões encontradas neste trabalho:

i. Por compreender que as criptomoedas são ativos destituídos de valor, exceto servirem como operacionalizadores de relações jurídicas, defendeu-se que o Imposto de Renda seja calculado sobre o acréscimo patrimonial por obtenção de receita, uma vez que o lucro da atividade gera a mutação patrimonial pelo ingresso de receita;

ii. Ainda sobre o Imposto de Renda, a sistemática proposta acima, embora diferente do ponto de vista adotado pela Receita Federal (pergunta nº 619), guarda similaridade com o percebimento de moeda estrangeira a título de pagamento. Isso porque a moeda estrangeira no Brasil, além de não ser a moeda legal e não possuir curso forçado, é destituída da unidade de valor adotada em nosso país, podendo seu valor, perante o Real, oscilar conforme políticas cambiárias internas e externas;

iii. Caso o particular, após a incidência do Imposto de Renda pelo fato-acréscimo, mantenha as criptomoedas no patrimônio, e, havendo posterior transferência ou realização, deve-se aplicar eventual ganho de capital sobre a diferença do valor de ingresso inicial;

iv. No caso de *hard fork*, por haver um acréscimo patrimonial decorrente do próprio patrimônio, entende-se que a tributação deve se dar pelo acréscimo patrimonial;

---

[180] Sobre o tema, cita-se Jonathan Barros Vita: "Abre-se, aqui, um parêntese para ratificar que as moedas estrangeiras dentro de um dado país são consideradas como mercadoria, do que a expressão troca entre moedas, já explicitada, trata de um aspecto retórico do termo, enquanto suporte visual, fazendo valer, portanto, a fórmula clássica de que o contrato de câmbio regula uma forma de compra e venda mercantil específica (VITA, 2008, p. 162).

v. No caso de *airdrops*, por se tratar de doação, e existir uma faixa tributária específica, deve incidir o ITCMD;

vi. Em relação ao PIS/COFINS, observam-se as seguintes conclusões:

a. Pessoa jurídica que não explora atividade financeira de criptomoedas e está enquadrada no regime PIS/COFINS cumulativo: as receitas provenientes da venda desses ativos não serão inseridas na base de cálculo do PIS/PASEP e COFINS, uma vez que não se trata de atividade principal da pessoa jurídica;

b. Pessoa jurídica que não explora atividade financeira de criptomoedas e está enquadrada no regime PIS/COFINS não-cumulativo: eventuais ganhos acessórios por venda das criptomoedas com valorização deverão ser contabilizados na base de cálculo;

c. Pessoa jurídica que tem como objeto social operações com criptomoedas: por entender que existe uma equivalência com a atividade financeira, obrigatoriamente, a pessoa está inserida no regime do PIS/COFINS cumulativo, aplicando, nesse caso, o §6º do art.3º, da Lei nº 9.718/99, que prevê uma série de deduções possíveis à receita bruta. Ainda nesse desiderato, caso classifiquem-se tais pessoas como operadoras de câmbio, aplica-se o §4º, do art.3º, da Lei nº 9.718/99, cuja previsão normativa é no sentido de que a receita bruta é a diferença positiva entre o preço da venda e o preço da compra da moeda estrangeira.

vii. No que tange à CSLL, quando o contribuinte for *Exchange*, que no presente trabalho assume a natureza jurídica equivalente à de instituição financeira, tal qual um banco, deve haver o recolhimento pelo lucro real, e a alíquota é de 20%, na forma do art.3º, II-A, da Lei nº 7.689/88, combinado com o art.1º, I, da Lei Complementar nº 105/00. É possível, no entanto, que se a *Exchange* atue apenas promovendo a troca de criptomoedas (não havendo, por exemplo, guarda delas), aplicar a alíquota de 15%, na forma do art.3, I, da Lei nº 7.689/88, combinado com o art.1º, III, da Lei Complementar nº 105/00;

viii. Em relação à incidência do ISS ou PIS/PASEP e COFINS na prestação do serviço de confirmação das relações jurídicas de transferência de ativos (mineradores), destacam-se as seguintes conclusões:

a. Relação entre residentes no Brasil confirmada por não residente: é possível a incidência de ISS e a incidência do PIS + COFINS importação;

b. Relação entre não residentes confirmadas por um residente no Brasil: é possível a incidência do ISS, uma vez que o resultado-consumação ocorreu no Brasil, embora o resultado utilidade se dê no exterior. Todavia, nesse caso, há norma isentiva;

c. Relação envolvendo um residente e um não residente confirmada por um residente no Brasil: incide ISS, uma vez que o resultado consumação ocorreu no Brasil;

d. Relação entre um residente e um não residente confirmada por um não residente do Brasil, cujo país de residência equivale ao país do não residente que comercializou a criptomoeda: é possível a incidência de ISS e a incidência do PIS + COFINS importação;

e. Relação entre um residente e um não residente confirmada por um não residente do Brasil, cujo país de residência do minerador é um terceiro Estado: é possível a incidência de ISS e a incidência do PIS + COFINS importação;

ix. Quanto à utilização da plataforma *Exchange*, tal qual uma instituição financeira, para fins de armazenamento das criptomoedas, promovendo, ainda, a transferência de criptomoeda de uma conta para outra sem que tais valores sejam registrados na rede *blockchain*, aduz-se pela possibilidade de incidência do ISS, em razão do item 15.12 da lista anexa: "[c]ustódia em geral, inclusive de títulos e valores mobiliários." (BRASIL, 2003, s/p). No que tange à utilização da plataforma *Exchange* para aproximar o comprador e o vendedor, com a posterior confirmação da relação jurídica pelos mineradores, afirma-se pela possibilidade de incidência do ISS, à luz do item 10.02, da lista anexa de ISS – [a]genciamento, corretagem ou intermediação de títulos em geral, valores mobiliários e contratos quaisquer (BRASIL, 2003, s/p). Por sua vez, caso se entenda se tratar de um câmbio não convencional, afirma-se pela possibilidade de incidência do ISS, à luz do item 10.01, da lista anexa de ISS, qual seja: "[a]genciamento, corretagem ou intermediação de câmbio, de seguros, de cartões de crédito, de planos de saúde e de planos de previdência privada." (BRASIL, 2003, s/p).

x. Para mineradores no Brasil, há incidência do Imposto de Renda em razão da renda auferida. Por sua vez, para os mineradores fora do país, em regra, além do Imposto de Renda Retido na Fonte, há uma contribuição de 10% incidente sobre o valor da remessa do contribuinte brasileiro;

xi. Caso se compreenda que as criptomoedas equivalem a moedas estrangeiras, tal como a Itália entende, é possível a incidência do IOF-câmbio;

xii. Por último, no caso de investimento coletivo para a criação de uma moeda ou de um ativo que gere direito aos investidores, tal como uma ação, é cabível a incidência de IOF-valores mobiliários.

REFERÊNCIAS

LEGISLAÇÃO E DECISÕES JUDICIAIS E ADMINISTRATIVAS

BANCO CENTRAL DO BRASIL. *Comunicado nº 31.379*, de 16 de novembro de 2017. Disponível em: <https://www.bcb.gov.br/estabilidadefinanceira/exibenormativo?tipo=Comunicado&numero=31379>. Acesso em 4 de jul. 2022.

BRASIL. *Decreto nº 20.451/1931*. Disponível em: <https://presrepublica.jusbrasil.com.br/legislacao/116720/decreto-20451-31>. Acesso em 4 de jul. 2022.

BRASIL. *Decreto nº 22.626/1933*. Disponível em: <http://www.planalto.gov.br/ccivil_03/decreto/d22626.htm>. Acesso em 4 de jul.2022.

BRASIL. *Decreto nº 23.258/1933*. Disponível em: <http://www.planalto.gov.br/ccivil_03/decreto/1930-1949/d23258.htm>. Acesso em 4 de jul. 2022.

BRASIL. *Decreto nº 93.872/1986*. Disponível em: <http://www.planalto.gov.br/ccivil_03/decreto/d93872.htm>. Acesso em 4 de jul. 2022.

BRASIL. *Decreto nº 995/1993*. Disponível em: <http://www.planalto.gov.br/ccivil_03/decreto/1990-1994/D0995.htm>. Acesso em 4 de jul. 2022.

BRASIL. *Decreto nº 6.306/2007*. Disponível em: <http://www.planalto.gov.br/ccivil_03/_ato2007-2010/2007/decreto/d6306.htm>. Acesso em 4 de jul. 2022.

BRASIL. *Decreto nº 9.580/2018*. Disponível em: <http://www.planalto.gov.br/ccivil_03/_ato2015-2018/2018/decreto/D9580.htm>. Acesso em 4 de jul. 2022.

BRASIL. *Decreto-Lei nº 857/1969*. Disponível em: <http://www.planalto.gov.br/ccivil_03/decreto-lei/del0857.htm>. Acesso em 4 de jul. 2022.

BRASIL. *Decreto-Lei nº 1.598/1977*. Disponível em: <http://www.planalto.gov.br/ccivil_03/decreto-lei/del1598.htm>. Acesso em 4 de jul. 2022.

BRASIL. *Decreto-Lei nº 1.940/1982*: Disponível em: <http://www.planalto.gov.br/ccivil_03/decreto-lei/del1940.htm>. Acesso em 4 de jul. 2022.

BRASIL. *Lei nº 4.595/1964*. Disponível em: <http://www.planalto.gov.br/ccivil_03/leis/l4595.htm>. Acesso em 4 de jul. 2022.

BRASIL. *Lei nº 4.728/1965*. Disponível em: <http://www.planalto.gov.br/ccivil_03/leis/l4728.htm>. Acesso em 4 de jul. 2022.

BRASIL. *Lei nº 5.172/1965*. Disponível em: <http://www.planalto.gov.br/ccivil_03/leis/l5172compilado.htm>. Acesso em 4 de jul. 2022.

BRASIL. *Lei nº 6.385/1976*. Disponível em: <http://www.planalto.gov.br/ccivil_03/leis/l6385.htm>. Acesso em 4 de jul. 2022.

BRASIL. *Lei nº 6.404/1976*. Disponível em: <http://www.planalto.gov.br/ccivil_03/leis/l6404consol.htm>. Acesso em 4 de jul. 2022.

BRASIL. *Lei nº 7.689/1988*. Disponível em: <http://www.planalto.gov.br/ccivil_03/leis/l7689.htm>. Acesso em 4 de jul. 2022.

BRASIL. *Lei nº 8.894/1994*. Disponível em: <http://www.planalto.gov.br/ccivil_03/leis/l8894.htm>. Acesso em 4 de jul. 2022.

BRASIL. *Lei nº 8.981/1995*. Disponível em: <http://www.planalto.gov.br/ccivil_03/leis/l8981.htm>. Acesso em 4 de jul. 2022.

BRASIL. *Lei nº 9.249/1995*. Disponível em: <http://www.planalto.gov.br/ccivil_03/leis/l9249.htm>. Acesso em 4 de jul. 2022.

BRASIL. *Lei nº 9.715/1998*. Disponível em: <http://www.planalto.gov.br/ccivil_03/leis/l9715.htm>. Acesso em 4 de jul. 2022.

BRASIL. *Lei nº 9.718/1998*. Disponível em: <http://www.planalto.gov.br/ccivil_03/leis/l9718compilada.htm>. Acesso em 4 de jul.2022.

BRASIL. *Lei nº 10.168/2000*. Disponível em: <http://www.planalto.gov.br/ccivil_03/leis/l10168.htm>. Acesso em 4 de jul. 2022.

BRASIL. *Lei nº 10.192/2001*. Disponível em: <http://www.planalto.gov.br/ccivil_03/leis/leis_2001/l10192.htm>. Acesso em 4 de jul. 2022.

BRASIL. *Lei nº 10.214/2001*. Disponível em: <http://www.planalto.gov.br/ccivil_03/leis/leis_2001/l10214.htm>. Acesso em 4 de jul. 2022.

BRASIL. *Lei nº 10.303/2001*. Disponível em: <http://www.planalto.gov.br/ccivil_03/leis/leis_2001/l10303.htm>. Acesso em 4 de jul. 2022.

BRASIL. *Lei nº 10.637/2002*. Disponível em: <http://www.planalto.gov.br/ccivil_03/leis/2002/l10637.htm>. Acesso em 4 de jul. 2022.

BRASIL. *Lei nº 10.833/2003*. Disponível em: <http://www.planalto.gov.br/ccivil_03/leis/2003/l10.833.htm>. Acesso em 4 de jul. 2022.

BRASIL. *Lei nº 10.865/2004*. Disponível em: <http://www.planalto.gov.br/ccivil_03/_ato2004-2006/2004/lei/l10.865.htm>. Acesso em 4 de jul.2022.

BRASIL. *Lei nº 11.482/2007*. Disponível em: <http://www.planalto.gov.br/ccivil_03/_ato2007-2010/2007/lei/l11482.htm>. Acesso em 4 de jul. 2022.

BRASIL. *Lei nº 12.761/2013*. Disponível em: <http://www.planalto.gov.br/ccivil_03/_ato2011-2014/2012/lei/l12761.htm>. Acesso em 4 de jul. 2022.

BRASIL. *Lei nº 12.865/2013*. Disponível em: <http://www.planalto.gov.br/ccivil_03/_ato2011-2014/2013/lei/l12865.htm>. Acesso em 4 de jul. 2022.

BRASIL. *Lei nº 12.973/2014*. Disponível em: <http://www.planalto.gov.br/ccivil_03/_ato2011-2014/2014/lei/l12973.htm>. Acesso em 4 de jul. 2022.

BRASIL. *Lei nº 14.286/2021*. Disponível em: <http://www.planalto.gov.br/ccivil_03/_ato2019-2022/2021/lei/L14286.htm>. Acesso em 4 de jul. 2022.

BRASIL. *Lei Complementar nº 07/1970*. Disponível em: <http://www.planalto.gov.br/ccivil_03/leis/lcp/lcp07.htm>. Acesso em 4 de jul. 2022.

BRASIL. *Lei Complementar nº 08/1970*. Disponível em: <http://www.planalto.gov.br/ccivil_03/leis/lcp/lcp08.htm>. Acesso em 4 de jul. 2022.

BRASIL. *Lei Complementar nº 70/1991*. Disponível em: <http://www.planalto.gov.br/ccivil_03/leis/lcp/lcp70.htm>. Acesso em 4 de jul. 2022.

BRASIL. *Lei Complementar nº105/2001*. Disponível em: <http://www.planalto.gov.br/ccivil_03/leis/lcp/lcp105.htm>. Acesso em 4 de jul. 2022.

BRASIL. *Lei Complementar nº 116/2003*. Disponível em: <http://www.planalto.gov.br/ccivil_03/leis/lcp/lcp116.htm>. Acesso em 4 de jul. 2022.

CÂMARA DOS DEPUTADOS. *Decreto nº 23.501/1933*. Disponível em: <https://www2.camara.leg.br/legin/fed/decret/1930-1939/decreto-23501-27-novembro-1933-500678-publicacaooriginal-1-pe.html>. Acesso em 4 de jul. 2022.

CÂMARA DOS DEPUTADOS. *Projeto de Lei nº 2303/2015*. Disponível em: <https://www.camara.leg.br/proposicoesWeb/fichadetramitacao?idProposicao=1555470>. Acesso em 4 de jul. 2022.

COMISSÃO DE VALORES MOBILIÁRIOS. *Ofício Circular nº 1*. 2018. Disponível em: <https://conteudo.cvm.gov.br/legislacao/oficios-circulares/sin/oc-sin-0118.html>. Acesso em 4 de jul. 2022.

COMISSÃO DE VALORES MOBILIÁRIOS. *Parecer de Orientação CVM nº 32*. 2005. Disponível em: <https://conteudo.cvm.gov.br/export/sites/cvm/legislacao/pareceres-orientacao/anexos/pare032.pdf>. Acesso em 4 de jul. 2022.

MINISTÉRIO DA JUSTIÇA E SEGURANÇA PÚBLICA. *Despacho Decisório nº 10*. 2020. Disponível em: <https://sei.cade.gov.br/sei/modulos/pesquisa/md_pesq_documento_consulta_externa.php?DZ2uWeaYicbuRZEFhBt-n3BfPLlu9u7akQAh8mpB9yM9y_EN-MFc1EP1GcBaEKIPv27DfAiU0zh6id4HQQlgDcWJZlnUQ67_oa1glo2nlbFpQu4FUKjJePBs1Z10eCjq>. Acesso em 4 de jul. 2022.

MINISTÉRIO DA JUSTIÇA E SEGURANÇA PÚBLICA. *Inquérito Administrativo para Apuração de Infrações à Ordem Econômica nº 08700.003599/2018-95*. 2018. Disponível em: <https://sei.cade.gov.br/sei/modulos/pesquisa/md_pesq_documento_consulta_externa.php?DZ2uWeaYicbuRZEFhBt-n3BfPLlu9u7akQAh8mpB9yMxHNUK2Cm7xDUVVX7i_dg3jSw1ukRlBCfD_S81a78eIEE0FhNSRvNAS0-NQGFHjIRyWcvorLfL6ZKXS7m78U1z>. Acesso em 4 de jul. 2022.

RECEITA FEDERAL. *CARF:* Acórdão nº 202-15948. Disponível em: <https://carf.fazenda.gov.br/sincon/public/pages/ConsultarInformacoesProcessuais/exibirProcesso.jsf>. Acesso em 4 de jul. 2022.

RECEITA FEDERAL. *CARF:* Acórdão nº 3401-004.436. Disponível em: <https://carf.fazenda.gov.br/sincon/public/pages/ConsultarJurisprudencia/listaJurisprudencia.jsf>. Acesso em 4 de jul. 2022.

RECEITA FEDERAL. *Ato declaratório normativo* nº 1, de 05 de janeiro de 2000. Disponível em: <http://normas.receita.fazenda.gov.br/sijut2consulta/link.action?idAto=5754>. Acesso em 4 de jul. 2022.

RECEITA FEDERAL. *Instrução normativa* nº 1.888, de 03 de maio de 2019. Disponível em: <http://normas.receita.fazenda.gov.br/sijut2consulta/link.action?idAto=100592>. Acesso em 4 de jul. 2022.

RECEITA FEDERAL. *COSIT:* Solução de Consulta nº 31, 2006. Disponível em: <http://normas.receita.fazenda.gov.br/sijut2consulta/anexoOutros.action?idArquivoBinario=37007>. Acesso em 4 de jul. 2022.

RECEITA FEDERAL. *COSIT:* Solução de Consulta nº 64, 2006. Disponível em: <http://normas.receita.fazenda.gov.br/sijut2consulta/anexoOutros.action?idArquivoBinario=43937>. Acesso em 4 de jul. 2022.

RECEITA FEDERAL. *COSIT:* Solução de Consulta nº 220, 2012. Disponível em: <http://normas.receita.fazenda.gov.br/sijut2consulta/anexoOutros.action?idArquivoBinario=39639>. Acesso em 4 de jul. 2022.

RECEITA FEDERAL. *COSIT:* Solução de Consulta nº 261, de 2014. Disponível em: <http://normas.receita.fazenda.gov.br//sijut2consulta/anexoOutros.action?idArquivoBinario=32597>. Acesso em 4 de jul. 2022.

RECEITA FEDERAL. *COSIT:* Solução de Consulta nº 231, de 2019. Disponível em: <http://normas.receita.fazenda.gov.br/sijut2consulta/anexoOutros.action?idArquivoBinario=53256>. Acesso em 4 de jul. 2022.

RECEITA FEDERAL. *Perguntas e respostas.* 2018. Disponível em: <https://www.tributa.net/wp-content/uploads/2019/03/perguntas-e-respostas-IRPF-Ano-base-2018.pdf>. Acesso em 4 de jul. 2022.

RECEITA FEDERAL. *Perguntas e respostas.* 2022. Disponível em: <https://www.gov.br/receitafederal/pt-br/centrais-de-conteudo/publicacoes/perguntas-e-respostas/dirpf/pr-irpf-2022.pdf/view>. Acesso em 4 de jul. 2022.

SUPERIOR TRIBUNAL DE JUSTIÇA. REsp: 1161467 RS 2009/0198051-2, Relator: Ministro CASTRO MEIRA, Data de Julgamento: 17/05/2012, T2 - SEGUNDA TURMA, Data de Publicação: DJe 01/06/2012. Disponível em: <https://processo.stj.jus.br/processo/revista/documento/mediado/?componente=ATC&sequencial=22383118&num_registro=200901980512&data=20120601&tipo=5&formato=PDF>. Acesso em 4 de jul. 2022.

SUPERIOR TRIBUNAL DE JUSTIÇA. REsp nº 1.805.925. Disponível em: <https://www.stj.jus.br/websecstj/cgi/revista/REJ.cgi/ATC?seq=111759885&tipo=5&nreg=201900872787&SeqCgrmaSessao=&CodOrgaoJgdr=&dt=20200805&formato=PDF&salvar=false>. Acesso em 4 de jul. 2022.

SUPERIOR TRIBUNAL DE JUSTIÇA. AgInt-EDcl-REsp nº 1.725.911. Disponível em: <https://www.stj.jus.br/websecstj/cgi/revista/REJ.cgi/ATC?seq=91193354&tipo=5&nreg=201800402674&SeqCgrmaSessao=&CodOrgaoJgdr=&dt=20190311&formato=PDF&salvar=false>. Acesso em 4 de jul. 2022.

SUPREMO TRIBUNAL FEDERAL. RE: 138284 CE, Relator: CARLOS VELLOSO, Data de Julgamento: 01/07/1992, TRIBUNAL PLENO, Data de Publicação: DJ 28-08-1992 PP-13456 EMENT VOL-01672-03 PP-00437 RTJ VOL-00143-01 PP-00313. Disponível em: <https://jurisprudencia.stf.jus.br/pages/search/sjur113170/false>. Acesso em 4 de jul. 2022.

SUPREMO TRIBUNAL FEDERAL. RE: 330817 RJ – RIO DE JANEIRO, Relator: Min. DIAS TOFFOLI, Data de Julgamento: 08/03/2017, Tribunal Pleno. Disponível em: <https://redir.stf.jus.br/paginadorpub/paginador.jsp?docTP=TP&docID=13501630>. Acesso em 4 de jul. 2022.

SUPREMO TRIBUNAL FEDERAL. Ação Declaratória de Omissão nº 30. Disponível em: <https://portal.stf.jus.br/processos/downloadPeca.asp?id=15344602088&ext=.pdf>. Acesso em 4 de jul. 2022.

TRIBUNAL DE JUSTIÇA EUROPEU. Acórdão do Tribunal de Justiça: Estado contra David Hedqvist. 2014. Disponível em: <https://eur-lex.europa.eu/legal-content/PT/TXT/PDF/?uri=CELEX:62014CJ0264&from=PT>. Acesso em 4 de jul. 2022.

TRIBUNAL REGIONAL FEDERAL. AMS: 62881 PR 95.04.62881-8. Disponível em: <https://trf-4.jusbrasil.com.br/jurisprudencia/1130605/apelacao-em-mandado-de-seguranca-ams-62881>. Acesso em 4 de jul. 2022.

TRIBUNAL REGIONAL FEDERAL. APELAÇÃO CÍVEL - 320624 / SP. Disponível em: <https://web.trf3.jus.br/base-textual/Home/ListaColecao/9?np=1>. Acesso em 4 de jul. 2022.

DOUTRINA

ANTONOPOULOS, Andreas M. *Mastering Bitcoin*: unlocking digital cryptocurrencies. Open Edition Brasil: 2019.

BARRETO, Aires F. *ISS, IOF e Instituições Financeiras*. São Paulo: Noses, 2016.

BARROS, Maurício. Tributação das operações com criptomoedas entre *Liberland*, regulação e a rigidez constitucional. In: PISCITELLI, Tathiane (coord.). *Tributação da Economia Digital*. São Paulo: Revista dos Tribunais, 2020.

BLACK, Julia. *Decentring regulation*: understanding the role of regulation and self-regulation in a 'post- regulatory' world. In: *Current Legal Problems*, Volume 54, Issue 1, 2001, Pages 103–146.

CALABRESI, Guido. *The future of law and economics*: essays in reform and recollection. New Haven: Yale University Press, 2016.

CALSAMIGLIA, Albert Blancafort. Eficiencia y Derecho. In: *Doxa*, n. 04, p. 267-287, 1987.

CATÃO, Marcos André Vinhas. *Direito Tributário Internacional*: Teoria e Prática. São Paulo: Thompson Reuters; Revista dos Tribunais, 2014.

CORTEZ, Tiago Machado. *Moeda, Estado e Direito*: O papel do Estado na ordem monetária e seu controle. Universidade de São Paulo: Faculdade de Direito, 2004.

CUNHA FILHO, Marcelo de Castro. *Bitcoin e confiança*: análise de como as instituições importam. São Paulo: D'Plácido; 2021.

FRANCO, Gustavo. *A moeda e a lei*: uma história monetária brasileira. Rio de Janeiro: Zahar, 2017.

GADAMER, Hans-Georg. *Verdade e método*: traços fundamentais de uma hermenêutica filosófica. Petrópolis: Vozes, 2015, v. 1.

GOMES, Daniel de Paiva. *Bitcoin*: A tributação de criptomoeda. São Paulo: Revista dos Tribunais, 2021.

GOMES, Marcus Livio; LIMA, Lucas. Tratados internacionais, IRRF, Cide e incerteza nas remessas de valores ao exterior em remuneração de serviços técnicos e de assistência técnica. In: *RDIET*, Brasília, v. 15, n. 1, jan./jun. 2020, p. 143–173.

GRAEBER, David. *Dívida*: os primeiros 5 mil anos. São Paulo: Três Estrelas, 2016.

GUERREIRO, José Alexandre Tavares; BUSCHINELLI, Gabriel Saad. *ICOs (Initial Coin Offerings) e a disciplina dos valores mobiliários*. In: PINTO, Alexandre Evaristo (coord.). *Criptoativos*: estados regulatórios e tributários. São Paulo: Quartir Latin, 2021.

HAYEK, Friedrich A. *Desestatização do dinheiro*. São Paulo: Instituto Ludwig Von Mises Brasil, 2011.

MARCIANO, Alain; RAMELLO, Giovanni B. Consent, choice, and guido calabresi's heterodox economic analysis of law. In: *Law & Contemp. Probs.*, v. 77, p. 97, 2014.

MATTOS FILHO, Ary Oswaldo. *Direito dos valores mobiliários*. São Paulo: Fundação Getúlio Vargas, 2015.

MERCURO, Nicholas; MEDEMA, Steven G. *Economics and the Law*: from Posner to postmodernism and beyond. Princeton: Princeton University Press, 2006.

MICHELER, Eva; WHALEY, Anna. Regulatory technology: replacing Law with computer code. In: *Eur Bus Org L Rev.*, v. 21, p. 349-363, 2020.

MOSES, Lyria Bennett. How to think about law, regulation and technology: problems with 'technology' as a regulatory target. In: *Law, Innovation and Technology*, v. 5, n. 1, p. 1-20, 2014.

NABAIS, José Casalta. *O dever fundamental de pagar impostos*. Coimbra: Almedina, 2004.

OLIVEIRA. Ricardo Mariz de. *Fundamentos do Imposto de Renda*. São Paulo: IBDT, 2020.

PAULSEN, Leandro. *Contribuições no sistema tributário brasileiro*. São Paulo: Saraiva Educação, 2019.

PISCITELLI, Tathiane. Criptomoedas e os possíveis encaminhamentos tributários à luz da legislação nacional: how should Taxation be Addressed according to Brazilian Legislation. In: *Revista Direito Tributário Atual*, n. 40, p. 537-554, 2018.

POSNER, Eric A. The Boundaries of Normative Law and Economics. In: *Yale J. on Reg.*, v. 38, p. 658-676, 2021.

POSNER, Eric A. The Law, Economics, and psychology of manipulation. In: *University of Chicago Coase-Sandor Institute for Law & Economics Research Paper*, n. 726, 2015.

POSNER, Richard A. *Economic analysis of law*. Países Baixos: Wolters Kluwer, 2014.

QUEIROZ, Luís Cesar Souza de. *Imposto sobre a renda*: requisitos para uma tributação constitucional. Rio de Janeiro: GZ, 2020.

QUEIROZ, Luís Cesar Souza de. *Interpretação e aplicação tributárias*: contribuições da hermenêutica e de teorias da argumentação. Rio de Janeiro: GZ, 2021.

RANCHORDÁS, Sofia. Innovation-Friendly Regulation: The Sunset of Regulation, the Sunrise of Innovation. In: *Jurimetrics*, Vol. 55, No. 2, 2015.

ROCHA, Sérgio André. *Tributação internacional*. São Paulo: Quartier Latin, 2013.

RODRIK, Dani. *Economics rules*: the rights and wrongs of the dismal science. New York: W.W. Norton, 2015.

ROTHBARD, Murray N. *O manifesto libertário*: por uma nova liberdade. São Paulo: LVM Editora, 2013.

SCHMIDT, Niklas et al. *Taxation of crypto assets*. Países Baixos: Wolters Kluwer, 2021.

SCHOUERI, Luis Eduardo. *Normas tributárias indutoras e intervenção econômica*. Rio de Janeiro: Forense, 2005.

SUNSTEIN, Cass R. Fifty Shades of Manipulation In: *J. Marketing Behav.*, 213, 2016.

SUNSTEIN, Cass R.; THALER, Richard H. Libertarian paternalism is not an oxymoron. In: *The University of Chicago Law Review*, p. 1159-1202, 2003.

TEUBNER, Gunther. After Legal Instrumentalism? Strategic Models of Post-Regulatory Law". In: *Dilemmas of Law in the Welfare State*. Berlin/New York: De Gruyter, 1986.

VITA, Jonathan Barros. *Tributação do câmbio*. São Paulo: Quartier Latin, 2008.

- editoraletramento
- editoraletramento.com.br
- editoraletramento
- company/grupoeditorialletramento
- grupoletramento
- contato@editoraletramento.com.br
- editoraletramento

- editoracasadodireito.com.br
- casadodireitoed
- casadodireito
- casadodireito@editoraletramento.com.br